Bauwelt Fundamente 136

Herausgegeben von
Ulrich Conrads und Peter Neitzke

Ulrich Conrads

Zeit des Labyrinths

beobachten
nachdenken
feststellen

1956 – 2006

Beratung und redaktionelle Mitarbeit
Eduard Führ, Kristiana Hartmann, Anna Teut

Bauverlag
Gütersloh · Berlin

Birkhäuser
Basel · Boston · Berlin

Umschlagvorderseite: Comenius (Jan Amos Komensky, 1592–1670): Die Stadt – aufgefasst als Bild der Welt; Osten ist links. Zeichnung zu der 1631 erschienenen Schrift *Vom Labyrinth der Welt und Paradies des Herzens*. Prag, Nationalbibliothek der Republik Tschechien, Abt. Handschriften.

Umschlagrückseite: Ritzzeichnung auf der Rückseite eines Tontäfelchens aus dem Palast des Nestor bei Pylos, um 1240 v. Chr. Nachzeichnung in Größe des Originals. Signet der Vierteljahresschrift DAIDALOS (1981 bis 1998).

Bibliographische Information der deutschen Bibliothek
Die Deutsche Bibliothek verzeichnet diese Publikation in der Deutschen Nationalbibliographie; detaillierte bibliographische Daten sind im Internet über http://dnb.ddb.de abrufbar.

Der Vertrieb über den Buchhandel erfolgt ausschließlich über den Birkhäuser Verlag.

© 2007 Birkhäuser Verlag AG, Postfach 133, CH-4010 Basel, Schweiz
und
Bauverlag BV GmbH, Gütersloh, Berlin

bau| | |**verlag**

Eine Kooperation im Rahmen der Fachverlagsgruppe Springer Science+Business Media

Gedruckt auf säurefreiem Papier, hergestellt aus chlorfrei gebleichtem Zellstoff. TCF ∞

Printed in Germany
ISBN-10: 3-7643-7821-2
ISBN-13: 978-3-7643-7821-9

9 8 7 6 5 4 3 2 1   http://www.birkhauser.ch

Inhalt

… es galt, das Chaos abzubinden
und den bewegten Inhalt so zu umfassen,
dass er sich bewegend stehe …

Karl Kraus

Ulrich Conrads im IKMZ
der Brandenburgischen Technischen Universität Cottbus,
23. Februar 2005

Notiz

Der Verfasser der in diesem Band enthaltenen Texte ist fein heraus: Der Prolog ist längst geschrieben. Sein *Schlusswort als Prolog* war bereits Vorrede einer besonderen Zusammenkunft. Späte Äußerungen sind ja immer die jüngsten. Und wenn jemand sagt, wer er ist, sollte er auch sagen, woher er kommt, wo er steht, und wo er hingeht.

Die mir freundschaftlich verbundenen Berater waren damit indessen noch keineswegs zufrieden. Indem sie mich ermutigten, aus dem mir großzügig in der Bibliothek der Brandenburgischen Technischen Universität Cottbus eingeräumten Archiv einige Manuskripte aufs Neue an den Tag zu holen und in Druck zu geben, erwarteten sie, dass ich mich von Mal zu Mal über Anlass, Umstände, Zeitstimmung und auch Personen äußern möge. So ausführlich wie nötig und so kurz wie möglich.

Man zerstreute meine anfänglichen Bedenken. Sich auf Vergangenes einlassen, heißt nicht, alles wahren zu wollen, was man vor Zeiten als richtig und wichtig empfunden hatte. So, als ob es nicht einen ständigen Zuwachs von Erfahrungen gegeben hätte und tagtäglich weiterhin gibt. Es muss aber auch nicht heißen, Urteile zu relativieren, Einschätzungen zu revidieren, Missgriffe zu entschuldigen.

Es zeichnen sich, teilweise überraschend, in einem Bündel von Texten aus mehreren Jahrzehnten Zusammenhänge ab, die vorher so nicht kenntlich waren.

Anders ist es mit Überschneidungen, die sich hier und dort geradezu aufdrängen. Meine Berater wie ich selbst haben daran nicht gerührt. Das Wiederholen gehörte nämlich zu meinem methodischen Rüstzeug. Behaupte ich doch mit Überzeugung, der echte Architekturkritiker sei – oft wider Willen – ein geborener Pädagoge. Und als solcher hält er sich an das Rezept: erst Wiederholungen öffnen Ohren.

Dieser Band der von mir 1963/64 initiierten Reihe der *Bauwelt Fundamente* ist das Ergebnis der Anregungen, Ratschläge und redaktionellen Hilfen, die mir zuteil wurden. Dafür schulde ich Anna Teut, Kristiana Hartmann und Eduard Führ herzlichen Dank. In diesen Dank schließe ich auch Peter Neitzke ein, meinen Mitstreiter für die Fortführung der Reihe, und ebenso Ehrengard Heinzig und Franziska Bochenek, Anne Schmidt und Sven Ring, die die Manuskripte heraussuchten und für die heutigen Publikationsverfahren aufbereiteten. UC.

Informations-, Kommunikations- und Medienzentrum (IKMZ) der Brandenburgischen
Technischen Universität Cottbus. Ansicht von Südwesten.
Architekten Herzog & de Meuron, Basel, 2004

Ein Schlusswort als Prolog
2002

ᵐ Architektur und Städtebau ZUR SPRACHE BRINGEN – „Eine Kritik der Architekturkritik": treffende Namensgebung einer Konferenz, zu der der Lehrstuhl *Theorie der Architektur* an der Brandenburgischen Technischen Universität namhafte Redakteure, Historiker, Architekten und Fachkollegen nach Cottbus einlud. Das hieß erst einmal nach Branitz ins Pückler-Schloss, wo ich – als der mit dieser Veranstaltung Geehrte – im Grünen Salon mit einem „Schlusswort als Prolog" meine Auffassung (und Praxis!) von Architekturkritik vorwegnahm. Viel lieber hätte ich aus Lichtenbergs *Sudelbüchern* und aus Novalis' *Fragmenten* vorgelesen. Denn wenn man die von Goethe so genannte „anschauende Urteilskraft" als Vorbedingung von Kritik begreift, gilt es, zuallererst die Sprache der Dinge und Wesen zu lernen. Dann dreht sich alle oberflächliche Wirklichkeit wie ein Handschuh um und gibt die eingesperrte Hand frei, alles wie zum ersten Mal zu berühren (Juarrez): Mein Ideal. – Zu guter Letzt haben die Zuhörer mich listig zu einem „Prolog als Schlusswort" aufgefordert. So musste ich zum Ende der Konferenz mit Zustimmung wohl aller Referenten behaupten, dass der Architekturkritik über bewundernde affirmative Berichterstattung offenbar die Zähne ausgefallen sind. Und wenn es eine Perspektive gebe, dann die, dass wir aufs Neue zu Verbindlichkeiten gelangen. Den vorab versprochenen Schluss-Haiku möchte ich auch hier dem Leser nicht vorenthalten. Wer aus diesem Dreizeiler auf Resignation schließt, irrt:

Nacht. Ich kaue
den gefrorenen Pinsel
mit meinem letzten Zahn. ᵐ

Ich habe die Freude, an dieser mich so sehr ehrenden Zusammenkunft, dieser in vieler Hinsicht neugierig machenden Konferenz stehenden Fußes, wie Sie sehen, teilzunehmen.
Und so darf ich mir erlauben, mit einem mir von mir selbst zugedachten Haiku zu beginnen, einem jener knappen japanischen Dreizeiler, die eine längere prosaische Erklärung überflüssig machen.

Man gratuliere mir!
Auch dieses Jahr noch
haben die Mücken mich gestochen.

Mit einem solchen Haiku werde ich übermorgen diese Konferenz auch schließen. Denn hier wird ja nun vieles – ganz so, wie es das lateinische Ursprungs-Verb *conferre* meint – „zusammengetragen" werden. Vieles, was zu meinem Beruf gehört. Genauer: gehörte, denn ich kann ihn, Sie wissen es, seit acht, neun Jahren nicht mehr ausüben. Insofern muss ich, Sie werden es richtig verstehen, hier von hinten nach vorn reden, muss weit zurückliegende Erfahrungen vergegenwärtigen, muss von vergangenem, teils schon ein wenig abgesunkenem Erleben sprechen, statt das Heute und Morgen, die Gegenwart und das, was auf uns zukommen wird, als kritischer Beobachter ins Auge zu fassen. Wenn möglich, anderen drei Tage voraus. Das täte ich weit lieber. Über ungefähre Eindrücke aber, über bloße Vermutungen ist schlecht reden. Vom Hörensagen her sich Architektur nicht betrachten.

Ja, und dann – indem man ihn ums erste Wort zum Thema bittet – sieht sich der mit dieser Konferenz so ausdrücklich Geehrte natürlich auf die Probe gestellt, ob er dem Aufwand genügt. Ich sage das nicht aus Koket-terie. Auch Sie werden eines Tages die Erfahrung machen, wenn Sie sie nicht schon gemacht haben, dass mit der Zunahme von Wissen – oder sagen wir ruhig: Halbwissen – die Zweifel umgekehrt proportional zunehmen, ob sich Architektur, wo sie Architektur ist, sprich Baukunst, überhaupt zur Sprache bringen lässt. Das Metapherchen von der „Gefro-renen Musik" ist ja nett und schön, doch taugen tut es nicht. Die Ver-schiedenheit beider Künste – wie überhaupt aller anderen Kunstgattun-gen auch – besteht ja darin, dass „Sein" und „Zeit", die Existenz und die Dauer, in einer jeweils anderen Beziehung zueinander stehen. Nun hat mich Eduard Führ gewiss nicht als ersten der Referenten hierher gestellt, auf dass ich von vornherein eine Hucke voller Zweifel aussäe. Wer hätte sie nicht, die Zweifel? Und wer lacht da nicht? 1. Korinther 13,9: *Unser Wissen ist Stückwerk.*

Dennoch fahre ich fort mit gutem Wissen und Gewissen, dass die Woche sieben Tage hat, Schneewittchen von sieben Zwergen umsorgt wird, dass wir sieben Raben, sieben Meilenstiefel, sieben Weltwunder zählen, sieben

Halswirbel und sieben sichtbare Planeten; und dass Rom auf sieben Hügeln erbaut wurde und der Tempel zu Babylon sich sieben Geschosse hoch über die Stadt erhob (– vielleicht –).

An einem aber halte ich ganz fest, nämlich daran, dass dem wahren Architekturkritiker **sieben Tugenden** zueigen sind. Ich sagte: dem *wahren Kritiker,* weil ich den heute gängigen Qualitätshinweis „professionell" meiden möchte. Es sind mir sowohl Laien als auch Architekten und Planer bekannt, die nicht minder scharf zu urteilen wissen als unsereins, der sein kritisches Hinsehen zum Beruf machte. Ich sage also: der *wahre* Architekturkritiker, denn die Tugenden, von denen jetzt die Rede sein soll, sind eben ein wenig anspruchsvoll.

Und die möchte ich Ihnen nun nennen in Form von sieben Behauptungen. Und damit sich das nicht wie eine Belehrung ausnimmt, flechte ich dann und wann persönliche Erfahrungen, Erlebnisse, Glücksfälle und auch Widerwärtigkeiten ein. Etwa so, wie Illustrationen einen Text begründen helfen.

Die sieben Tugenden des Architekturkritikers lassen sich mit sieben Begriffen ans Licht bringen. Ich werde sie für die Wolkenkuckucksheimer römisch beziffern. Das erleichtert auch Ihnen, verehrte Zuhörer, den Durchblick. Denn wir werden uns aufhalten – wie gesagt: sieben Mal – bei dem Maßstab, den Rissen und Schnitten, der Baustelle, dem Vorher-Nachher, dem Vergleich, dem Einwirken, dem *Mit*menschen.

Sie sehen, ich gehorche wieder meiner unüberwindlichen Neigung zum Labyrinthischen. – Ariadne, steh' mir bei!

I.

Der wahre Architekturkritiker kennt nur einen Maßstab. Dieser Maßstab ist der Maßstab 1:1. Der Kritiker lässt sich zwar im Vorhinein von glänzend gesehenen Fotos und raffiniert geschnittenen Videos informieren, jedoch nicht täuschen. Denn er arbeitet an Ort und Stelle. Er fährt hin. Er berichtet nur über Bauten, die er selbst aus wechselnden Distanzen gesehen, mehrmals umschritten und all ihre Räume und Raumfolgen von den Kellern bis unters Dach ganz in Ruhe begangen hat.

Diese Tugend, werden Sie sagen, sei nun wirklich banal. Und da haben Sie Recht. Tugendhaftes ist im Gegensatz zu den Lastern immer banal und ein bisschen langweilig.

Gleichwohl ist es oft gar nicht so selbstverständlich, sich einen Bau nicht nur als eben diesen Bau anzusehen, sondern auch seine „Angemessenheit".

Und die ist ja wiederum nur im Maßstab 1:1 abzuleiten und zu erkennen. Mehr noch als für Architektur gilt das für städtebauliche Gestaltungen. Zum Stadträumlichen tritt da das landschaftliche, das topographische Befinden, treten die weiter gefassten Perspektiven, die oft komplizierten und nicht immer gleich augenfälligen Beziehungen. Erst bei solcher Beobachtung ist ja auszumachen, ob da ein freundschaftlicher oder ein feindlicher Zu- und Eingriff geschehen ist.

Die Forderung nach Unmittelbarkeit – das bedeutet ja die Maßgabe 1:1 – sollte auch für Skizzen, Handskizzen gelten. Das ist wichtig vor allem, wenn auch die Idee, der Werdeprozess eines Bauwerks, schließlich der Bauprozess selbst kritisch kommentiert werden sollen.

Ich wiederhole meine erste Behauptung: Dem wahren Kritiker gilt nur der Maßstab 1:1.

II.

Der wahre Kritiker verlangt, dass ihm sämtliche Grundrisse, Ansichten und wesentlichen Schnitte des Bauwerks vor Augen kommen, vom Lageplan ganz zu schweigen. Obschon gerade er oft, und manchmal aus schlechtem Grund, im Safe bleibt.

Hier spielt nun aufs Neue der Maßstab eine wichtige Rolle, sprich: die Informationsdichte, die die jeweilige lineare Verkleinerung hergibt. Wohnungsgrundrisse im Maßstab 1:1000 zum Beispiel sind für eine kritische Beurteilung der Räumlichkeit und der mutmaßlichen Wohnlichkeit oder gar Bewohnbarkeit schlichtweg unbrauchbar. Zwar sind diese weit gehenden Verkleinerungen auf dem Papier oft von schöner Strenge – eben, weil sie nichts sonst mitteilen. *Abstracts* der Wohnung. So lästig wie überflüssig. Immer ist ja die Frage, *was* beurteilt werden soll und also auch dargestellt sein muss.

Auch das ist wiederum so etwas wie ein Gemeinplatz, also eigentlich von schöner Selbstverständlichkeit. Doch auch mit den exakten, den richtigen Bauzeichnungen ist es so eine Sache. Die allerrichtigsten zeichnerischen Darstellungen, die das Ganze eines Bauwerks stets winkelrichtig und alle Kanten unverkürzt und in ihrer eigentlichen Bemessung darstellen, ist die Axonometrie. Sie war in den achtziger Jahren die große Mode.

„Zwischen Wahrheit und Lüge – das geborgte Dasein der Architektur" – so zog Gerd Neumann dieser Darstellungsmethode die Maske ab. Für Laien nur mühsam lesbar, verleiht ihre unanfechtbare „Richtigkeit" dem dargestellten Bauwerk einen Anschein absoluter Gültigkeit, wenn nicht gar von Ewigkeit. Doch selbst die war ja – nach Stanisław Lec – früher von längerer Dauer.

So geschah es denn auch, dass bei einem der Berliner IBA-Wettbewerbe in den achtziger Jahren eine sorgsam auf Karton kaschierte Axonometrie 1:100 wie vergessen an einer Wand lehnt. Ein beflissener Mensch kommt vorbei, stutzt, schüttelt den Kopf und dreht die Tafel um. Oben ist nun unten. Wenig später eilt ein zweiter Helfer dort vorbei, stutzt, verhält den Schritt und stellt die Tafel wieder auf den Kopf. Und solches, noch selbst beobachtet, geschieht ein drittes Mal. Frage: Stand die Tafel mit der axonometrischen Darstellung anfangs richtig?

Eine zweite, weniger lustige Frage: Resultiert aus solchen Begebenheiten etwa die Angst der Fernsehleute vor Bauplänen, insbesondere Grundrissen? Sie können offensichtlich nur Fassaden lesen, aber das, man staunt immer wieder, in zwei Sekunden. Ihre Welt: die eingeebnete Matrize. So dann auch, kein Wunder, die Welt der Bild-Konsumenten. Nun aber, ehe ich in obsolete Kulturkritik ausbreche, die dritte Behauptung.

III.

Der wahre Architekturkritiker ist neugierig darauf, wie der Bau, auf den er es abgesehen hat – zu gegebener Zeit –, entsteht. Er verfolgt, soweit es ihm örtlich und zeitlich möglich ist, die Stadien des Baufortschritts. Ist er ganz darauf versessen, läuft er alle Nase lang auf die Baustelle. Er sieht da, was ihm später weitgehend verborgen bleiben wird: die Details, die Materialien, die nackte Konstruktion, ehe sie teilweise ins Verborgene geraten. Diese Einblicke erleichtern es ihm, später Aufwand und Zweck, Zielsetzung und Ausführung gegeneinander kritisch aufzurechnen. Abgesehen davon: es bringen die Baustellenbesuche zumeist unwiederholbare Erlebnisse von Raum und Baukörper.

Nur sollte der Kritiker sich nicht scheuen, etwa weil er sich von besserer Art hält als die Bauarbeiter, bei diesen Besuchen einen Schutzhelm aufzusetzen. Der Kritiker möge bedenken, dass die Schwerkraft im unfertigen Bau noch nicht bewältigt ist und auf Gegenstände, Bauteile, Werkzeuge noch befreiend einwirkt. Es fällt allerlei und immer herunter; und allerlei wird fallen gelassen.

Wer aber Bauaufzüge oder noch unfertige Personenlifts zu benutzen wagt, sollte zuvor ein Stoßgebet flüstern. Ich erinnere, wie mich weiland Ferdinand Kramer mit ungespielter Begeisterung durch einen seiner Frankfurter Universitätsbauten führte und einem Aufzugmechaniker befahl, uns unverzüglich ins oberste Stockwerk – von wegen der Aussicht – zu fahren. Der Mann zögerte, betätigte dann aber entschlossen die provisorische Steuerung. Die nackte türlose Kabine ging hoch – bis es einen fürchterlichen Schlag gab: auf dem Kabinendeckel stand eine Leiter. Der liebe Gott oder ein höherer Engel muss in den Stahlseilen gesessen haben. Zeit, zur vierten Behauptung zu kommen.

IV.

Der wahre Architekturkritiker wüsste gern, sieht er ein neues Haus, steht er in einer neu geschaffenen städtebaulichen Situation, wie es da früher ausgesehen hat. Ist die verdeckt viergeschossige Stadtvilla unterm schwarz engobierten Sargdach eine wenigstens halbwegs tragbare Zuwiderhandlung gegen das sich ehemals an dieser Stelle so bescheiden in den Raum einordnende Landhaus von Fritz Höger? Vor drei Jahren abgerissen – und schon kennt es keiner mehr. War da was? Was war da? Erstaunliche Unsicherheit auch bei Eingesessenen.

Eine Stadt – ich personifiziere – ist unglaublich vergesslich. Vor Jahresfrist erst erinnerte sich Renzo Piano in einem Interview lebhaft daran, welche Freude es ihm bei seinem ersten Besuch in Berlin vor zwanzig Jahren gemacht habe, dass Scharoun der Mauer Arsch und Rücken seiner Staatsbibliothek zukehre. Piano hat am Potsdamer Platz tüchtig mitgewirkt. Hat ihm niemand gesagt, dass Scharoun die Bibliothek nach Osten darum dichtmachte, weil da die geplante Westtangente eines Tages aus dem Boden schießen sollte? Nun läuft der Verkehr sechsspurig vor den Glasfronten der Lesesäle übers so genannte Kulturforum. Mit der vergessenen weitschauenden Planung ist gleich auch die Kultur vergessen. Kaum anderswo wird so konkret fassbar, wie unglaublich naiv und halbherzig Senat und Abgeordnetenhaus Berlins mit Kultur und Bauen umgehen. Hauptstädtische Baukultur.

Vorher-Nachher – ich denke, der Kritiker muss, indem er urteilend vergleicht, das Verlorene, Ersetzte, zu anderer Gestalt Gebrachte dem Vergessen entreißen. Er macht die Mitmenschen zu Zeugen, Augenzeugen wahrhaftig, ihrer eigenen Bau- und Stadtbaugeschichte: Was ist unter unseren Augen und mit unserem Zutun gefallen, was an dessen Stelle gewachsen? Und dies nicht einfach über Nacht.

Juristen geben einem niedergegangenen Bestand zwei Jahre Erinnerungsfrist. Ein Forsthaus brannte ab und wurde nicht wieder aufgebaut. Zwei Jahre später will ein unternehmenslustiger Gastwirt das Forsthaus neu errichten, nun als Waldhotel und -wirtschaft. Es wird ihm versagt: das abgebrannte Forsthaus habe nicht nur im nicht bebaubaren Außenbereich gelegen, sondern sei mittlerweile im Gedächtnis der umwohnenden Bevölkerung gänzlich gelöscht. So urteilte ein Senat eines unserer Oberlandesgerichte. Die Richter lagen damit nicht ganz falsch.

V.

Der wahre Architekturkritiker findet sich im Labyrinth der Baugeschichte und der Baugeschichten – das ist zweierlei – soweit zu Recht, dass er verlässige qualitative Vergleiche anstellen kann. Mehr ist zu dieser Tugend nicht zu sagen.
Hier berühren wir das Wissen vom „nie und nimmer genug wissen".
Und wir geraten zumindest in die Nähe der Erfahrung, wie schnell ein passables Wissen – auch ein spezielles Wissen – so tief absinken kann, dass es nur mit Anstoß und Mühe wieder heraufzuholen ist.

VI.

Der wahre Architekturkritiker übt zeitlebens das Beschreiben von Körpern und Räumen, statischen und dynamischen Haltungen, von Fassaden und Erstreckungen in die Tiefe. Während es über das Beschreiben von Werken der Bildenden Kunst zahlreiche Abhandlungen gibt, ist mir bislang kein Titel „Über das Beschreiben von Werken der Baukunst" zu Gesicht gekommen. Es wird offenbar nicht gelehrt. Und so erleiden wir permanent die Armseligkeit der meisten professionellen Bau- und Projektbeschreibungen.
Der wahre Architekturkritiker weiß also, warum er sich müht, ein Bauwerk so verständlich zu beschreiben, dass einer, der den Bau nicht kennt, ihn dennoch vor sich sieht. Erst dann kann der Zuhörer oder Leser ja nachvollziehen, was der Kritiker an Lob oder Tadel – als seine eigentliche Aussage – hinzufügt.
Er will ja – sein Ziel –, dass seine Kritik beim Publikum „ankommt" und Wirkung hat. Wenn schon nicht mehr auf das kritisierte Bauwerk, so doch für alles Weitere, das künftige Konzipieren, Entwerfen und Bauen. Doch wer ist mit der Kritik gemeint? An wen richtet sie sich? Wer soll sie zur Kenntnis nehmen und Honig daraus saugen?
Die Architekten und Planer, die Bauherren, die Bauverwaltungen, die politischen Entscheidungsträger, die Gesetzgeber, die Großmuftis?

Oder soll überhaupt ein ganzes, des Lesens und Auffassens kundiges Volk, dargestellt durch die immer klugen Köpfe dahinter oder die ‚mangels Zeit' fortwährend mit der „Zeit" in Rückstand Befindlichen, auf die Kritik des Bauens im Einzelnen wie im Ganzen, will sagen: auf die Kritik unserer immer wieder hinkenden Baukultur eingestimmt werden? Mal zieht die den rechten, mal den linken Fuß nach. Und die Bodenpolitik kennt sowieso nur Plattfüße.

Der wahre Architekturkritiker hat sich also gründliche Kenntnis auch der Planungs- und *Bauvoraussetzungen* verschafft. Und ein Arsenal von Sprachen: den Holzhammer, den eisigen Sarkasmus, die ruhige Zurede, den sanften Hinweis, die beiläufige Empfehlung.

Immer aber geht der Frage: Wie sag ich's und wem? die Beschreibung des *corpus delicti* voraus. Und schon in ihr, der Beschreibung, ist der wahre Kritiker höchst persönlich anwesend. Die Beschreibung schon enthält *in nuce* sein Urteil.

Die Holzhämmer bringen meist wenig, die säuselnden Zureden noch weniger. Wer indes einen Bau „Marmelade auf Käse" nennt oder die Vorstandsmitglieder einer Wohnungsbaugesellschaft als „kaufmännische Nagetiere" bezeichnet, handelt sich hierzulande lediglich Beleidigungsklagen ein. Man darf so etwas nicht schreiben; geschweige denn drucken lassen. Warum man die unfeinen Worte gewählt hat, wird vor Gericht nicht erörtert und verhandelt.

Bleibt uns

VII.

der Mitmensch. Insofern nämlich, als der wahre Kritiker ein solcher ist. Das ist seine letzte, für mich persönlich seine erste Tugend. Jeder Kritiker ist natürlich erst einmal ein Mensch. Der Architekturkritiker aber ist ein Mit-Mensch, der Akzent auf der Vorsilbe „mit". Das heißt, er besitzt die Fähigkeit, sich in die Biografien der neben ihm Lebenden, ganz gleich wo und wie, einzufühlen, sich mit den Lebensweisen, Lebensrhythmen, Lebensbedürfnissen der Armen wie der Reichen, der Versklavten und Bedrängten wie der den Existenznöten Entkommenen für eine geraume Weile zu identifizieren. Für die vielen – ja, wer sind sie denn? wer sieht sie? –, die in den Favelas der so genannten Schwellenländer oder die, die in unseren Städten mit 40 Prozent Erwerbslosen zu Hause sind?

Der wahre Architekturkritiker weiß, dass in naher Zukunft die momentan grassierende große Beliebtheit des Bauens ein Ende haben wird, dass das Herzeigen von Fassaden von den virulenten sozialen Kräften in dieser unserer Weltzeit alsbald vernünftig korrigiert werden wird, dass die natürlichen Energien nicht länger in Repräsentationsbauten verheizt oder verkühlt werden können.

Der wahre Architekturkritiker weiß als Mitmensch, dass in dieser selbstmörderischen Welt, in dieser Zeit der Wiederkehr des Menschenopfers (Enzensberger) erst Katastrophen über Katastrophen – der Überschwemmungen sind noch nicht genug – zu einem neuen Denken und Handeln führen werden.

Er spricht, er schreibt, er vermittelt, er publiziert – obschon ohne nennbaren Erfolg und scheinbar widersinnig – dennoch weiter. Er sieht sich als eine Minderheit unter den Minderheiten. Und das begreift er als seine Stärke. Es ist ein gutes Gefühl, wenn niemand hinter einem steht und man sich einbilden kann, einen wenn auch geringen Beitrag zur Wiederherstellung verlorener Gleichgewichte und zur intensiveren, Glückbringenderen Nutzung unserer Lebenszeit, dem Kostbarsten, was ein jeder besitzt, beizutragen. Mit einem Wort: im wahren Architekturkritiker steckt insgeheim ein Pädagoge in angewandter Politik. Er lehrt die bauenden Leute Mores.

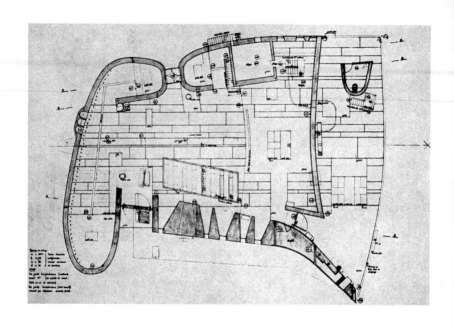

Notre-Dame-du-Haut in Ronchamp.
Architekt Le Corbusier. 1954/55
Grundriß

Ronchamp oder die „Travestie der Unschuld"
1956

ℳ 1953 hatten wir Le Corbusier, Gropius, Roth, Giedion und anderen auf dem CIAM-Kongress in Aix-en-Provence zu Füßen gesessen, wörtlich: auf dem Rasen. Um zu hören, dass in „Grilles" das Heil des Städtebaus im Hinblick auf das *Wohnen der Vielen* liege. Die Kerntruppe der Kongresse für Modernes Bauen – Congrès Internationaux d'Architecture Moderne – war zu der Überzeugung gelangt, dass das graphische Verfahren, die angetroffenen Zustände und die Forderungen der Besserung in ein Gitter einzutragen, *das* Heilmittel gegen den Niedergang, die Verslumung innerstädtischer Wohnquartiere sei. Nicht zuletzt war es Le Corbusier, der mit seiner eminenten rhetorischen Begabung für diese Versimpelung des Denkens über Wesenszüge der großen Stadt Proselyten zu machen suchte. Vergebens. Es gab einen Aufstand unter den jüngeren Kongressgästen. Sie sahen sich Rastern konfrontiert, von Rastern umgeben, sollten in Rastern denken, in Rastern sprechen und womöglich auch bauen. Die Altmeister auf dem Podium verstanden es, den Kongress so abzubrechen, dass die Widerrede der Jungen nicht mit ins offizielle Protokoll aufgenommen werden musste. Fast auf den Tag zwei Jahre später, genau am 25. Juni 1955, überraschte uns Le Corbusier, der „eingeschworene Rationalist", mit der Gnadenkapelle Notre-Dame-du-Haut über Ronchamp. War da Sarkasmus angesagt? „Nun schreiben Sie mal was Schönes!" ließ mir Rudolf Schwarz bestellen. Ich habe ihn etwas getröstet. ℳ

Zwischen den hier immer noch stattlichen Ausläufern der südlichen Vogesen, auf der Scheide zwischen Gebirge und Flußebene, in einem einsamen Landstrich mit kargen, rostbraunen Hochflächen und lichten Wäldern liegt, eingeschmiegt in die Abfolge der Hügel, das kleine Städtchen Ronchamp. Wer sich ihm auf dem lianenhaft geschwungenen Band der Landstraße vom 20 Kilometer südöstlich gelegenen Belfort her nähert, wird kaum die weiße Kapelle mit dem dunklen, abfallenden Dach übersehen können, die sich auf der beherrschenden Höhe oberhalb der Ortschaft erhebt. Der Aufmerksame wird in mehreren Stadien der Entfernung die Begegnung dieses kleinen Bauwerks mit den Horizonten der hügeligen Landschaft verfolgen können: eine Begegnung von äußerster Höflichkeit, äußerster Rücksichtnahme und bereicherndem Einklang.

Hier gehen bescheidene Einfügung und ausdrückliches Selbstbewußtsein Seite an Seite.

Dieser Eindruck haftet, bis man auf recht mühsamem Pfad den Berg über Ronchamp hinangestiegen ist und nun plötzlich, aus einem Hohlweg auftauchend, der Kapelle gegenübersteht. Von Norden her tritt sie unversehens in den Blick, links die plastische Masse des Hauptturms mit der ungedeckten Halbkuppel, mitten die standfeste, nach hinten geneigte, schießschartenartig durchbrochene Südwand, die sich nach rechts hinausschwingt, fensterlos, wie der Bug eines geschwinden Schiffes. Darüber, wie eine Woge sich aufwerfend, das dunkle Betondach. Die ganze Front von jener unklassischen Monumentalität, deren Charakteristikum es ist, nicht an gewaltige Maßstäbe gefesselt zu sein. Darum wirkt sie auf jedem Foto viel größer als in der Wirklichkeit. Was wir von Abbildungen her als festungsartig, einem Bunker vergleichbar, beurteilt hatten, abweisend und distanzierend, wurde, als wir den Weg zwischen den unscheinbaren Bauten der Küsterwohnung und der Pilgerherberge hinaufschritten, in seltsamer Verkehrung mit einem Male einladend, gleichsam Teilnahme erheischend. Noch auf dem Wege, noch im Hinzutreten wurde man schon gefangen von der Sicherheit des Ortes, von der Sicherheit seiner Bedeutung.

Sicherheit? Vor Theben war es, wo Oedipus nach altem Bericht ein menschenköpfiges, vielgestaltiges Ungeheuer begegnete und von diesem – unter Androhung augenblicklichen Todes, falls die rechte Antwort ausbleibe – befragt wurde, welches Tier am Morgen auf vier Beinen, am Mittag auf zweien und am Abend auf drei Beinen wandle. Oedipus, der Grieche, überall und immer den Menschen erkennend, soll geantwortet haben: der Mensch – in seiner Kindheit, seiner Mannheit, seiner Greisenhaftigkeit. Diese Antwort, sie kam aus der Sicherheit des eigenen Schicksals, das von dieser Dreiheit so schreckensvoll durchzogen war. – Inzwischen sind wir unterrichtet über das Tier, das Mensch heißt; sind wir uns selbst durchsichtig geworden, ist die Schreckenslandschaft der Oedipustragödie ausgekostet und ausgemessen. Aber haben wir bessere Sicherheiten zur Hand in Frage und Antwort? Was wir an Sicherheit gewannen, es ging auf Kosten der Distanz, und unser „besseres" auf Kosten eines weisen Wissens. Die Bewegung des Denkens brachte uns ins Innere der Sphinx, und die Konturen sind nicht mehr auszumachen. Und dennoch ist Sicherheit da. Eine andere, neue. Man mag das erfahren, wenn man hinter die meterdicke Südwand der Kapelle von Ronchamp getreten ist, unter das quer zur Raumachse durchhängende Dach, wenn man in diesem „festen Zelt" steht, in diesem Raum, der mit hohem Bewußtsein und aller, man muß hier schon sagen: Durchtriebenheit konzipiert wurde und der dennoch, entgegen aller Erwartung, ein aufrichtender und demütiger Raum ist. Ein Raum, dessen Wirkung man schwer begründen kann; ein Raum, der die „Besichtigung" verbietet und der befreit zu einer einzigen Handlung: zum Gebet. Hier vergißt sich der überlegene Atem des Alltags. Man ist plötzlich nicht mehr jemand mit einem Beruf, mit dieser Überzeugung und jenem Anliegen – man ist nur noch man selbst, frei, ohne Zwang, ohne Sorge, man ist Ich im Gegenüber. Es ist das eigene Maß da, das Maß, das einem selbst zugehört; und dieses Maß ist nicht mehr das des Oedipus, ist nicht mehr Antwort *aus dem Schicksal heraus*, sondern Antwort *angesichts des Schicksals*, ist freies Bekenntnis, wie immer auch es im einzelnen aussehen möge. Wie die Bitte und Fürbitte frei sind und der Glaube an ihre Erfüllung.

In diesen, allerdings sehr subjektiven Empfindungen liegt unsere einzige Antwort auf die so oft gestellte Frage nach dem „sakralen Raum". Sollen wir darum das Sakrale eines Raumes leugnen, weil sich kein objektiver Maßstab findet? Die härtesten Beweise tritt unser Innerstes an. Wann werden wir *uns* glauben?

Neben solcher Sicherheit des Ortes, des Bauwerks, des Raumes, neben dieser Sicherheit steht als unsicherster aller Menschen, die den Weg auf die Anhöhe von Ronchamp finden, der Kritiker. Kein Bauwerk der letzten Jahre ist öfter und ausführlicher veröffentlicht worden als Le Corbusiers Kapelle, über keines aber sind auch so unterschiedliche Urteile gefällt worden wie über sie; unterschiedliche Urteile sowohl von denen, die auf Seiten des Neuen Bauens stehen, als auch von denen, die es bekämpfen. Vom Hymnus auf eine barocke Architektur aus dem Geist unserer Zeit reicht die Skala bis zu der Meinung, die „journalistisch berühmte Kapelle" sei kein Gebäude, sondern ein Gegenstand, innen ausgehöhlt zur Erzeugung einer Katakomben-Romantik. Einig aber waren sich bislang alle Kritiker in dem einen Punkt: daß die Kapelle von Ronchamp den Abschied von der bisherigen Geschichte abendländischer Baukunst bedeute; ja, man stellt sich sogar die Frage, ob die Kapelle nicht ein Protest sei gegen das geschichtlich Gewordene, eine Frage, die Leopold Zahn zu dem Nachsatz bewegte, ob es zur Hybris des modernen Künstlers gehöre, daß er nicht mehr von Traditionen leben, sondern Tradition schaffen will. Oder ob es sich vielmehr so verhalte, daß der moderne Künstler sich einer Situation gegenübersieht, die ihm die Chance der Produktivität nur im Wagnis des Neubeginns bietet.

Ohne diese letzte Frage beantworten zu wollen, eines glauben wir nicht: Le Corbusiers Bau ist kein Protest gegen das geschichtlich Gewordene, sondern *Feststellung* des geschichtlich Gewordenen, Feststellung aus der Meditation über die Aufgabe, Feststellung mit den in einer schöpferischen Hand immer legitimen Mitteln des Bauens. Und sei zehnmal Rabitz verwandt und mögen alle möglichen Register des Scheins gezogen sein, die dem materialgerechten Architekten nachgerade ein Ärgernis sind, von dem gleich zu sprechen sein wird. All dies wiegt nicht jene äußerste Spannung und das innere Angerührtsein auf, wenn man die Kapelle von Ronchamp umschreitet. Welch dramatische Abwicklung der Aufrisse, welch selbstverständliches Ineinandergreifen und Sichablösen der Fronten. Das Auge tastet sich links am Hauptturm vorbei über die schmucklose Wand der Westseite hin zu dem großen Wasserspeier, der alle Regenflut in die freien Formen des Sammelbeckens wirft, und von dort zu den plastischen Körpern der Halbtürme zu beiden Seiten des nördlichen Eingangs; es folgen die kräftigen Akzente der Nordseite, Freitreppe, Tür- und Fenstereinschnitte. Und dann mit einemmal bleibt man hängen an der Nordostecke, wo das Problem, den äußeren muschelartigen Chor an der Ostseite mit der herben Nordwand unter das übergreifende Dach zu fassen, unbewältigt blieb, Stückwerk, additiv und häßlich cachiert mit allerlei baulichem Blendwerk. Deklamation des Meisters in der Tonart von „art brût"? Man weiß es nicht. Groß der Gedanke dann an der Südostecke, der radikale Bruch des Schiffsbugs; aber auch hier nicht ganz gelöst im Detail des Übergangs von Dach, Außenchor und zurückweichender Südwand, die sich nach Umschreiten dieser Ecke mit all ihren Reizen unter dem hochgebogenen, weit überschießenden Dach darbietet, aufgefangen von dem sich nun ganz isolierenden Hauptturm. Aber auch hier, an den Fensterdurchbrüchen der Südseite, finden sich Einzelheiten baulicher Art, die peinlich berühren. Erinnerungen an Neapel: eine herrliche Stadt, wenn man nicht zu genau hinsieht. Aber hier, in Ronchamp, eben doch bestürzend; zu oft verlaufen die wahrhaft meisterliche Bestimmung großer Formen und ihre ideelle Durchdringung ins Handgestrickte, in eine – niemand wird's leugnen – bewußt brutale, „bodenständige" Aufmachung. Beton ist eine gute Sache; aber Opferstöcke aus Beton, Bänke, Tische, Kanzeln, Treppen, Lesepult aus Beton – kurz, Beton, wo's eben angeht, ist ein unsinniges Spiel. Falscher Augenaufschlag ist das oder zumindest ein recht verdächtiges Hü-hott, wenn es nicht mehr weiter gehen will. Und doch so unnötig gerade hier. Und dann: mußte der Superrauhputz, der außen nicht ohne Reize ist (aber wie werden die ungeschützten Beton-halbkuppeln der Türme in einigen Jahren aussehen?) – mußte dieser grobe Putz auch im Inneren verwendet werden? Ohne solche tour de force: um wie viel leichter und nuancierter würde das Licht in den tiefen Laibungen der Fensteröffnungen spielen und niedersteigen aus den Halbkuppeln der Nebenaltäre. Schon gar nicht wissen wir, wer den grellroten Anstrich goutieren wird, der eine der Turmkapellen von der Kuppel bis zum Boden bedeckt. Symbolisch? Es geht auch an manch anderer Stelle mit Farben nicht, und die handschriftlichen Signaturen des Meisters auf den kleinen Scheiben der Fenster sind gewiß nicht nur schlecht und dürftig, weil man sie mit dem Fingernagel abkratzen kann. Bei den farbigen Monologen auf beiden Seiten der Festpforte kann man das leider nicht. Man muß es bedauern – aufrichtig. Sieht man genauer hin, so hat man gegen allen Willen ein pauschales, ebenso schales wie übereifriges Revoluzzertum auszuhalten.

Und dennoch: Über dem Sinn dieses Baus, über seiner großen Gebärde vergißt sich das Unwichtige solch künstlicher Pseudomystik. Das Mensch-liche bleibt stärker als das Allzumenschliche, die Demut ist größer als die Eitelkeit, und das Gesetz der Aufgabe übertönt den Mißklang der Mache. So deutet die Überschrift dieser Betrachtung dennoch ins Positive, löst sich in das vom Dichter Gemeinte: „Travestie der Unschuld ... Es gibt darin, auf entwickeltster ... Stufe, vor dem Hintergrund äußerster Span-nungen, ‚Banalitäten‘ – natürlich nicht im sentimentalen Sinn oder in dem schwunghafter Gefälligkeit, sondern Banalitäten im Sinn eines techni-schen Primitivismus, Naivitäten oder Scheinnaivitäten also, die der Mei-ster dem ungewöhnlichen Zögling schmunzelnd durchgehen ließ: gewiß weil er sie nicht als Naivität ersten Grades, ... sondern als ein Jenseits von Neu und Abgeschmackt, als Kühnheiten im Gewande des Anfänglichen verstand."

Den Meister, von dem oben die Rede ist, mag man sich, so man glaubt, über jenen Wolken vorstellen, die langsam von den Vogesen über Notre-Dame-du-Haut in die südlich-heitere Ebene ziehen. Über ein Land, das kein Denkmal braucht, um gezeichnet zu sein als Wahlstatt langer blutiger Kämpfe in vielen Kriegen, über ein Land, aus dessen übergroßer Traurigkeit zuzeiten das Gewissen der Freiheit und das Wissen um die Menschenwürde aufbricht.

Seite 22: Ansicht der Südseite mit Haupteingang

Ansicht von Nordosten. An der Nordseite in der verglasten Wandöffnung, innen wie außen gegenwärtig, die Marienstatue. Darunter der Wallfahrtsaltar, daneben die Außenkanzel

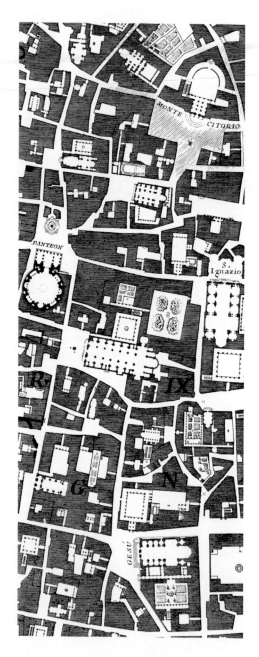

Giovanni-Battista Nolli
Nuova Pianta di Roma, 1748
Ausschnitt

Über Ordnung und Unordnung
1983

ℳ Wollte ich eine Gelegenheit nutzen, mich ein weiteres Mal über Aspekte des gegenwärtigen Bauens auszulassen, würde ich Überlegungen zum Begriff *Beliebigkeit* darlegen. Im Mai 1983 schon beschäftigte die Münchner Akademie der Schönen Künste sich und uns Referenten mit der Frage „Willkür oder neuer Konsens?". Man hatte – gerade – die „Postmoderne" im Blick. Die Nachkriegs-Idee vom Leichtbau war abgetan. Die vaterlose Gesellschaft (Mitscherlich) war mit dieser an Improvisation grenzenden Leichtigkeit nicht zurechtgekommen. Man wollte wohl Freiheit gewinnen und genießen, aber doch lieber mit dem Rücken an der Wand. Das hieß Rückkehr zum Festen, zum Formelhaften, zum scheinbar Verlässlichen. Das Neue war diesmal ein erneuter Griff ins architektonische Repertoire, was im Lateinischen treffend „Fundstätte" heißt. Architektur als ein willkürliches Aufklauben von Versatzstücken, sehr vereinfachend gesagt. Nun ist „Willkür", so haben wir mittlerweile erfahren, nur eine der Facetten von *Beliebigkeit*. Ebenso wie Willkür lässt sich auch Austauschbarkeit und Ubiquität unter diesen Begriff bringen. Und auch das Nicht-mehr-unterscheidbare, das Leer-gehäuse. So könnte ich fortfahren. Und sei es nur, um deutlich zu machen, dass ein so obskures Planungsobjekt wie der *Trampelpfad*, dieser „unfeste" unbefestigte Weg, alles andere ist als ein Produkt von Beliebigkeit. Er gehorcht aufs Engste unserer eigenen psycho-physischen Organisation. Dieses Verbindende, dieses Verbundensein (wieder) zu den verbindlichen Kriterien des Gestaltens zu zählen, hieße Gleichgewicht zurückgewinnen: Gleichgewicht zwischen Verfestigen und Auflösen – Vorbedingung des kommenden, des „sozialen" Stils. ℳ

Ordnung und Unordnung – Sie wissen: ein weites, nahezu unausmeßbares, nicht nur mit philosophischen Gedanken, Geschichtsschreibung und Literatur wohlbestelltes Feld, sondern auch eines der Freuden, Genugtuungen, Triumphe wie auch der Enttäuschungen, Niederlagen, Leiden. Ich will heute Abend versuchen, einen schmalen Trampelpfad in dieses weite Feld zu legen, einen wilden Gehweg. Ich schlage mich also von vornherein auf die Seite der Unordnung. Scheinbar. Ein Trampelpfad hat ja die Eigenschaft, weder geplant noch angelegt und auf Dauer befestigt zu sein. Vor allem aber: er kürzt ab.

Das wiederum aber tut er so, daß keineswegs dabei die kürzeste aller Wegstrecken herauskommt. Er leistet sich Biegungen, Kurven. Manchmal ist er zerstörerisch, und zwar nicht nur, weil er sich nicht an eine vorgegebene Ordnung hält, sondern auch im Hinblick auf bestimmte Wertsetzungen, die dieser Ordnung zugrunde liegen, obwohl sie den Weg als solchen, als Bahn von Bewegungen, gar nicht betreffen. Zu diesen Wertsetzungen gehört zum Beispiel der ganz und gar gepflegte, vor Fußtritten zu schützende Rasen; oder es gehört das ganz und gar ungepflegte, weil naturbelassene Biotop eines Bach-, Fluß- oder Seeufers dazu, das nicht niedergetrampelt werden soll. Andererseits macht der wilde Pfad auch schonende Umwege, die einer Wegeplanung gar nicht in den Sinn kämen. Er tut das gezwungenermaßen, denn schon eine mittelhohe Gruppe von Sträuchern läßt sich nicht niedertrampeln, geschweige denn ein Bäumchen oder ein Baum. Die Gewaltsamkeit des Trampelpfads ist unbewaffnet. Aber sie ist außerordentlich effizient: sie macht nicht mehr kaputt als notwendig, um dem, der da zu einem Ziel unterwegs ist, ein maximal ausgewogenes Verhältnis zwischen Anstrengung und Bequemlichkeit zu garantieren. Der Trampelpfad hat, kann man sagen, einen topographischen Instinkt. Natürlich ist es der Instinkt derer, die ihn getrampelt haben. Wofür sie – wie wir alle – mit Erfahrungen, psychosomatischen Erfahrungen ausgestattet waren und sind.

Es ist da umgesetzt, wenn die Verhältnisse es zulassen, daß wir für neun bis zehn Stufen z. B. latente Energie in unseren Muskeln gespeichert haben; daß nach neun Stufen nach Möglichkeit eine Steigepause eingelegt werden muß, damit der nächste Anstieg aufs Neue bequem ist. Der Trampelpfad weiß das sozusagen. Und indem ich mich nun ihm überlasse, bin ich sicher, daß Sie mir stehenden Fußes folgen können; auch ohne Lichtbild-Illustrationen. Schon sind wir ja, indem wir über den Trampelpfad nachdachten, mitten ins Thema hineingegangen. Und gleich an einer kritischen Stelle. Denn wir haben bemerkt, daß der ungeplante Pfad, der die durch ein geplantes Wegenetz hergestellte Ordnung stört, kein Auswuchs von Willkür ist, schon gar nicht von Anarchie, sondern einfach nur anderen Regeln folgt. Diese Regeln hätten auch der Planung zugrunde liegen können, nur hat die Planung sie außeracht gelassen. Zum Beispiel die Regel, daß ein guter Weg nur der ist, der mit möglichst wenig Anstrengung in möglichst kurzer Zeit, und zudem auch physisch Kurzweil erzeugend, zu einem Ziel führt.

Warum aber hat die ordnende Planung diese Regel – wir bemerken das ja oft – außeracht gelassen? Antwort: sie ist von Muskeln und Mühen der Wegenutzer weit weniger abhängig als die Trampelpfad-Pioniere, die Muskeln und Mühen gleich mit in die Anlage des Pfades einbringen. Planung hat, zumal wo sie hoheitlicher Akt ist, andere Abhängigkeiten, vielfältigere, kompliziertere, widersprüchlichere. Da ist zum Beispiel das Eigentum, und mit ihm eine nur in Ausnahmefällen antastbare Ordnung, die wiederum nicht zu denken ist ohne eine Ordnung der Nutzungen. Weshalb Trampelpfade nicht geplant werden können; oder wenn sie geplant werden, keine mehr sind – obgleich solche geplanten Wege die Qualität von Trampelpfaden de facto besitzen. Nur das Unordentliche, der Verstoß, die rücksichtslose Spontaneität sind heraus, der durch Bedürfnisse erzeugte Wildwuchs. Planung ist ihm zuvorgekommen; kann ihm zuvorkommen, wenn die Planer die Weisheit, die in lebendigen Prozessen liegt, ein wenig mehr mit Löffeln gegessen hätten. Haben sie aber nicht, hatten sie auch eigentlich nie. Es gab und gibt Ausnahmen. Am Freitag, dem 3. April 1829, ist, wie uns Eckermann berichtet, der Sachsen-Weimarische Oberbaudirektor Coudray bei Goethe zu Tisch. Coudray erzählt „von einer Treppe im großherzoglichen Schloß zu Belvedere, die man seit Jahren höchst unbequem gefunden, an deren Verbesserung der alte Herrscher immer gezweifelt habe, und die nun unter der Regierung des jungen Fürsten vollkommen gelinge. Auch von dem Fortgange verschiedener Chausseebauten gab Coudray Nachricht, und daß man den Weg über die Berge nach Blankenhain … ein wenig hätte umleiten müssen, wo man doch an einigen Stellen noch achtzehn Zoll auf die Rute habe …" – das ist ein Steigungsmaß von etwa 1 : 10. Eckermann fragt darauf Coudray, „wie viel Zoll die eigentliche Norm sei" – Norm 1829! –, „welche man beim Chausseebau in hügeligen Gegenden zu erreichen trachte". „Zehn Zoll auf die Rute", antwortet jener, „da ist es bequem". Eckermann hält entgegen, daß man in der Umgebung von Weimar sehr bald Stellen finde, „wo die Chaussee weit mehr Steigung haben möchte".

„Das sind kurze, unbedeutende Strecken", antwortet Coudray, „und dann geht man oft beim Chausseebau über solche Stellen in der Nähe eines Ortes absichtlich hin, um demselben ein kleines Einkommen für Vorspann nicht zu nehmen." „Wir lachten über diese redliche Schelmerei", notiert Eckermann. „… im Grunde", läßt er Coudray fortfahren, „ist's auch eine Kleinigkeit; die Reisewagen gehen über solche Stellen leicht hinaus, und die Frachtfahrer sind einmal an einige Plackerei gewöhnt. Zudem, da solcher Vorspann gewöhnlich bei Gastwirten genommen wird, so haben die Fuhrleute zugleich Gelegenheit, einmal zu trinken, und sie würden es einem nicht danken, wenn man ihnen den Spaß verdürbe."

Goethe schweigt dazu. Fünfzig Jahre zuvor war er selbst für den Zustand der Straßen und Wege im Weimarischen zuständig gewesen und mochte dabei erfahren haben, wie alle Neuordnung, die auf die Realisierung einer Norm zielt, Ordnungen, man kann auch sagen: Konventionen anderer Art verletzt. Das unschuldig Schuldigwerden dessen, der im Zuge des Fortschritts plant. Die geringere Steigung der Chausseen bringt die nahe gelegenen Orte um das Verdienst für Vorspann, die Wirte um bescheidene Zechen und die Frachtfahrer um den Spaß, sich am hellichten Tag einen hinter die Schweißbinde zu gießen.

Daß das bemerkt wird, damals, 1829; und auch zur Sprache gebracht wird vom obersten Baubeamten eines deutschen Kleinstaats, nennt Eckermann eine „redliche Schelmerei".

Redliche Schelmerei: Lassen wir die Sache ruhig noch eine Weile in Unordnung; es gibt Gründe dafür, nicht auf die Sache selbst zu beziehende, doch aus ihr hergeleitete Gründe. Schnellere Fahrt auf den Straßen, Beschleunigung des Frachttransports, bedeutet nicht gleich auch mehr Wohlfahrt derer, die an den Straßen Dienstleistungen bereithalten. Die rückständigen Verhältnisse können zwar auf die Dauer nicht so bleiben, wie sie sind; doch sie können noch andauern, man kann sie lassen – bis so schwere Fuhrwerke daherkommen, daß auch ein Vorspann nichts mehr ausrichtet bei einer Steigung von achtzehn Zoll auf die Rute. Dabei: welche Sachlichkeit in dem Gespräch an Goethes Tafel 1829: Zusammenhänge bleiben gegenwärtig; man kommt von der unbequemen Treppe zur unbequemen Landstraße, von da auf das Maß der eben noch zuträglichen Steigung und von ihr auf das vorteilhafte Arrangement, das die handelnden Menschen aus der unzuträglichen Steigung, aus der bestehenden Abweichung von der wünschbaren Norm zu ziehen wissen. Funktionale Effizienz hat nichts mit Ausschließung zu tun; noch nicht. Wo die planende Verwaltung sich gedrängt sieht, etwas in Ordnung zu bringen oder gar neu zu ordnen, ist sie besorgt, bestehende Gleichgewichte nicht zu stören. Die öffentlichen Angelegenheiten werden nach den gleichen Rücksichts- und Vorsichtsregeln betrieben, wie sie für den privaten Bereich gelten. Die Ansprüche halten sich ans Überschaubare, Durchschaubare. Die Planungsperspektiven gehen nicht weiter als das, was zu leisten man de facto imstande ist. Wo Gleichgewicht herrscht, eilt der Fortschritt nicht.

Während das – noch – klassische Weimar nach Art eines guten Familienvaters, mit geradezu betulicher Bürgernähe verwaltet wird und von Eingriffen nicht die Rede ist, breiten sich andernorts Zustände aus und Ereignisse vor, die alsbald zu der härtesten, rücksichtslosesten, folgenreichsten, aber auch erfolgreichsten Stadt-Neuordnung des Jahrhunderts führen sollten. Am 29. Juni 1853 wird in Paris ein Mann als neuer Seine-Präfekt vereidigt, der gegen Ende seines Lebens unter der Überschrift „Bekenntnis eines altgewordenen Löwen" von sich behaupten wird: „Ich bin ein Verehrer des Schönen, des Guten, der großen Dinge, der schönen Natur, die die große Kunst inspiriert, auf daß sie das Ohr entzückt und den Blick bezaubert; meine Liebe ist wie die des blühenden Frühlings: Frauen und Rosen."

Und in der Tat, als in den sechziger Jahren das Netz der von ihm durchgesetzten und bewerkstelligten Straßendurchbrüche und die gewaltigen Freilegungen fertig gestellt sind, ist der Frühling in Paris anders als zuvor. Man tritt hinaus aus den eng vernetzten, labyrinthischen Quartieren in die weiten neuen Räume der Boulevards und Avenuen, die groß angelegten Plätze und Anlagen. Licht, Grün, Himmel. Und in den Sichtachsen die bedeutenden Monumente. Les Grands Traveaux de Paris haben in die Stadtstruktur des 18. Jahrhunderts – als neue Ebene für Stadterlebnis und Stadtgefühl – eine übergreifende, die Stadt als Ganzes, als Haupt- und Weltstadt repräsentierende Struktur hineingelegt, hineingeschlagen. Das bislang Fragmentarische der Stadtbruchstücke ist nun gebunden – es klingt paradox, ist es aber nicht – durch die Freischläge und Durchbrüche. Das ist nicht nur bewerkstelligt durch die Aufwertung der Monumente, nicht nur durch das Einbringen von Raum und Licht, nicht nur durch die schnellen Verbindungen zwischen den Bahnhöfen und zwischen den Stadtquartieren – bindend vor allem ist die streng formale, nahezu schon monotone Konformität, mit der entlang der Durchbrüche das neue hauptstädtische Paris signifikant gemacht wird. Eine neuere Untersuchung nennt die Bebauung entlang der Boulevards Masken, die die Identität der Stadtteile verhüllen und sie zugleich unterscheidbar machen, doch nur als Teile eines Ganzen. Soweit ist das Ergebnis der Haussmannschen Eingriffe späte Frucht einer aufs Visuelle gegründeten Kultur. Die optische Wirksamkeit der neuen übergreifenden Struktur beruht – bis heute übrigens – auf der nahezu radikalen Eingrenzung dessen, was man sehen soll und wie man es sehen soll. Durchgrünte, ins Licht gesetzte Gleichförmigkeit als stete, hochstimmende Vorbereitung auf Kulturdenkmäler oder wenigstens Denkmäler der eigenen, je ruhmreichen Geschichte.

Dieser gewiß nicht nur äußerlich und beiläufig wirksame Aspekt der „Verschönerung" verdeckt wie eigentlich immer und überall sagen wir ruhig: technische Ziele, die der Ästhetik Vorschub leisten. Für Haussmanns Paris lassen sie sich schnell aufzählen: Hygiene, natürlich; Hierarchisierung der Verkehrsflüsse; Stimulation der Geschäfte und Umsätze; nicht zuletzt – es wird meist zuerst genannt – innere Befriedung: die Breite der Boulevards verbietet Barrikadenbau; das Militär ist sozusagen geraden Wegs schnell zur Stelle; aufrührerische Quartiere sind abtrennbar, man kann sie durchkämmen, kontrollieren. Der Aufstand der Kommune im Frühjahr 1871 wird allerdings zeigen, daß Haussmanns „Embellissement stratégique", wie es Zeitgenossen tauften, den militärtechnischen Zweck schließlich doch verfehlte.

Sonst aber irrt sich der Baron Haussmann nicht. Verehrer der großen Dinge, der er ist, weiß er sie auch ins Werk zu setzen. Und wie er das macht, ist nun eigentlich für unsere Beurteilung seines ordnenden Eingriffs, der der Bourgeoisie „ihre" Stadt bereitete, das Allerwichtigste. Wer Großes im Sinn hat, kann sich nicht mehr wie ein treu sorgender Familienvater anstellen. Paris registriert Ende des Jahres 1853 Netto-Einnahmen in Höhe von etwa 24 Millionen Francs. Damit lassen sich die Grands Traveaux nicht einmal beginnen. Kurzerhand macht Haussmann die sog. Theorie der produktiven Ausgaben zur Verwaltungspraxis. Diese Theorie besagt, daß es weit vorteilhafter ist, Haushaltsüberschüsse, statt sie direkt für die Finanzierung von Bauvorhaben zu verwenden, als Zinsen für beträchtliche und langfristige Kredite einzusetzen. Einzige Voraussetzung dazu ist die Aussicht der privaten Wirtschaft auf schnelle und steigende Gewinne und „die unbegrenzte Zukunft der Bank". Mit anderen Worten: „Der Reichtum der Steuerzahler ist der Reichtum der Stadt. Das beste Mittel, den Haushalt der Stadt zu vergrößern, besteht im Ansporn der Steuerzahler, sich zu bereichern." Haussmann weiß: genau diese schnelle Bereicherung bescheren die Arbeiten an den großen Durchbrüchen, die Profite aus den Neubauten an den verdichteten Rändern der Boulevards und nicht zuletzt das Geschäftsleben, das sich an ihnen mit großer Sogkraft entfalten wird. Der Revolutionsslogan „Enrichissez-vous!" gebiert den kapitalistischen Städtebau. Zwar werden die Arbeiten am 1. Netz der Durchbrüche noch in Eigenregie der Stadt begonnen, doch fünf Jahre später sind große Finanz- und Unternehmergruppen zur Stelle, die der Stadt hinfort völlig fertig gestellte Boulevards liefern, gepflastert und bepflanzt, nachdem sie zuvor die Schneisen gebrochen, den Schutt abgefahren, Wasser, Kanalisation, Gasrohre gelegt haben. Geliefert wird die funktionell komplett ausgestattete Straße. Und unmittelbar in ihrem Gefolge entsteht die übrige Infrastruktur – Verwaltungsgebäude, Schulen, Postämter, Märkte, Schlachthöfe, Krankenhäuser –, der sich die modern erschlossenen Quartiere nun ihrerseits anzupassen haben. Die Rechnung geht auf: in nur 15 Jahren macht der für die sog. produktiven Ausgaben verwandte Überschuß des Pariser Stadthaushalts einen Sprung von 20 Millionen Francs auf das Zehnfache.

Das Rezept der produktiven Ausgaben hat indes die ordnende Planung zu einer sozial ausschließenden Maßnahme gemacht. Die Bourgeoisie hat ihre schöne Stadt bekommen, der Petit-Bourgeois aber darf in ihr bestenfalls zur Belebung der städtebaulichen Schönheiten spazieren gehen. Er wohnt nun, übertragen gesagt, endgültig im Hinterhaus, wo ihm allein seine Vitalität das Leben sichert. Er wird einstweilen dort bleiben.

Aber zwischen der Gare de l'Est und der Kuppel der Chambre de Commerce hat man nun freie Sicht auf fast zweieinhalb Kilometer; und mittendrin ist am Kreuz von Paris, an der Place Saint-Jacques, der Place du Châtelet, ein Komplex offener Räume entstanden. Und das wirkt außerordentlich stimulierend, wie sich zeigen wird.

Dieses offene Kreuz von Paris finden wir nämlich in einer Skizze angedeutet, die 75 Jahre später Le Corbusier dem zweiten Kapitel seines Buches „Urbanisme" voranstellt. Dieses Kapitel ist überschrieben „L'Ordre" – die Ordnung. Ich komme gleich darauf zurück, weil ich erst einmal den eigentlichen Zweck dieses Buches mit dem ausschweifenden Titel „Urbanisme" erläutern muß; einer Studie, wie Le Corbusier selbst sagt, die zu keinem anderen Ziel geschrieben ist, als eine klare Lösung herauszustellen, „tauge sie, was sie taugen mag". „Sie trägt kein Etikett", sagt er, „sie wendet sich weder an die bourgeoise kapitalistische Gesellschaft, noch an die III. Internationale. Es handelt sich um ein technisches Werk." Am Anfang dieses ,technischen' Werkes steht die Behauptung: „Die krumme Straße ist der Weg der Esel, die gerade Straße der Weg der Menschen." Und am Schluß des Buches sieht man auf einem anonymen zeitgenössischen Stich Ludwig XIV. Befehl zum Bau des Hôtel des Invalides erteilen. Darunter kommentiert Le Corbu: „Hommage an einen großen Urbanisten. Dieser Despot entwarf ungeheure Werke, und er realisierte sie. Die Ausstrahlung seines Ruhms geht über alle Länder, allüberall. Er hat zu sagen gewußt: ,Ich will' oder: ,Es macht mir Spaß'";
Das Buch ist natürlich mehr als eine Studie. Es ist die Vorbereitung, Einstimmung zu einem neuen großen Werk für Paris, es ist zugleich die Grundlegung und die Verteidigung dieses planerischen Werkes. Und das

Werk ist Le Corbusiers „Plan Voisin", der – seine Worte – „das ewige Zentrum der Stadt wieder in Besitz nimmt", der – ich erwähnte es schon – anbindet an das zentrale Straßenkreuz nördlich der Île de la Cité und anstelle der hier befindlichen Quartiere ein riesiges ausgedehntes Kommunikationsraster in die Stadt legt. Anstelle des alle 30 oder 50 Meter verschnittenen Netzes 7, 9 oder 11 Meter breiter Straßen liegt nun eine Quadrillage großer Arterien, 50, 80, ja, 120 Meter breit. Und inmitten der von ihnen gebildeten Inseln erheben sich alle 350 oder 400 Meter über kreuzförmigem Grundriß Wohnbauten von 200 Meter Höhe. Wo vorher 70 bis 80 Prozent der Oberfläche überbaut waren, ist nun nicht mehr als fünf Prozent der Fläche bebaut. Wo in den alten Quartieren 800 Menschen auf dem Hektar wohnen, werden es nach diesem Plan 3.500 sein – in strahlendem Licht, in frischer Luft, hoch über den Parks und Parkplätzen. Nun, ich darf annehmen, Sie kennen das Projekt, und ich kann es damit hier genug sein lassen. Bis auf einen Satz, einen Fragesatz, dem Le Corbusier nach der Vorstellung des Plan Voisin eine ganze Seite einräumt. Da steht in Anführungszeichen: „Wo kriegen Sie das Geld her?" In Klammern darunter: „(Stereotype Frage seit 1922.)" Eben, Le Corbusier ist nicht Haussmann. Und wir schreiben mittlerweile 1925. Jener nannte sich einen Liebhaber des Schönen, der Kunst. Le Corbusier wehrt ab: meine Rolle ist bloß die von der Sorte eines Technikers. Er ist alles andere als das. Er überführt sich selbst der Lüge; oder sagen wir: des Selbstbetrugs. Er tut das im selben Buch „Urbanisme" und gleich zu Anfang. Ich komme zurück auf das Kapitel „Die Ordnung". Eigentlich wissen Sie ja schon, was darin steht. „Die krumme Straße ist der Weg der Esel, die gerade Straße der Weg der Menschen."
Denn: „Es gibt nur eine Vertikale, es gibt nur eine Horizontale; es sind zwei Konstanten." Dazwischen gibt es für Le Corbusier allein den poetisch verklärten rechten Winkel, den „Totpunkt sozusagen der Kräfte, die die Welt im Gleichgewicht halten". Und nun kommt das Architekten-Credo: „Wir behaupten, daß die Aufgabe des Menschen darin besteht, Ordnung zu schaffen, und daß sein Handeln und Denken regiert werden von der Geraden und dem rechten Winkel; daß die Gerade ein ihm angeborenes Mittel ist und für sein Denken ein erhabenes Ziel darstellt." Diesem erhabenen Ziel zuliebe geschieht – wenn auch nur auf dem Papier – der rigoroseste aller Eingriffe in eine Stadtstruktur. Stellte Haussmann mit seinen großen Trassen und der penibel durchgesetzten Homogenisierung ihrer Ränder das repräsentative, hinfort Paris bedeutende Stadtbild her, ohne mehr als notwendig die vorgefundene unregelmäßig vernetzte

Struktur zu eliminieren, so will Le Corbusier ausschließlich nur noch die zweite oder – wie sagte er doch? – „erhabene" Ebene gelten lassen. Also ist sein Konzept flächendeckend, ein aufgerastertes weitläufiges Plateau; nur dessen Anbindung an das zentrale, nun als „strategisch" bezeichnete Verkehrs- und Wegekreuz hält Corbus Implantation mit dem Boulevard-Netz Haussmanns zusammen. Und das, was dieses Netz bis dahin, wenn auch schon gewalttätig genug, zusammenhielt, ist nun radikal abgeräumt. Krumme Straßen taugen nur für Esel.

Was ist passiert?

Die Funktionalisierung, die sich hundert Jahre zuvor schon andeutete im Gespräch der klassizistisch-biedermeierlichen Planer zu Weimar – ich bin so großzügig, diesen zufälligen Literatur-Fund als Planungs-klima-Beispiel gelten zu lassen –, was sich in Weimar andeutete, mit Haussmanns Paris sich dann stadtbild-prägend in Szene setzte, wird nun mit Le Corbusiers Plänen, dem Plan Voisin für Paris und dem drei Jahre früheren idealen Vorgänger, dem Projekt für eine zeitgenössische Stadt mit drei Millionen Einwohnern, auf den Punkt gebracht: Mechanization takes command. Das Funktionelle wird mechanisiert, erstarrt in einigen wenigen, von aller Lebenswirklichkeit abgehobenen Regeln. In Regeln, die sämtlich Trennung, Ausschließung meinen.

Und nun kann der Planer – das ist das Entscheidende – auf den Architekten rekurrieren. Es können die Gemeinplätze, die da heißen: der Mensch ist ein aufgerichtetes Lebewesen – in der Natur kommt die Gerade nicht vor – Bau ist ein gradueller Sieg über die Schwerkraft –, es können diese ganz allgemeinen Feststellungen, die jedes Bauen, jegliche Architektur notwendig betreffen, zur Grundlage von Stadtplanung erklärt werden. Le Corbusier: „Das Menschenwerk heißt Ordnung. Vom Himmel aus gesehen, erscheint sie auf dem Erdboden in geometrischen Figuren." Der als Stadtplaner verkleidete Architekt sieht die Stadt sub specie aeternitatis. Er hat seinen Spinoza gut gelesen: der Geist ist ewig, insofern er die Dinge unter der Form der Ewigkeit begreift: Also: sich wegstehlen aus der Wirklichkeit, sich entfernen vom Greifbaren, das ewig Dauernde in den Blick nehmen: das Monument, die ewige Stadt, die Ordnung – Geometrie. „Je weiter sich die menschlichen Werke vom unmittelbar Greifbaren entfernen, desto mehr neigen sie zur reinen Geometrie: eine Geige, ein Stuhl, die unseren Körper berühren, sind von geringerer Geometrie; aber die Stadt ist reine Geometrie."

Beklagt euch bei euch selbst, daß sie es aktuell nicht ist, daß das ‚Chaos' mit seinen verhängnisvollen Folgen über sie kommen konnte!

„Die Großstadt, das Phänomen der Kraft in der Bewegung, ist heute eine drohende Katastrophe, weil sie nicht mehr beseelt ist vom Geist der Geometrie!"

Sie allein vermag es, Ordnung zu schaffen, ja, sie ist *die* Ordnung. „Der Geist auf der Höhe seines Könnens und seiner Größe spricht sich durch den rechten Winkel aus, augenfällige Vollkommenheit und Probe zu gleicher Zeit, wunderbares und vollendetes, einziges, feststehendes, reines System, tauglich, sich und die Idee des Ruhmes, der Herrschersiege, an die Idee der höchsten Reinheit zu knüpfen …" Tauglich der Idee des Ruhmes, der Herrschersiege! Nicht von ungefähr endigt Le Corbusiers „Urbanisme" von 1925, das er mit solchen pathetischen Kraftäußerungen einleitet, bei Ludwig XIV., der sagte: Ich will! – und schon passierte es. Auch Le Corbusier sagt: Ich will! – aber sein Plan Voisin passiert nicht. Überhaupt wird kein Rasterplan dieser Ausdehnung und dieser rigiden baulichen Ausformung dem Kernbereich irgendeiner der alten großen Städte Europas aufgeprägt. Der Rasterplan bleibt, was er von jeher war: eine zweckrationale Figur der kolonialen Landnahme, zu der ich auch die Stadterweiterungen des 19. Jahrhunderts zähle, zum Beispiel auch Cerdas Barcelona. Man kann auch sagen: die ‚innere Kolonisation' der alten europäischen Stadt durch Stadtbau-Architekten findet nicht statt. Die von anderen ordnenden Kräften herausgebildeten Stadtstrukturen erweisen sich als widerstandsfähig und elastisch genug, um nicht den Verführungen durch die Scheinvorteile eines funktionellen Rasters zu erliegen. Um so zorniger insistiert der Architekt auf seinem von der Geometrie abgeleiteten Anspruch, daß es allein seine Ordnungen sind, die das Chaos bannen, die Verwirrung lösen, den Zufall ausschließen; kurz, alles das, was, mit Le Corbusiers Worten, gleich einer „plötzlichen, unzusammenhängenden, brausenden, unvorhergesehenen und überwältigenden Flut" über die Städte gekommen ist. Es wird nicht so gesagt, aber durchaus gemeint und behauptet: Im Architekten kulminiert der Mensch zum großen Ordner der Welt. Andere Ordnungen als die mit seinem ästhetischen Ordnungsbegriff verbundenen ernsthaft ins Auge zu fassen, bringt diesen Architekten offenbar an den Rand der Selbstaufgabe. Je eindringlicher er erfahren muß, daß er zunehmend in die Isolation gerät, daß sein Metier zusehends von negativ besetzten Begriffen umstellt wird: Zugriff, Eingriff, Übergriff, ja, Usurpation, Anmaßung, um so beharrlicher hält er, um sich selbst zu halten, an dem Diktum eines Le Corbusier fest: „In Freiheit neigt der Mensch zur reinen Geometrie."

Wie das? Nur weil er Gleichgewichtsorgane in Ohr und Auge hat, die Gesetze der Statik begreifen kann und also zu konstruieren in der Lage ist? Doch wohl nicht. Nein, der Mensch, der da zur reinen Geometrie neigt, heißt Architekt. Und dessen Übervater heißt Le Corbusier, von dem Gert Kähler jüngst zu Recht behauptet hat, daß er noch nicht getötet werden kann.

Eine letzte Szene. Zeit: jüngste Vergangenheit; die ‚Post-Moderne‘, sagt man, sei längst und unwiderruflich angebrochen. Ort: eine der deutschen Millionenstädte; im Zweifelsfall Berlin (West). Lokal: ein Buchhaltungs- oder Nähmaschinensaal im zweiten Geschoß eines spätgründerzeitlichen Geschäftshauses am Cityrand. Die prominent besetzte Jury hat ihre Entscheidung gefällt, die Beurteilungen zu Papier gebracht und dann gleich die Türen geöffnet. Ein Treppenhaus voll neugieriger Leute, Journalisten, Architekten, Funktionäre, quillt in den Saal, verteilt sich. Ringsum an den Wänden dicht an dicht Planzeichnungen; darunter auf dem Fußboden, angelehnt, da und dort farbig angelegte oder sonst wie kunstvoll interessant gemachte, sorgfältig auf Karton gezogene Blätter. Einer der Betrachter stutzt plötzlich, eilt prüfenden Blicks an die Wand, dreht das Objekt seines Unwillens auf den Kopf, tritt zurück und nickt befriedigt. Wenig später kommt ein anderer – war's ein Vorprüfer, war's der Preisrichter? – an der ‚richtig gestellten‘ Zeichnung vorbei, blickt hin, wundert sich und dreht den Karton abermals um 180 Grad. Die Sache wird interessant. Und siehe da, wenige Minuten später steht die Zeichnung wieder auf dem Kopf. Und wird alsbald wieder – ja, wie denn nun? – richtig gestellt. Die Geschichte hat aber ein Ende: Vierzehn Tage später erscheint dieselbe Zeichnung in einer Architekturzeitschrift. Und sie steht – unveränderlich nun Kopf. Der Bildmonteur in der Druckerei hatte einen Fehler in der geklebten Vorlage entdeckt und stolz verbessert. Was Schule machte. Der Auslober machte aus der Zeichnung ein Plakat, und prompt wurden wieder Oben und Unten vertauscht. Das macht: jene Zeichnung war eine durch den Fußboden des projektierten Baus gesehene Isometrie. Ich nenne diese Darstellungsmethode des Räumlichen in der Fläche die Rache des Übervaters, heiße er nun LC oder Mies oder Wright oder sonstwie. Mindestens dreißig Jahre, hierzulande fünfzig, hatte man, in die Breite und aufs Ganze der Architekturproduktion gesehen, seine Stimme verdrängt. Man hatte sich von den vitalen Kräften eines ungebärdigen, ausufernden Fortschritts mitreißen lassen, sich zu dessen Erfüllungsgehilfen machen lassen, mit immer weniger Bedenken, doch immer im

Nachtrab, mit immer weniger Einfluß, selten nur die Chancen erkennend, die sich dem Architekten, nun vom Übervater befreit, vor allem von 1968 an boten. Wir erinnern: „Die Imagination an die Macht!" Mit Imagination war gemeint: soziale Phantasie. Der – vielleicht verfrühte – Ruf verfing nicht; oder es wurde, wo er ankam, schlechten Gewissens wieder der Übervater beigezogen, die Legitimitätsfrage gestellt und hinfort Entwürfe durch analytische Vergewisserungen ersetzt: Wo stehen wir heute? Während ringsum die Barackei weiterwucherte und auch die letzten Residuen einer ehemals neuen Architektur, der Kirchbau zum Beispiel oder der Bau von Rathäusern und Versammlungsstätten, in einer immer perfekteren technischen Beliebigkeit verkamen.

Der gestalterische Frust, gestaut noch eine Weile durch die Scham, daß selbst im Architekten-Freilauf entstandene Projekte mißlungen waren, die optische Unerträglichkeit, die feindselige Häßlichkeit des je Unvermittelten, nicht nachbarlich Verantworteten – alle diese Zumutungen brachen sich wie auf einen Schlag Bahn in einer geradezu furiosen Umkehrung: Projekte wurden zu Papier gebracht, oft für einen Ort Nirgendwo, in strengster Kontrolle von Körper, Fläche, Öffnungen, von Positiv und Negativ. Die Sonne lieferte mit einem Mal einwandfreie Schatten, und die Rasiermesser machten zum Zeichen, daß die Architektur fast, aber noch nicht ganz wieder heil sei, die kühnsten Diagonal-Schnitte. Ironische Störungen der Renaissance, sagten die Autoren. Rational gesehen, könne eine manieristische Phase auch einmal vorweggehen.

Hauptdarstellungsmittel aber wurde die Isometrie, die in allen Strecken und Kanten maßhaltige Darstellung körperlich-räumlicher Gebilde. Was subjektiv erdacht, erfunden, entwickelt ist, wird objektiv dargestellt. Nichts Ungefähres, nicht Standpunkt, Augenpunkt mal so, mal so. Nein, überhaupt kein Standpunkt. Oder der Le Corbusiers: sub specie aeternitatis. Wirkliche Baumaße, der Wirklichkeit entrückt. Lesbar, doch schwer übersetzbar, für den Laien eigentlich kaum, für ihn eher ein Vexierspiel: Oben und Unten erscheinen austauschbar, oder Links- und Rechtswendungen als optische Täuschungen. Und doch stimmt alles; es stimmt selbst da noch scheinbar, wo, wie in Peter Eisenmans Konstrukten die Isometrie der Isometrie ein Schnippchen schlägt.

In kurzer Zeit kommt es zu einer außerordentlichen, höchst artistischen Verfeinerung dieser objektiven Darstellungen des Subjektiven. Nahezu alle graphischen Techniken lassen sich dienstbar machen, kaum ein Untergrund erweist sich als ungeeignet, von der hochglänzenden Folie bis hin zu rauhestem Packpapier. Die Reize bleiben nicht ohne Wirkung. Die

Architekturzeichnung gewinnt Selbstwert. Der Kunstmarkt saugt sie auf wie Schwamm; und noch die geringste Skizze gleich mit, sofern ihr Verfertiger einen Namen hat. Einen Namen als Architekturzeichner, der erst dank seiner Darstellungskunst zum Bauen kommt im gar nicht einmal so extremen Fall. Parallel zu den Verfeinerungen der isometrischen Darstellung erfährt das Formenvokabular eine kräftige Erweiterung durch je regelhafte Elemente: Säule, Stütze mit quadratischem Querschnitt, Kreisbogen, Kreisbogensegmente, Quadrat und dessen gleiche Teilungen, Rhomben – ein Vokabular, das als Ordnungsmittel Axialität, Symmetrie, Reihung nachzieht. Und vice versa.

Darstellungsart und Darstellungsgegenstände geben sich die Hand. Auf den ersten Blick – und auf den kommt es an, wenn es um die wirkungsvollsten aller Beweggründe geht: um Sympathie und Antipathie, Vertrauen und Mißtrauen –, auf den ersten Blick ist alles Individuelle in den Hintergrund getreten, scheint sozusagen nur noch auf in je unterschiedlicher Kunstfertigkeit. Im Vordergrund aber steht der neue Konsens: die langweiligste, weil modische Veräußerlichung von Architektur, die in den letzten hundert Jahren zu beobachten ist. Ein Konsens über eine beschränkte Anzahl formaler Zwangsanweisungen, mit denen unter Berufung auf die Geschichte der Architektur unsere eigene Geschichte, die wir existenziell von Tag zu Tag leben und entscheiden, mit-leben und mit-entscheiden, verpaßt wird.

Aufs Neue werden wir eines Herrschaftssieges der Geometrie teilhaftig, zunächst in den Fassaden, doch schon sich ausweitend zu städtebaulichen Dimensionen. Und dies – es ist paradox – zu einem Zeitpunkt, an dem die Planung sich fast allüberall von den großen Zeichen obrigkeitlicher oder besitzbürgerlicher Machtausübung distanziert und zum Konsens einer Planung in kleinen Schritten, einer erhaltenden Erneuerung, einer wohlbegründeten Skepsis in der Freigabe des Bestands zum Ziele schneller Neuordnung gefunden hat.

Damit ist jene falsche Schlachtordnung wiederhergestellt, an deren Auflösung mindestens seit 25 Jahren auf beiden Seiten, auf Seiten der Architekten wie auf Seiten der Planer, intensiv und engagiert und mutig gearbeitet worden ist. In dem Maße, wie sich die Planer einließen auf die strukturierenden Kräfte, die sich in lebendigen gesellschaftlichen Prozessen bis hin zu den Regungen eines neuen Lebensgefühls zu artikulieren begannen, in dem Maße, wie die Arbeit der Planer mehr und mehr, auch methodisch, zu einer inhaltlichen Auseinandersetzung wurde, traten die Architekten, zumal die künstlerisch begabten unter ihnen, die Flucht in die Äußerlichkeit an. Den zutage tretenden Unaufgeräumtheiten, Widersprüchen, den langwierigen Selbst- und Mitbestimmungsprozessen, dieser ganzen Unordentlichkeit, mit der sich das Leben, gewürgt von Technik und Kommerz, Atem zu schaffen sucht, setzen sie das Ordnungsmittel artistisch kanonisierter Fassaden und die Stadtverschönerungs-Rezepte des 19. Jahrhunderts entgegen. Eine Mischung aus Haussmann, soweit die Kraft und Gelegenheit reicht, und Le Corbusierscher Attitüde und Selbstüberschätzung, die Architektur-Siege zu feiern beliebt. Gegen wen eigentlich? Gegen die Unordnung an sich? Gegen das ästhetische Banausentum? Gegen die Bedürfnisse derer, für die die Stadt vor allem anderen ein Existenzmittel ist?

Ich fürchte, wenn mit dieser veräußerlichten Architektur – wie im Neubau-Bereich der Internationalen Bauausstellung Berlin zum Beispiel – weiter auf „Herrschaftssiegen" bestanden wird, so werden wir wieder einmal unser Bau-Pensum verpassen, sofern dieses Pensum ein geistiges Pensum ist.

Es läßt sich umschreiben.

War Unordnung, die scheinbare Unordnung des Lebens, bislang der Architektur feindlich – und umgekehrt, so ist sie nun Stimulanz des Bauens. Mit der Einsicht, daß formale Operationen uns und unsere Umwelt in totähnliche Erstarrung versetzen, daß das, was wir uns mit der Organisation von Organisation von Organisation zufügen, auf Dauer selbstmörderisch ist, tun wir den Schritt von der Form zur Gestalt. Die scheinbar unordentlichen Strukturen des Lebendigen ordnend zu durchschauen und zur sichtbaren Gestalt zu bringen, dies, meine ich, sei das Pensum, daß der Planung wie der Architektur heute aufgegeben ist. Ich werde nicht müde, den einen Satz von Karl Kraus zu zitieren, den man als Kriterium und Aufgabe zugleich lesen kann. Er läßt mich nicht los und läßt mich immer wieder zurück, ist immer wieder zu leisten. Karl Kraus hat ihn im Hinblick auf seine Wunden und Werke im Imperfekt formuliert. Ich setze ihn – für uns alle – in die Gegenwart:

Es gilt, „das Chaos abzubinden und den bewegten Inhalt so zu umfassen, daß er sich bewegend stehe".

Eine überfällige Proklamation
1967

ℳ Ursprünglich hatte dieser – zu Teilen stark gekürzte – Vortrag keine Überschrift. Ich bedankte mich mit ihm beim Bund Deutscher Architekten, BDA, für die Verleihung des Preises für Architekturkritik. Die Überschrift ist also erst für diese Publikation erfunden; und sie ist so programmatisch und ein wenig pathetisch, wie es sich für eine ganz persönliche Auffassung von den Bauaufgaben der Gegenwart gehört. Die Architekten in Stadt und Land, jedenfalls die, die ich im BDA versammelt sah, litten, was den Wohnungsbau betraf, nun schon lange Jahre unter dem mit abstrusen Bestimmungen durchsetzten Regelwerk des so genannten Sozialen Wohnungsbaus. Manche dieser Vorgaben kamen für mein Verständnis sozialen Handelns einem Entwurfs-, ja, Bau-Verbot gleich. So habe ich denn auch die Bezeichnung „sozial" in Sachen Wohnungsbau stets GROSS geschrieben, damit diese Eigenschaft nicht mit einem Maßgaben- und Finanzierungsmodus verwechselt werde. Damit stand ich zwar nicht allein, konnte es nun aber richtig in einer „Predigt" unterbringen. Zu meiner Genugtuung hat der Architektenbund wenig später den Mut aufgebracht, das Thema mit der Wanderausstellung „Heimat – deine Häuser" in die breite Öffentlichkeit zu tragen, obschon damit auch harsche Kritik am eigenen Berufsstand zu üben war. Ich selbst hatte bei dieser Dankrede wieder einmal Bruno Tauts wunderbare Forderung im Sinn: *Die Erde eine gute Wohnung!* ℳ

Ich preise den Beruf, dessen eigentliche Taten Entscheidungen sind. Wenn der Architekturberuf aber nur im Widerstand, also unangepaßt, praktiziert werden kann, was bleibt den heute und wie morgen schutzlosen Architekten? Man mag es drehen und wenden, wie man will – sie können nur, ja, sie müssen die Rückkehr der Baukunst proklamieren. Einer neuen Baukunst – in tyrannos! Drei Jahrzehnte des Verleugnens und – nicht zu vergessen – des usurpatorischen Mißbrauchs haben ein Vakuum geschaffen, in dem sich mittlerweile – wie auch hätte es anders sein können? – jene Flut streng vernünftiger Greuel breitgemacht hat, die uns aus allen deutschen Alt- und Neustädten angrinst. Und diese architektonischen Greuel, das wollen wir festhalten, werden den Benutzern, dem Publikum, den Bürgern, kurz, der Gesellschaft gegenüber ganz ernsthaft gerechtfertigt.

Wenn es zutrifft, daß der Mensch – auch in Demokratien – zusehends fester und fester eingespannt wird in rationale Systeme und Apparaturen, in hoch rationalisierte Steuerungs-, Produktions- und Verwaltungsprozesse (denn anders kann er kaum weiterleben);
– wenn es zutrifft, daß der zunehmende Abstraktionsgrad dieser Prozesse es dem Menschen weniger und weniger erlaubt, sich mit den Vorgängen, in die er eingespannt ist, persönlich zu identifizieren, das heißt mit seiner Arbeit und deren Ergebnissen;
– wenn es aber ebenso zutrifft, daß sein Selbstbewußtsein und die Möglichkeit einer Selbstbestätigung und Selbstbestimmung ganz wesentlich davon abhängen, daß er sich mit seinem Tun identifizieren kann;
dann – so behaupte ich, erstens – müssen ihm außerhalb der Arbeitswelt Gelegenheit und Chance der Identifikation eingeräumt werden.

Diese Gelegenheit – so behaupte ich weiter – geben ihm, abgesehen von den besonderen Orten der Herkunft, der Verehrung und des Todes – zu allererst die Wohnung und was mit ihr auf irgendeine sinnfällige Weise verknüpft ist, angefangen von der Haustür bis hin zu Straße, Platz, Stadtquartier und Stadtlandschaft.

Wenn das stimmt, so wäre festzustellen, daß alles dies, Wohnung und Wohnquartier, Stadtlandschaft und City, nicht den gleichen rationalen Ordnungs- und Produktionsverfahren unterworfen werden kann wie die Arbeitswelt. Denn eben dies würde ja die Chancen der persönlichen Identifikation wieder zunichte machen.

In die Wohnwelt kann die Arbeitswelt wohl mit ihren rationalisierten Gehäusen hineinragen, doch eben nur hineinragen als das ganz Andere, als ein Hintergrund des befreiten Lebens, als Fond, kraft dessen dies Leben ermöglicht ist. Vor diesem Hintergrund aber, in der Wohnwelt selbst, kann nichts Platz haben, was auf bloßer Addition oder Reihung basiert, sich als taktmäßige Sequenz oder gleichförmige Bewegung zu erkennen gibt, kurz, nichts, was auf Monotonie hinausläuft.

Dem folgt, daß zwar die Herstellung, nicht aber das Produkt ‚Wohnung und Wohnwelt' der Rationalisierung gehorchen kann. Es ist ein Kurzschluß, unseren frei verfügbaren persönlichen und sozialen Lebensraum denselben Maßstäben zu unterwerfen, die für die Orte, Mittel und Verfahren der Produktion gelten.

Dabei geht es um ganz einfache Dinge. Es geht darum, wie man ein Haus betreten, wie man eine Treppe hinansteigen, wie ungezwungen man eine

Schongau/Lech. Postkarte 1961

Wohnung nutzen und sich in ihr aufhalten kann. Es geht um den Blick aus dem Fenster, um Sonne und um das Mitleben der Tages- und Jahreszeiten, es geht um Lichtqualitäten und um Himmel auch im überdeckten Raum. Es geht darum, Beziehungen aufzunehmen oder herzustellen; es geht um Individuierung im kleinen oder größeren gesellschaftlichen Zusammenhang. Kurz, um Probleme des Entwurfs in des Wortes eigentlicher Bedeutung.

Das beinhaltet – ich kann es nur andeuten – ganz selbstverständlich auch einschneidende Bauordnungsprobleme, angefangen von unsinnigen Brandschutzauflagen, Brüstungs- und Raumhöhe-Bestimmungen bis hin zur starren Zonung und zur Bauflucht, die die Sonne falsch an den Himmel stellt und dazu zwingt, Aussichten und räumliche Beziehungen zu verbauen. Einmal wird und muß, so sollte man meinen, das 19. Jahrhundert ja enden, das ausgerechnet in seinen obrigkeitlichen Reglements noch fortlebt. Wir brauchen keine Bauordnung vom Muster der „Musterbauordnung", sondern eine funktionelle Bauordnung, die sich nicht auf Herrschaftsstrukturen, sondern auf konkrete Fakten stützt.

Ich weiß, die Verhältnisse sind nicht so, daß man emphatisch solche Ziele ins Auge fassen darf. Sie sind nicht einmal so, daß wir im nächsten Jahrzehnt auch nur auf die Ordnung der Bodenfrage hoffen dürfen. Es ist besser, wir träumen nicht zuviel davon; das bringt uns nur Neurosen ein. Schließlich lassen sich alle Grenzen ja auch überspielen und spielend überwinden, sobald sich Gemeinsamkeiten finden. Das gilt für Grundstücksgrenzen ebenso wie für Grenzen, die von Verordnungen gesetzt sind. Gemeinsame Einsichten und Ziele machten aus Dispensen stets Gewohnheitsrechte.

Überdies befiehlt keine Verordnung, daß Studenten ihr Entwurfsdenken weiterhin auf Modellplatten vorgegebenen Zuschnitts, also ohne Ahnung von Umwelt, trainieren. Es wird auch nicht verlangt, daß eine schmale Straße die Welten zweier Architekturprofessoren trennt. Und besagt etwa irgendeine Vorschrift, daß Beton immer wieder im Maßstab 1:1 zu Pappkarton werden muß? Zwingt uns irgendjemand, kahle Brandgiebel zu bauen, die keine sind, dafür aber die völlige Beziehungslosigkeit ihrer Erfinder zum Wesen der Fläche und des von Flächen begrenzten Raums verraten? Ich brauche nicht fortzufahren.

In Anbetracht der architektonischen Qualität des Bauvolumens der letzten zwei Jahrzehnte muß in der Tat man die bittere Frage stellen, ob da nicht insgeheim auf die künstlerische Oberleitung beim Bau unserer

Umwelt bereits Verzicht geleistet ist. Eine Frage an die Architekten.
Meine eigene Antwort müßte ein lautes Ja! sein.

Daß es in Deutschland ein Bauwerk gibt, vor dem alle Kritik verstummt,
alle Ironie sich verkriecht, alle Eitelkeit der Rede zu Nichts wird, alle
Umschreibung versagt – das weist hin auf eine neue Dimension des
Bauens. Es weist hin auf mehr als bloße Funktionserfüllung und Zweck-
befriedigung. Es deutet auf die neue Behausung des Menschen, zu der
die Baukunst unserer Tage aufgerufen ist. In allem Ernst, und auch in
aller Heiterkeit, welches Wort die Bedeutungen verbirgt: licht, deutlich,
herrlich; Helle, Bild.

Wer immer da folgen mag – mein Wunsch wird sein, daß da, wo wir uns
einmal wieder treffen, wir zueinander sagen können (Dante, Purg. II):
„Nur kurz vor euch sind wir auf andrem Weg als ihr gekommen und *so*
schwierig war er, daß uns des Bergs Ersteigung nun ein Spiel nur dünkt."

Evangelische Versöhnungskirche im ehemaligen Konzentrationslager Dachau.
Ansicht von Süden.
Architekt Helmut Striffler, 1966/67

Grundriß und Schnitt

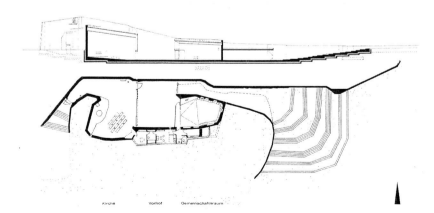

Kirche   Vorhof   Gemeinschaftsraum

Es sieht ganz so aus, als ob dieser der eine der beiden Löwen gewesen sein könnte, die uns auf dem Trottoir so freundlich gefährdeten!

Die Löwen sind weg!
1960

ɱ Sicher liegen im mittlerweile digitalisierten Archiv des ehemaligen amerikanischen „Rundfunks im Amerikanischen Sektor" (RIAS) in Berlin wichtigere Viertelstunden Architektur- und Städtebau-Kritik als diese. Doch es war mein erster Versuch, einbezogen in die wöchentlichen Kulturmagazine des Senders, und das schon unter dem Titel *Neues Bauen – in unserer Zeit*. 1963 bekam die Reihe einen festen Sendeplatz, alle vier Wochen montags gegen Abend und Wiederholung nach Elf. Und das über zwölf Jahre hin, so freundschaftlich wie kritisch begleitet von Rainer Höynck, dem Verantwortlichen des Ressorts Kulturpolitik, später mit gleicher Sorgfalt von Horst Eifler. In den deutschen Hörfunknetzen hat es Städtebau- und Architekturkritik als feste, regelmäßige Sendung, soweit ich weiß, nie gegeben. Wo das Bauen bloß als Wirtschaftszweig gesehen wird (gesehen werden muss?), hört die öffentliche Liberalität offensichtlich auf. Kritik wird monetär geahndet. – Für mich selbst waren die Sendungen nebenbei eine willkommene Schule fürs Beschreiben: Von dem, was man zu kritisieren oder auch zu loben hatte, mussten die Hörer ja erst einmal eine Vorstellung gewinnen; zumal es einem Teil von ihnen versagt war, sich selbst an Ort und Stelle ein Bild zu verschaffen. ɱ

Neulich vermißte ich plötzlich die Löwen. Sie haben richtig gehört, verehrte Hörer: Die Löwen sind weg! Sie kennen – heute muß ich sagen: kannten – die Löwen nicht? Wie denn? Sie haben doch dauernd um die beiden einen kleinen Bogen machen müssen, wenn Sie eilig oder bummelnd dort vorbeikamen, einen kleinen Bogen um die beiden gutmütig-grimmigen Wächter eines typischen Berliner Miethauses, in dem, wie man sagt, soundsoviele Parteien wohnen. Beiderseits der Haustür postiert, losgelassen auf die Passanten, waren die Biester ein vielleicht bombastisches, vielleicht auch kitschiges, jedenfalls aber ungewöhnliches Inventar einer Hauptgeschäftsstraße des südlichen Berlins. Ich hatte mich mit ihnen angefreundet, hatte mich an sie gewöhnt. Und dann – ehrlich gesagt – hatte ich sie mehr und mehr übersehen. Solche Art von Löwen ist nämlich sehr verlässig. Auch wenn man nicht hinschaut, weiß man doch: sie sind da. Und den Bogen um sie herum macht man schließlich automatisch. So ist es mir nicht aufgefallen, daß Haus und Löwen eines Tages unter einem Gerüst verschwunden waren. Von Gerüsten nimmt man ja wenig oder nur ärgerlich Notiz. Könnte ja was runterkommen. Blieb also der Bogen, nun nicht der Löwen, sondern des Gerüstes wegen.

Und dann fiel das Gerüst, und das Haus war wie neu. Und die Löwen waren weg. Und mit ihnen ist ein Stückchen Berlin weg, ein so geringfügiges, winziges Stückchen, daß man mich zu trösten versuchte: Merkt ja doch keiner! Merkt es wirklich keiner? Merkt wirklich keiner, daß wir dabei sind, auf eben diese kaum wahrnehmbare Weise das Lokalkolorit von den Plätzen, Straßen und Fassaden zu waschen? Nicht nur in Berlin, fast überall in Deutschland „saniert" man auf diese Weise! Mit schadhaftem Putz fallen die Charakteristika, mit kleinen Verkehrshindernissen die besonderen Umwege, mit Straßenverbreiterungen die Alleen, mit uniformen Aluminium-Schaufenstern und -Passagen der Unterschied zwischen Metzgerladen und Herrenausstatter.

Und die aufgefüllten Brand-, Bomben- und Baulücken glänzen zwischen ihren schäbigen, maltraitierten Nachbarn mit nichts anderem als sogenanntem Edelputz und nunmehr fünf statt, wie früher, vier Geschossen. Will sagen: glänzen als ort- und zeitlose Produkte unseres Aufbau- und Lebenswillens. Ja: *Ortlos.* Könnten sie doch genauso gut in Frankfurt, München, Hamburg stehen; was sie denn auch tun. Und *zeitlos?* Damit will ich sagen, daß diese neuen Häuser in den dezimierten alten Wohnvierteln sich aufs Bequemste vor dieser unserer Zeit drücken. Sie sind neue Bauten, und außer dem Baumaterial – und auch das nur selten – ist nichts neu an ihnen. Sie sind Neubauten, die mit dem *Neuen Bauen,* wie Lothar Juckel und ich es auf unseren kritischen Gängen durch Berlin verstehen, sehr wenig zu tun haben. Da ist wieder die alte regelmäßige Lochfassade, nun allerdings ohne Gliederung und Proportion. Da sind wieder die untauglichen Balkons und Loggien, nun aber ohne den guß- oder schmiedeeisernen Charme. Und da sind im Inneren wieder die schlecht belichteten Flure, doch ohne die vergnügliche Weihe des Hauses mit Stuck, Jungfrauen und Spiegeln. Kurzum, da ist in den Baulücken das Alte wieder da, sicher oft ein wenig hygienischer zurechtgetrimmt und auf leichteren Unterhalt abgestimmt, – und ist insgesamt doch nicht von der Qualität, besser gesagt: *nicht einmal* von der Qualität der vielgeschmähten Gründerzeitbauten. Aber ich bitte, mich recht zu verstehen: damit meine ich nicht in erster Linie die Wohnqualität, sondern die architektonische Qualität.

Wir waren dabei zu fragen, ob wir den Stück-für-Stück-Aufbau – etwa im Stile des Bayerischen Viertels – bedauern sollen. Verzeihen Sie – das Bayerische Viertel, ich kann es nicht nennen, ohne zu sagen, daß da in der Tat unser allergrößtes Bedauern angebracht ist. Wir werden demnächst zusammen eine Ortsbesichtigung machen.

Aber davon abgesehen: Ich bin – aufs Ganze gesehen – bei diesen Klagen über verpaßte Chancen nur mit halbem Herzen dabei. Wir hätten sofort nach dem Krieg eine Utopie vor uns hinstellen müssen. Und Scharoun hat das ja damals, zusammen mit seinem Team und für ganz Berlin, auch in gewissem Umfang getan. Aber hatten wir die Kraft, diese Utopie auszuhalten und durchzutragen? Wir wollen ehrlich sein: Wir haben damals diese Kraft nicht gehabt, nicht hier in Berlin und, genau besehen, nirgendwo in Deutschland. Heute noch geht uns das nötige Selbstvertrauen ab.

Weiter: Ich bin überzeugt: geladen mit dem Ingrimm der Getäuschten und Mißbrauchten, mit unserer Lebenswut und unserem Reformationsernst hätten wir, wären die Umstände danach gewesen, damals manches mit dem Bade ausgeschüttet. Ich zweifle etwas, ob wir zu viel mehr gekommen wären als zu einer radikalen Romantik des Neuerns, des Erneuerns. Ich traue einer fixen Radikalität nicht. Ich traue nicht den vereinfachenden Perspektiven. Denn ich kenne keine Lösung für das Problem Stadt, das Problem Millionenstadt zumal. Ich glaube, niemand kennt sie, denn wir – die Fachleute eingeschlossen – würden uns heute nicht in solche Vereinfachungen, solche Nivellierungen der Begriffe stürzen, hätte irgendjemand wirklich Übersicht.

Die Hauruck-Methoden, meine sehr verehrten Hörer, taugen auch im Städtebau nicht. Und ich darf hinzufügen: Die Berliner sind keine Naturburschen. Die berühmte Frage: Wohin mit dem Klavier? war hier immer nicht nur mit Muskelpaketchen, sondern auch mit einigem Grips unterlegt. Gottseidank. Aber nun lassen Sie mich fragen und damit wieder anknüpfen: Wohin mit den Löwen, wohin mit den erhaltenen Stuckfassaden, wohin mit den alten Plumpen, wohin mit den scheel angesehenen Bedürfnishäuschen aus grün gestrichenem Eisen, wohin mit den wenigen erhaltenen Kandelabern und Laternen, wohin mit dem windschiefen Zeitungskiosk, wohin mit dem Wägelchen der Blumenfrau, wohin mit all diesen immobilen oder mobilen Gesichtern der großen Stadt?

Auf den Schrott etwa? Dann wünschen wir uns also Glätte, Hygiene, Überschaubarkeit, Sauberkeit, Faltenlosigkeit; und so weiter und so weiter. Und Phantasielosigkeit. Und Gesichtslosigkeit. Also weg mit den Cafés von den Trottoirs; sie behindern den Verkehr. Weg mit jeglichem

Erinnerung an die verführerische Poesie einer ruinösen Berliner Straße

Umweg, jeglicher krummen Sache, die uns Eilige aufhält. Weg mit den Lichtern; uns genügen sterile Peitschenmaste. Denn wir fahren zum Zoo und zurück per Auto, Schnellbus oder U-Bahn. Wir stehen nicht herum, wir halten uns nicht auf, wir wollen nichts Überflüssiges sehen, nichts hören. Wir kaufen keine Blumen auf der Straße und die Zeitungen nur in behördlich zugelassenen typisierten Glaszellen. Kurzum, wir verkehren nur noch.

Und also sanieren wir! Aber, verehrte Hörer, leben wir so? Sehen wir die Stadt so?

Wir sollten mit dieser Art von Sanierung, die ja nichts anderes ist als Schneisen schlagen oder renovieren, schleunigst Schluß machen! Diese Verfahren taugen nicht und verdecken nur, was eigentlich zu bereinigen und zu ordnen ist. Die Stadtplaner meinen doch im Grunde etwas anderes, wenn von Sanierung die Rede ist. Sie meinen die Regenerierung verbauter, ungesunder Stadtteile. Sie meinen die vorsichtige Dezimierung allzu großer Wohndichten. Sie meinen die dringliche Entflechtung von Wohnen und Gewerbe, wo diese Gewerbe in den Höfen und Hinterhöfen sich durch eine immer unzumutbarer werdende Belästigung der Anwohner auszeichnen. Heraus aus den alten Wohnquartieren müssen die Lärmbetriebe, die Autoreparaturwerkstätten und Klempnereien, die Lager lärmender Behältnisse und jene Handwerksbetriebe, die hohe Phonstärken verursachen. Heraus aus den Wohnquartieren müssen die Betriebe, die Schmutz und Gestank machen.

Das alles ist, wie man sieht, keine Fassadenfrage, sondern eine Frage städtischer *Struktur*. Auch der Verkehr ist eine solche *Struktur*frage, und auch die Vororte sind es und die Zwischenorte, diese städtebaulichen Wüsteneien zwischen den gewachsenen Berliner Bezirken.

Bei der Struktur mit all ihren Verflechtungen hat das Ordnen und Aufräumen anzusetzen, nicht aber beim Planieren und Einstampfen der tausend und abertausend baulichen Gesichter, die immer noch, heute, das gebaute Berlin ausmachen.

Ich bin – Sie werden es vielleicht bemerkt haben – mit meinem Protest gegen solchen Raubbau eine Kritik am derzeitigen Niveau des Bauens in Westberlin nicht schuldig geblieben. Ich will dabei niemandem den Schwarzen Peter zuschieben, den Architekten nicht, nicht den Bauverwaltungen und auch den Bauherren nicht. Ich muß nur feststellen: Das Allerwenigste, was neu entstanden ist, vor allem in der jetzigen City, ist vom Wesen der Stadt her entworfen und gebaut. Die Ausnahmen sind zu zählen.

Was die Architektur betrifft: Es ist an der Zeit, über funktionelle und wirtschaftliche und konstruktive Überlegungen hinaus nun endlich weiter zu fragen und genauer zu sein. Das aber heißt vor allem: Den Ort zu sehen, dem alle Überlegungen letzten Endes dienen. Ich glaube, nur aus solcher Bindung an den Ort kann wieder eine schöpferische Energie, kann ein neues Berliner Bauen wachsen.

Im Augenblick aber sind wir da, wo jemand, der die Worte Baukunst und Stadtbaukunst in den Mund nimmt, bei denen, die es angeht, nur ein abfälliges oder mitleidiges Lächeln provoziert.

Auf Wiederhören!

Gustav Wunderwald: Im Berliner Norden, um 1926

Berlin-Kreuzberg. Spontane Fenster-Durchbrüche in einer Brandmauer, 1964

Die wohnliche Stadt – eine konkrete Utopie
1967

ᴍ   Das Ideal einer *wohnlichen* Stadt im Sinn, gerät intensives Nachdenken unweigerlich auf die weiten Felder der Aufklärung. Eine Menge Vernunft muss her. Gemütlich ist man – wie Karl Kraus – selbst. Mittlerweile haben wir jedoch erfahren, dass eine perfekte zivilisatorische Zurichtung der Stadt auch Unwirtlichkeit erzeugen kann. So fand ich es mehr als erstaunlich, dass Alexander Mitscherlichs streitbarer Essay zur „Metaphysik des Komforts" in *Baukunst und Werkform* 1954 erst zehn Jahre später, nun allerdings als weit ausgreifendes Pamphlet, Furore machte. Das Perfekte ist eben nicht unbedingt wohnlich, und Wohnlichkeit ist mehr als nur Gemütlichkeit. – Es lag nahe, in Hamburg Heinrich Heine zu zitieren. Seine leidenschaftliche Sachlichkeit geht einher mit der bitteren (oft von Sarkasmus verdeckten) Sehnsucht nach Heimat. Auch für den Aufklärer reimt sich Schmerz auf Herz. Auch der respektlose Adept der Aufklärung ist ein Kind der Romantik. Das Zuhause, das Heimatliche erweist sich als Gegenkraft zur Strapaze des Ausgesetztseins. Damit aber kommen wir zu dem Gleichgewichtszustand, den uns in Sachen des Bauens und Gestaltens Paul Mebes' Bilderbuch *UM 1800* vorführt. Fazit: Die wohnliche Stadt – ein altes Pensum – das Projekt der Aufklärung fortführen, die seelischen Reichtümer Schönheit, Anmut, Geborgenheit mehren.   ᴍ

Das vitale Ereignis Stadt ist, indem es sich fortwährend ereignet, immer anders, als wir es sich ereignen lassen wollen. Wir selbst sind in ihm befangen, als Einzelne, als Gruppe, als Gesellschaft. Zumal wer da Stadt plant, es geht nicht anders, tritt immer etwas daneben. Ein Planer ist einer, der sich selbst über die Schulter guckt und sich sozusagen vorstellt, was er wohl für einer ist, wenn er nicht Planer wäre.
Daher die Schwierigkeit, um nicht zu sagen: die Unmöglichkeit, Stadt zureichend zu beschreiben.
Daher das Defizit an Wahrheit, das jeder Planung anhaftet.
Daher der unvermeidbare Fehler, der gebauten Wirklichkeit als etwas Feststehendem mehr Wirklichkeit zuzumessen als dem, was Stadt bewirkt: nämlich dem spezifischen Verhalten einer wesenhaften Gruppe von Menschen. Daher das Manko, das der Stadtforschung anhaftet,

soweit deren Methoden von denen der exakten Naturwissenschaften abgeleitet sind. Um mit Nietzsche zu sprechen: Objektivität ist ein Mangel an Subjekt. Georg Büchner läßt seinen Leonce sagen: Sich einmal auf den Kopf sehen können, das wäre eines von meinen Idealen. Daher in der Überschrift die Formulierung „Konkrete Utopie". Gemeint ist damit das sehr ferne Ziel, Stadt so zu verwirklichen, daß sie sich mit dem Wesen, den Notwendigkeiten, den Bedürfnissen lebendigen Selbst-Vollzügen der in ihr wohnenden Menschen deckt. So, daß nicht mehr – oder nur künstlich – getrennt werden kann zwischen der Wirklichkeit Stadt und der Wirklichkeit, die wir, als ihre Bürger, als Stadtbürger, selbst sind. Dann nämlich hätten wir sie, die angemessene, die passende, die wohnliche Stadt. Die Jacke, die Teil meiner selbst ist. Die geneigte Freundin.

Soweit meine Vorbemerkung, die klarmachen soll, daß ich hier keinen Fachbeitrag zu geben gedenke, und daß ich auch nichts eigentlich Neues mitteilen werde, nichts, was wir nicht schon wüßten, wenn wir uns dazu entschließen würden, es zu wissen. Wir verheimlichen ja immer eine ganze Menge vor uns selbst.

Zu dem, was wir mit Zähigkeit, muß man schon sagen, verheimlichen, gehören große Teile der Charta von Athen[1]: jenes Dokuments, für das die Arbeit der Athener Zusammenkunft der CIAM, der Kongreß für Internationale Architektur, 1933 die Grundlage bildete und das, von Le Corbusier formuliert, mitten im Krieg, 1941, in Paris als anonyme Schrift erschien, 16 Jahre später dann offiziell; und Wirkung zu tun begann. Diese Wirkung war, da ist kein Zweifel, nachhaltig; und sie konnte darum so nachhaltig sein, weil von dieser Charta in rigoroser Kürzung, sozusagen im Hörensagen-Verfahren, lediglich das Gebot übrig blieb, daß den Funktionen Wohnen, Arbeiten, Sich-bewegen (Verkehr) und Sich-erholen je besondere Orte und Flächen zuzuweisen seien. Diese Botschaft, abgesegnet wie man glauben ließ und glaubte, von etlichen Koryphäen der Moderne, erreichte Ende der fünfziger Jahre auch den letzten, mit der Herstellung von Bebauungsplänen betrauten Feldmesser. Und als wenig später ein ergänzendes – diesmal aber durchaus beabsichtigtes – Kürzel: „Gesellschaft durch Dichte!" die Rezeptur der Funktionentrennungen aufs glücklichste ergänzte, war für die Neuen Heimaten aller Provenienz und Couleur kein Halten mehr. Kein Erinnern mehr, auch bei denen nicht, die es doch hätten lesen und wissen müssen, daß es ein Jean Giraudoux war, der jener inzwischen vom schlechten Gedächtnis bis zur Unkenntlichkeit verstümmelten Charta das Vorwort schrieb.

Renovierte Blockrandbebauung – Restitution des Straßenraums.
Berlin-Kreuzberg

Dieses Vorwort endet mit dem Satz: „Selbst wenn es dem Einzelwesen möglich ist, einen mittelmäßigen Start durch Energie und Glück wettzumachen, bleibt es unerläßlich, das Volk in seiner Masse und gesamten Kraft vorwärtszustoßen in jenes Abenteuer zwischen Geschichte und Legende, zwischen Sonne und Eis, zwischen Metallen und Flut, zwischen Arbeit und Spiel, zwischen Notwendigkeit und Phantasie, das an der Schwelle dieser neuen Ära sein (des Volkes) Leben werden kann."[2]

Man reibt sich die Augen. Wer lacht da nicht, von rechts bis links? So ein Unsinn! Die Bauleitplanung als Abenteuer – zwischen Geschichte und Legende, zwischen Sonne und Eis, zwischen Metallen und Flut, zwischen Arbeit und Spiel!, zwischen Notwendigkeit und Phantasie!

Wer lacht da nicht? Wir haben eben einige Übung darin gewonnen, Worte, die Wesen und Wesenhaftes namhaft machen, als bloße Begriffe zu lesen. „Viele Leute glaubten, daß Engel die Sterne bewegen. Nun hat sich gezeigt, daß sie das nicht tun. Als Ergebnis dieser und ähnlicher Entdeckungen glauben jetzt viele Leute nicht an Engel.

Viele Leute glaubten, der ,Sitz' der Seele sei irgendwo im Gehirn. Seit man Gehirne zu öffnen begann, hat noch niemand ,die Seele' gesehen. Als Ergebnis dieser und ähnlicher Entdeckungen glauben jetzt viele Leute nicht an die Seele.

Wer könnte annehmen – fragt Ronald D. Laing, den ich hier zitiere[3] –, daß Engel die Sterne bewegen? Oder wer könnte so töricht sein, anzunehmen, die Seele existiere nur deshalb nicht, weil man sie unter einem Mikroskop nicht sehen kann?" – Dennoch kommt in der Charta von Athen die „Seele" vor. Ausgerechnet. In einem Dokument, das seit einigen Jahren als Ausbund einäugig rationalistischer Planung angeprangert wird. Ich zitiere – gesagt 1933, in der Fassung von 1941, nach der Ausgabe von 1957 in der deutschen Übersetzung von 1962, und zwar aus dem Abschnitt 65:

„Das Leben einer Stadt ist ein ununterbrochenes Geschehen, das sich durch die Jahrhunderte hindurch manifestiert in konkreten Werken – Grundrissen oder Konstruktionen –, die ihr ihren besonderen Charakter verleihen und die nach und nach zum Ausdruck ihrer ,Seele' werden"[4].

Ein begrifflicher Ausrutscher? Mitnichten. Im Abschnitt 7, also im einleitenden Teil schon, ist zu lesen:

„Der Geist der Stadt ist entstanden im Laufe der Jahre; einfache Bauwerke haben Ewigkeitswert bekommen in dem Maße, wie sie die Kollektiv-Seele (Seele hier ohne Anführungszeichen!) symbolisieren; sie sind der eiserne Bestand einer Tradition, die, ohne die Weite zukünftigen

Blick in das umgestaltete Stadtviertel Byker in Newcastle upon Tyne, Großbritannien.
Ende der siebziger Jahre.
Architekt Ralph Erskine

Fortschritts begrenzen zu wollen, mitbestimmend ist für die Bildung des Individuums, ebenso wie Klima, Gegend, Rasse, Brauchtum. Weil sie ‚ein kleines Vaterland' ist, ist der Stadt ein moralischer Wert eigen, der zählt und der unlöslich mit ihr verbunden ist"[5].

Die Frage bleibt: Wo sitzt sie, die Seele? Oder: Wo saß sie? Da doch inzwischen von seelen-los gewordenen Städten die Rede ist. Weder die rationalistische Spekulation über die Stadt, noch die analytische Statistik aller erfaßbaren Daten haben sie entdecken können. Kein Wunder. Es war ja gerade die „komplizierte Armut" dieser Erfassungsmethoden, die alle weitere Erfahrung von Stadt unglaubwürdig werden ließen.

Wenn der Satz stimmt, daß unser Verhalten eine Funktion der Erfahrung ist und unser Handeln unserer Sicht der Dinge entspricht, dann muß wohl auch gelten, daß, wenn unsere Erfahrung zerstört ist, unser Verhalten zerstörerisch sein wird. Laing sagt: „Wenn unsere Erfahrung zerstört ist, haben wir unser eigenes Selbst verloren"[6].

Abgewandelt: Wenn wir nicht mehr unserer Erfahrung trauen, trauen wir uns selbst nicht mehr. Wenn wir aus Mißtrauen gegen uns selbst auch unsere Erfahrung des spezifischen Wesens einer jeden Stadt, das man wohl als ihre Seele sich vorstellen kann, als Irrelevantes, Veraltetes weg- und abgelegt haben, beginnt der circulus vitiosus jener rationalen Sachverhaltserklärung, die, abgetrennt von unserer Erfahrung mit Dingen und, schlimmer noch, Menschen schließlich Stadt und Städter wegrationalisiert. Es ist kennzeichnend, daß die Wahrheiten, die auf diese Weise zutage kommen, immer weniger in dem liegen, was die Dinge sind und die Menschen, die Städter, sind als in dem, was sie nicht sind. Unsere Stadtforschungsliteratur ist voll solcher negativen Bestimmungen, die statt zu sagen, was etwas ist, sagen, was etwas nicht ist.

Nun ist dies ein Problem von Aufklärung, daß man Erfahrungen nicht mehr traut; und also keine mehr riskiert und macht, lieber auf Zahlen setzt, erwartend, sie würden sich an dem vielberufenen Punkt, an dem Quantität in eine Qualität umschlagen soll, als eine numinose Macht zu erkennen geben, als – und der Begriff stimmt hier sogar – deus ex machina, der den Planer das Richtige tun heißt. Das Problem, dahin zu kommen, ist das der vollständigen Daten, das Problem der datenmäßigen Abbildbarkeit eines sozialen Werdeprozesses, jenes Werdeprozesses, den wir kurz Stadt nennen.

Für meine Vermutung, daß es sich da um ein Problem der Aufklärung, des rationalen Durchdringens von voriger und künftiger Geschichte handelt, kann ich zwei Klassiker beim Wort nehmen; einen, der das Problem durchschaute, und einen anderen, der an diesem Problem wie kaum ein anderer gelitten hat.

Unter der Überschrift „Beinahe Veraltetes" notiert Goethe 1823 in seinen Heften zur Naturwissenschaft:

„Wenn ein Wissen reif ist, Wissenschaft zu werden, so muß notwendig eine Krise entstehen; denn es wird die Differenz offenbar zwischen denen, die das Einzelne trennen und getrennt darstellen, und solchen, die das Allgemeine im Auge haben und gerne das Besondere an- und einfügen möchten"[7]. In Goethes Nachlaß findet sich dazu folgende Erläuterung: „Das Wissen beruht auf der Kenntnis des zu Unterscheidenden, die Wissenschaft auf der Anerkennung des nicht zu Unterscheidenden"[8]. Ich habe die Vermutung, daß wir – was den Gegenstand Stadt betrifft – in dieser Krise zwischen Wissen vom Abtrennbaren und also Abgetrennten und Toten und der Wissenschaft von Stadt als einem Ganzen und Lebendigen heute mittendrin stehen.

Mein zweiter Zeuge ist ein gewisser Herr Hyazinth, der von einem gelehrten Doktor peinlich befragt wird, wenn auch für unseren Gesprächsgegenstand scheinbar ganz unpassend. Man kann dieses „Interview" als Parabel nehmen. Es heißt da:

„ ‚Herr Hyazinth, wie gefällt Ihnen denn die protestantische Religion?‘ ‚Die ist mir zu vernünftig, Herr Doktor, und gäbe es in der protestantischen Kirche keine Orgel, so wäre sie gar keine Religion. Unter uns gesagt, diese Religion schadet nicht und ist so rein wie Wasser, aber sie hilft auch nichts. Ich habe sie probiert, und diese Probe kostete mich vier Mark vierzehn Schilling.‘

‚Wieso, mein lieber Herr Hyazinth?‘

‚Sehen Sie, Herr Doktor, ich habe gedacht: das ist freilich eine sehr aufgeklärte Religion, und es fehlt ihr an Schwärmerei und Wunder; indessen, ein bißchen Schwärmerei muß sie doch haben, ein ganz klein Wunderchen muß sie doch tun können, wenn sie sich für eine honette Religion ausgeben will. Aber wer soll da Wunder tun, dacht ich, als ich mal in Hamburg eine protestantische Kirche besah, die zu der ganz kalten Sorte gehörte, wo nichts als braune Bänke und weiße Wände sind und an der Wand nichts als ein schwarz Täfelchen hängt, worauf ein halbes Dutzend weiße Zahlen stehen. Du tust dieser Religion vielleicht Unrecht, dacht ich wieder, vielleicht können diese Zahlen ebenso gut ein Wunder tun wie ein Bild von der Mutter Gottes oder wie ein Knochen von ihrem Mann, dem heiligen Joseph, und um der Sache auf den Grund zu kommen, ging ich gleich nach Altona und besetzte eben diese Zahlen in der Altonaer

Lotterie ... Aber ich versichere Sie auf meine Ehre, keine einzige von den protestantischen Nummern ist herausgekommen. Jetzt wußte ich, was ich zu denken hatte, jetzt dacht ich, bleibt mir weg mit einer Religion, die gar nichts kann ... Werde ich so ein Narr sein, auf diese Religion, worauf ich schon vier Mark vierzehn Schilling gesetzt und verloren habe, noch meine ganze Glückseligkeit zu setzen?'" – Heinrich Heine, nachzulesen in den „Bädern von Lucca", 1829[9].

Sieht man einmal ab davon, daß es für einen Heine eine Art Notwehr war, auf Gefühl, auf Liebe, auf Spontanes bittere Ironie zu gießen, die eigenen Wunden mit Spott zu pflastern, so ist der Sarkasmus, der Gesangbuch-Nummern zur Lotterie tragen läßt, um nichts weniger Ausdruck der allgemeinen Enttäuschung, wohin es mit der Aufklärung gekommen war. „Ein bißchen Schwärmerei muß sie doch haben, ein ganz klein Wunderchen muß sie doch tun können ..."
Denselben Hyazinth läßt er ein wenig später sagen: „Der gemeine Mann muß eine Dummheit haben, worin er sich glücklich fühlt, und er fühlt sich glücklich in seiner Dummheit." Welchen Satz ein Nachfahre Heines mit Namen Gottfried Benn auf das lapidare Kürzel bringt: „Dumm sein und Arbeit haben, das ist das Glück."
Die romantische Münze, die ich hier werfe, hat, wie man sieht, zwei Seiten. Neben der Verzweiflung über das Mißlingen von Aufklärung steht früh schon die Verzweiflung über die Abmagerung, die Auszehrung der erfahrbaren Welt durch eben diese Aufklärung. Das wird kaum anderswo deutlicher als in den „Fragmente" genannten Aufzeichnungen des Freiherrn von Hardenberg, der sich Novalis nannte und dessen kurze Lebenszeit – 1772 bis 1801 – noch ganz ins 18. Jahrhundert gehört, in die früheste Zeit der deutschen Romantik. Diese Fragmente sind durchweg von scharfer Rationalität: es geht um Zahlen, Systeme, Mathematisches. Sie verraten luzide Einsicht in Zusammenhänge, die uns heute mehr denn je beschäftigen. Es heißt da: „Jedem System ... entspricht eine Grammatik, eine systematische Sammlung seiner Gebrauchsregeln". Oder: „Die Politik, die Gesellschaftslehre ... gehören in die höhere Wissenschaftslehre". Oder: „Architektonik ist fast dasselbe wie Kritik". Oder: „Wenn ein Ding im ganzen bestimmt ist, ist es auch im einzelnen bestimmt"[10]. Aber daneben und gleichzeitig schreibt dieser Novalis, daß, kaum daß die Zuhörer der Aufklärung warm geworden seien, die Mitglieder der Aufklärung sie schon wieder mit kaltem Wasser zu begießen wußten. Sie „waren rastlos beschäftigt, die Natur, den Erdboden, die menschliche Seele und die Wissenschaften von der Poesie zu säubern,– jede Spur des Heiligen

zu vertilgen, das Andenken an alle erhebenden Vorfälle und Menschen durch Sarkasmen zu verleiden, und die Welt alles bunten Schmucks zu entkleiden. Das Licht war wegen seines mathematischen Gehorsams und seiner Frechheit ihr Liebling geworden. Sie freuten sich, daß es sich eher zerbrechen ließ, als daß es mit Farben gespielt hätte, und so benannten sie nach ihm ihr großes Geschäft Aufklärung. In Deutschland betrieb man dieses Geschäft gründlicher, man reformierte das Erziehungswesen, man suchte der alten Religion einen neuern, vernünftigern, gemeinern Sinn zu geben, indem man alles Wunderbare und Geheimnisvolle sorgfältig von ihr abwusch; alle Gelehrsamkeit war aufgeboten, um die Zuflucht zur Geschichte abzuschneiden …"[11].

Novalis fragt: Ist das Sinn und Ziel der Aufklärung: „Sollen Buchstaben Buchstaben Platz machen?"[12].

In solchen Brechungen des Denkens und Urteilens, bei Heine wie bei Novalis, drückt sich aus das tiefe Leiden des aufgeklärten Menschen, als die sich beide ja nicht leugnen, auch Novalis nicht, an der Aufklärung. Genauer: an jener Aufklärung, die, weil sie die optischen Eigenschaften des Lichts wissenschaftlich durchschaut und beherrschbar gemacht hat, nicht mehr mit Farben spielen will; die das Unerklärliche, das Wunder bestreitet, die kein Geheimnis mehr kennen will und die über dem Klassifizieren und Zählen die Welt von aller Poesie säubert. Von allem, was dem Rationalen nicht zugänglich ist; von allem, was seine Methoden der Welterfassung nicht fassen.

Ist dies aber nicht auch – noch und wieder – unser Konflikt? Mit dem Unterschied, daß wir diesen Konflikt nicht austragen, sondern uns seiner schämen und also der Lächerlichkeit preisgeben? Aus Angst, man könnte selbst zu den Unzeitgemäßen – wie man meint – gezählt werden. Zu den Leuten, die sich nicht stichhaltig – was man für stichhaltig hält – zu begründen wissen.

Und hier fällt mir die Notiz von Walter Benjamin ein, daß es um 1840 in London vorübergehend zum guten Ton gehörte, in den Passagen Schildkröten am Halsband spazieren zu führen. Der Flaneur läßt sich eben sein Tempo eher von Schildkröten als von geschäftigen Leuten vorschreiben. Und es fällt mir da ein die Überschrift, die Bruno Taut 1920 einem seiner Bücher gab: „Die Auflösung der Städte oder die Erde eine gute Wohnung oder auch Der Weg zur Alpinen Architektur", gewidmet „Allen Kindern, den Schneeflocken, Blumen und Sternen".

Es haben sich weder die Londoner Flaneure noch der Ostpreuße Bruno Taut solcher Spaziergänge geschämt. Und Taut war Architekt!

Da wir aber nun eine merkwürdige Nähe unserer eigenen geistigen Verfassung zu der romantischen feststellen – was war die Stadt für die Romantiker? Wie haben sie die Stadt erlebt? Hierfür hat uns Marianne Thalmann vor zehn Jahren schon erstaunliches Material zusammengetragen[13]. Da erfährt man – ich darf kurz referieren –, wie sich zu Anfang des 19. Jahrhunderts eine ganze Generation zu langweilen beginnt in der schönen Einförmigkeit des ländlichen und kleinstädtischen Lebens; wie sie die Kunst zu leben entdeckt; wie plötzlich das Geschlossene der geborgenen Welt aufgebrochen wird. Man nimmt Abschied vom Glück der Gesellschaftung und erlebt das paradoxe Glück des Einzelgängers: „… es war nicht schwer, mich allein zu denken; denn wir sind nie mehr allein als bei einer Menge von Umständen, die ganz und gar verschieden von uns sind", räsoniert Clemens Brentanos Godwi, als er durch die Stadtstraße geht. Man erlebt plötzlich im Gewühl der Stadt das erschreckende Schweigen, was Brecht später als „hörbare Stille" bezeichnen sollte. Vor allem aber: Die Stadt, die neue, die sich erneuernde, die sprunghaft wachsende Stadt reicht für die Romantiker in ihrer Beweglichkeit und Weltoffenheit weit über territoriale Grenzen hinaus. Die Romantiker „hören auf, Europa in der Zerstückelung von Nationen und Raumabschnitten zu sehen". Die Vielstimmigkeit der europäischen Perspektive wird für sie in der Zeichensprache der Stadt angebahnt. Die Romantiker sind keine Bauherren mehr. „Man wohnt nirgends, man reist", sagt Chamissos Schlemihl. Schließlich fällt das entscheidende Wort: Heinrich von Ofterdingen ist von Augsburg „angenehm befremdet". Die Stadt ist nicht mehr die vertraute. Man erspürt in ihrem Wandel „die Paarung von Grauen und Schönheit in einer in Bewegung geratenen Welt". Der Raum der Stadt wird zum Labyrinth, er wird exzentrisch. Dazu Nietzsche, sehr viel später: „Wenn die Gestalt der Stadt ganz konsequent unserem Denken folgen würde, wenn unser Denken als Stadt Gestalt gewönne, kämen wir notwendigerweise zum Labyrinth." – Der wahre Städter – und das ist nicht der Bourgeois – beginnt, sich als unbehaust oder genauer: als Bewohner des ganzen dynamischen Stadtgefüges zu fühlen; eine Entwicklung, die schon das Stadtgefühl der Generation eines Baudelaire, eines Gerard de Nerval vorwegnimmt Straßen sind nicht mehr einfach nur Wege. „Das Von-hier-bis-dort ist aufgehoben. Ziel ist nirgends und kann überall sein. Der Endpunkt jeder Perspektive tut eine neue auf. Die Welt dieser Menschen kennt keine eindeutigen Horizonte." Es zeigt sich, daß die Außenwelt keinen unumstrittenen Bedeutungszusammenhang mehr hat. „Wirklichkeit ist etwas, was erst hergestellt werden muß."

Diese Stadtentdeckung der Romantiker ist, wo sie nicht selbst sich im Spiel darstellt, provoziert von den neuen Spielräumen, physischen wie geistigen, die von den erst zaghaft, dann immer weiter und in immer rasanterem Tempo um sich greifenden, ins Land hinausgreifenden Stadterweiterungen des 19. Jahrhunderts hergestellt werden.

Der Stadtbegriff, mehr noch: das Wesen der Stadt wandelt sich. Dem Marktort, dem Handelsplatz, der Bürgerstadt, eben erst ins bequemere biedermeierliche Kostüm geschlüpft, wird das Fabrikzeitalter aufgehalst. Klassizismus, Ausgewogenheit; und gleich nebenan die neue, die ganz andere Ausgewogenheit, die in sich selbst zurücklaufende, im Regelmaß von Zeittakten ablaufende Bewegung der Maschine.

Dampfmaschine 1765, Dampfkessel 1781, Lokomotive 1825, Dampfhammer 1839; Feinspinnmaschine 1767, mechanischer Webstuhl 1785, Jacquard-Webstuhl 1799. Das Gold wird schwarz, das Feuer gebändigt. Kohle und Stahl. Schächte und Schlote.

1713 die erste industriell zu nennende Gußeisen-Herstellung, Schmelztiegel für flüssigen Stahl 1740, entscheidende Verbesserungen der Hochöfen 1810, schließlich 1856 die Bessemerbirne.

Die *neuen* Städter, die Fabrikarbeiter, arbeiten täglich 12 bis 14 Stunden, die Kinder vom fünften oder sechsten Jahr an. Tore, Türen und Fenster der Fabriken bleiben während der Arbeitszeit geschlossen. 1833 zählt man in den englischen Baumwollfabriken 61.000 Männer, 65.000 Frauen und 84.000 Kinder unter 18 Jahren.

Und die Städte.

Schwer vorstellbare Daten aus England: Birmingham um 1700: 5.000 Einwohner; 1801: 73.000, 1841: 183.000. Oder Manchester. 1720: 8.000 Einwohner; 1744: 41.000 Einwohner, 1801: 102.000, 1841: 353.000 Einwohner. Nicht nur Wachstumssprünge, auch Qualitätssprünge.

Die Städte werden größer, die Länder, der Kontinent, Europa werden kleiner. 1840 haben die deutschen Eisenbahnen eine Gesamtlänge von 549 Kilometern; nun 15 Jahre später, 1855, mißt ihr Netz bereits 8.289 Kilometer. Und 1870 werden es 19.500 Kilometer sein. Gebaut in dreißig Jahren.

Zu Beginn des Jahrhunderts war man noch „von Augsburg" nur – oder schon – „angenehm befremdet". Keine fünfzig Jahre später hat – in einem anderen Land, einer anderen Stadt „das Straßengewühl etwas Widerliches, etwas, wogegen sich die menschliche Natur empört. Diese Hunderttausende von allen Klassen und aus allen Ständen, die sich da einander vorbeidrängen, sind sie nicht alle Menschen, mit denselben Eigenschaften und

Fähigkeiten, und mit demselben Interesse, glücklich zu werden? … Und doch rennen sie einander vorüber, als ob sie gar nichts gemein, gar nichts miteinander zu tun hätten … Die brutale Gleichgültigkeit, die gefühllose Isolierung jedes Einzelnen auf seine Privatinteressen tritt um so widerwärtiger und verletzender hervor, je mehr diese einzelnen auf den kleinen Raum zusammengedrängt sind"[14].

So entrüstet sich ein junger Mann 1845.

„So eine Stadt wie London", schreibt er, „wo man stundenlang wandern kann, ohne auch nur an den Anfang eines Endes zu kommen, ohne dem geringsten Zeichen zu begegnen, das auf die Nähe des flachen Landes schließen läßt, ist doch ein eigen Ding. Diese kolossale Konzentration, diese Anhäufung von dritthalb Millionen auf einen Punkt hat die Kraft dieser dritthalb Millionen verhundertfacht … Aber die Opfer, die … das gekostet hat, entdeckt man erst später." Dann merkt man, „daß diese Londoner das beste Teil ihrer Menschheit aufopfern mußten, um alle Wunder der Zivilisation zu vollbringen; von denen ihre Stadt wimmelt, daß (aber) hundert Kräfte, die in ihnen schlummerten, untätig blieben und unterdrückt wurden."

Notizen eines Besuchers aus der Provinz. Aus der deutschen Provinz. Die Stadt, aus der er kommt, zählt – obwohl auch sie nicht des neuen gewerblichen Fleißes ermangelt – eben erst 30.000 Einwohner. Die Stadt heißt Barmen, und der Besucher Londons heißt Friedrich Engels. Ich zitierte aus seiner Untersuchung über „Die Lage der arbeitenden Klassen in England", jener entscheidenden Arbeit, die als Anregung zu Marx' „Kapital" im wahrsten Sinn des Wortes Geschichte machte. Eine Geschichte, in der der Begriff der „Entfremdung eine entscheidende, eine Schlüsselrolle spielt.

„Von Augsburg angenehm befremdet" – so fing es an. So fing die andere, die neue, die Stadt der Neuzeit an, ihr Wesen und Schicksal durch die Erfahrungen und das Verhalten ihrer Bewohner kundzutun. Und man kann hinsehen, wohin man will – alle heutigen Verhaltensweisen, Sehnsüchte, unaufhebbaren Antagonismen sind in dem neuen Stadt-Erleben, dem neuen Stadt-Gefühl der Romantiker, von den frühen bis zu den späten, bereits antizipiert:

Die Vorliebe für das Nicht-überschaubare, gleichzeitig der Hang zu geschlossenen Platzräumen; die elementarische Freude an langen Fluchten und Perspektiven und der Hunger nach blickbegrenzendem Gewühl, nach Dichte; die Suche nach der festen, geschlossenen Wand und der Traum von lichten Passagen, in denen man sich aufgehoben fühlt.

Viele, unendlich viele Parallelen wären anzumerken. Und das ist kein Wunder. Wo jene am Anfang standen, stehen wir am Ende. Was sie mit erster Befremdung entdeckten, in das werden wir hineingeboren. Entfremdung erwartet uns. Und diese unsere Entfremdung geht bis an die Wurzeln. Jene erfuhren sich als Menschen, die Städter wurden. Wir sind in der Stadt nur noch potentiell Menschen. Wir haben uns darein gefügt. Wir nehmen Entfremdung als unsere gegenwärtige Bestimmung. Wir haben resigniert.

Es waren die frühen Städter, nicht die späten, die sich Passagen, weite Hallen, bunte Märkte, Alleen und Boulevards bauten. Gegenmaßnahmen gegen die Entfremdung. Es waren die frühen Städter, die die großartigen Bau-Figuren der neuen Stadt erfanden; die späten begnügten und begnügen sich mit dem je standesgemäßen Abklatsch oder auch nur der Karikatur: Der arme Osten und der wilde Westen sind beide unwiderruflich, so scheint es, im Netz der Betonfahrbahnen gegangen.

Was Giraudoux im Vorwort zur Charta von Athen voraussagte, ist Wirklichkeit geworden. „Der Glanz der Epoche", so hieß es da, „und ihr schmutziger Geiz werden unterschiedslos … den Bürger und den Arbeiter berühren …"15). Kühne Einzelne mögen im Überfluß vorhanden sein, die allgemeine Kühnheit des Landes verflüchtigt sich; und unter dem Vorwand, die bürgerlichen Rechte und Sorgen über die Rechte der Stadt zu stellen, wird die schlimmste Ungleichheit geschaffen, die Ungleichheit der menschlichen Würde."

Die Kühnheit, sie hat sich längst verflüchtigt. Das Abenteuer zwischen Geschichte und Legende, zwischen Sonne und Eis, Metallen und Flut, Arbeit und Spiel, Notwendigkeit und Phantasie – von Mördern und Prostituierten war es nicht zu leisten. Die dritte Lesung des Gesetzes, die Schlußakte der Entfremdung, ist gelesen. Sie war es Mitte der sechziger Jahre schon.

Diese Lesung lautete:

„Jeder Staatsbürger hat das Recht,

im Rahmen der Gesetze und der guten Sitten seine Persönlichkeit frei zu entfalten,

insbesondere hat er das Recht auf Arbeit entsprechend den wirtschaftlichen und sittlichen Grundsätzen der Allgemeinheit –

das Recht auf Freizeit nach Maßgabe der allgemeinen wirtschaftlichen Erfordernisse und den Möglichkeiten eines durchschnittlich leistungsfähigen Bürgers –

das Recht auf Freizügigkeit, ausgenommen die Fälle, in denen eine

Reihenhauszeile in Hannover-Kirchrode.
Architekten Peter Hübotter und Rolf Romero, 1952/53

ausreichende Lebensgrundlage nicht vorhanden ist und der Allgemeinheit dadurch besondere Lasten entstehen würden oder aber zur Abwehr einer drohenden Gefahr für den Bestand der Allgemeinheit oder zum Schutz vor sittlicher und leistungsabträglicher Verwahrlosung oder zur Erhaltung eines geordneten Ehe-, Familien- und Gemeinschaftslebens –
das Recht auf Bildung, soweit sie für den wirtschaftlich-sittlichen Fortschritt der Allgemeinheit sowohl zuträglich als auch erforderlich ist und soweit sie nicht Gefahr läuft, den Bestand der Allgemeinheit in ihren Grundlagen und Zielsetzungen zu gefährden –
das Recht auf Versammlung nach Maßgabe sowohl der Festigung als auch des Nutzens der Allgemeinheit und unter Berücksichtigung von Seuchengefahr, Brandgefahr und drohenden Naturkatastrophen –
sowie das Recht auf Unantastbarkeit der Person: Allgemeiner stürmischer, nichtendenwollender Beifall"[16].
Protokolliert von Peter Handke. Rien ne va plus! Die wohnliche Stadt – eine Utopie. Eine sich so berücksichtigende Gesellschaft wird sie nicht bauen.
Eine solche Gesellschaft fragt nicht, was städtebauliche Mißstände sind, sondern was „städtebauliche Mißstände im Rechtssinne" sind. Eine solche Gesellschaft fragt nicht, ob eine städtebauliche Idee der zwangsgelaufenen Entfremdung ein Stück wegbrechen kann, sondern ob die Idee durchsetzbar ist, das heißt, ob sie sich anpaßt oder anpassen läßt, ob sie gehorcht, ob sie hineinschlüpfen kann in eben jene Verhältnisse, unter denen jene Mißstände reiften, die jemanden provozierten, diese städtebauliche Idee zu haben. Woraus folgt, daß eine Idee, die nicht durchsetzbar ist, auch nicht einleuchten kann. Und da in dieser Gesellschaft, und nicht erst seit neuestem, nur durchzusetzen ist, was rational begründet und rationell realisiert und auf der Stelle effektiv verbucht werden kann, sind die Kühnen im Lande und in den Städten nahezu ausgehungert, die Ideen fast sämtlich verdorrt und die gemeinnützigen Baugesellschaften zu Kapitalsammelstellen des öffentlichen Kapitals geworden. Ihre normativen Setzungen sind das Gesetz des Handelns.
Aus das Abenteuer! „ ‚Nichts ist zu fürchten' – letzte Beruhigung und letzter Schrecken." (Laing)
Schon beten wir – und auch das nicht erst seit gestern – mit Gregor von Rezzori:
„Herr! Daß wir doch alle aus dem Keller stammten, ganz hinten von den Champignons! Daß man uns doch die Gebrüder Saß zum Leitbild unseres Menschentums gegeben hätte anstatt des Bamberger Reiters und der

Frau Uta vom Naumburger Dom! Zille als Erzieher! Wie beneide ich deine Jugend aus den Zinskasernen, geschmeidigt im Vororts-Durchgangsverkehr, gehärtet in der Disziplin der Pfandleihhäuser! Welche Hoffnung lege ich in die Zukunftsträchtigen aus den Behelfsquartieren, die ihr Ballspiel mit dem Risiko schlecht zufassender Bremsbeläge würzen, Gonokokken und Kobaltbomben nüchtern, ohne immanenten Schuldbegriff, in der Sparte der Betriebsunfälle halten, die auf Rummelplätzen Sachlichkeit erfahren und im Kino Transzendenz. Aber wir versäumen ja auch diesmal unsere Chance"[17].

Wir haben sie, kann man fortfahren, erst als Wiederaufbau, danach als Nostalgie verhökert. Das Räuberische in unserer Gesellschaft hält sich zuletzt noch an jenen Zeichen proletarischen Elends schadlos, die für dieses Elend nicht mehr zu stehen scheinen: sie baut aus dem brüchigen städtischen Ambiente jene Bauteile aus, mit denen eine vergangene Ära das Elend der großstädtischen Massen noch zu kaschieren suchte. Um etwas zu verbergen, bedarf es nicht mehr so augenfälliger Methoden. Das Geraubte, Entwendete aber kann, schon von jeher für sich sinnlos, nun das sinnlose Wohlbefinden derer garnieren, die in die Entfremdung hineingeboren sind und sie aushalten müssen. Mit anderen Worten: Es ist ein gutes Recht, aus Sanierungshäusern Treppengeländer zu stehlen. Die Sanierungsplaner ließen sie ja vor zehn Jahren, als solche Geländer noch keinen Tauschwert, sondern nur einen Gebrauchswert besaßen, auf den Müll kippen. Es wird nicht der letzte Diebstahl sein, durch den Geschichte aufgehoben wird. In des Wortes doppelter Bedeutung: aufgehoben als Relikt und Andenken, aufgehoben, vernichtet als Geschichte selbst, als Wirklichkeit des Gewordenen und Werdenden.

Diese letztgemeinte Aufhebung war zwangläufig, ist es noch. Im Zuge der Entfremdung sind aus den urbanen Gebrauchswerten bloße Tauschwerte geworden. In gleichem Maße, wie die Stadt zum „Enrichissezvous" freigestellt wurde, ging der Besitzstand aller Bürger an der Stadt verloren. Daran ist kein Zweifel. Ebenso wie kein Zweifel ist, daß das Nutzen gebracht hat für Versorgung, Hygiene, Verkehrserschließung. Dieser Nutzen endete immer genau da, wo die in Geldwerten ausdrückbare Verwertung der Stadt aufhört. Analog machen auch die Städter, wo sie noch so heißen, von ihrer Stadt nur noch partiell Gebrauch. Sie nutzen die Stadt nunmehr als einen Ort, an dem man sein Kapital – Geld oder Arbeitskraft – zu Markte trägt, um, sobald man kann, mit diesem Ertrag ins Umland zu ziehen, wo man für diesen Ertrag zwar nicht Stadt, dafür aber manch anderes haben kann, was für Menschen

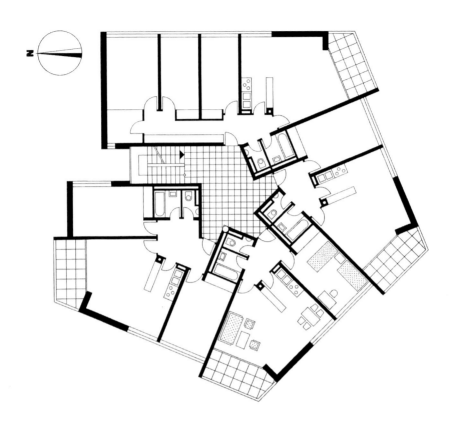

Otto H. Senn: Normalgeschoß seines viergeschossigen Wohnhauses im Hansaviertel.
(Objekt 28 der Internationalen Bauausstellung INTERBAU Berlin 1957)

Lebensqualität bedeutet. Es erübrigt sich hier, aufzuzählen, was damit gemeint ist.

Nicht überflüssig ist es, Zahlen zu nennen. Hamburg – zum Beispiel – hat seit 1961 Jahr für Jahr 9.000 bis 17.000 Stadtbürger mehr an das Umland verloren, als von dort in die Stadt zugezogen sind. Elmsbüttel verlor in den letzten 15 Jahren von 89.000 Einwohnern 22.000; Altona-Nord von seinen 30.000 ungefähr 8.000; Barmbeck-Nord von seinen 64.000 ganze 17.000. Man kann sagen: einige alte Hamburger Stadtviertel verloren ein „Viertel". Umgesetzt in Geldeswert bedeutet dieser Exodus der Stadtbürger für den Stadtstaat Hamburg allein für das Jahr 1972 – bei einem Umland-Wanderungsverlust von 16.000 Personen in diesem einen Jahr – ein Minus in der Stadtkasse von fast 30 Millionen Mark[18].

Schnelle Überschlagsrechnung: Gehen 1.000 Personen der Stadt verlustig, verliert sie mit diesen Personen 2 Millionen Mark. Macht – unter der Annahme einer durchschnittlichen Abwanderung von 16 000 Menschen pro Jahr – seit 1960 480 Millionen. Die Preisfrage, was für diese Summe in 15 Jahren und im Verein mit dem Potential jener Sammelstellen des Kapitals öffentlicher Hände, die sich gemeinnützige Baugesellschaften nennen, für eine bewohnbare, wohnliche Stadt hätte geleistet werden können, ist natürlich eine müßige Frage.

Ebenso ist es eine müßige Frage, was man wohl für das Geld hätte tun können, das der Bau, die Planung, die Ordnungsmaßnahmen seit 125 Jahren für die Industriestädte gekostet hatten. Was da geleistet werden mußte, habe ich eben mit einigen Wachstumzahlen umrissen. Überdies: vor 100 Jahren wäre diese Aufgabe – die rasant wachsenden Industriestädte leidlich funktionabel zu halten durch immer neue Ordnungs- und Planungs- und Anpassungsmaßnahmen –, vor 100 Jahren wäre diese Aufgabe, hätte man sie durchschauen können bis zum bitteren Ende der großen Stadtpleiten dieses Jahrzehnts, als absolut utopisch, im Sinne des Nicht-Erreichbaren, Nicht-Machbaren erschienen. So, genau so, wie uns heute der Umbau der entfremdeten Stadt in eine wohnliche Stadt utopisch erscheint. Die Frage, was man hätte tun können …, wenn – diese Frage ist immer eine müßige Frage. Wer nach vorn arbeitet, stellt sie nicht.

Ich stelle die Frage: Was nun? Was tun? Was tun im Verfolg nicht der bloßen, sondern der ganz konkreten Utopie „Wohnliche Stadt"? Meine Antworten darauf sind mehr Ideen als Thesen. Trotzdem trage ich sie in der Wirklichkeitsform vor.

Was tun, um die Stadt wohnlich zu machen, sie aus der Entfremdung in bloße Tauschwerte zurückzuholen?

1. Alles Grundeigentum wird an einem Stichtag X in Nutzungseigentum verwandelt. Niemand hat davon Schaden, braucht seine Bilanzen ändern, weil der Grund und Boden bereits heute nahezu ausschließlich nach dem mit ihm zu erzielenden Nutzen taxiert wird.

2. Anstelle von Grund- und Gewerbesteuer und ähnlich an die Nutzung des Grund und Bodens geknüpften Abgaben wird eine Nutzungssteuer eingeführt. Die Höhe dieser Steuer richtet sich nach den Belastungen bzw. Ausbeutungen und Schädigungen, die die auf dem Grundstück praktizierte Nutzung für Stadt darstellt. Die Steuer richtet sich weiter nach Gebäudealter, Abschreibungsalter etc.

3. Die Gemeindegrenzen werden dahin überprüft, ob an ihnen die kommunalen Haushalte zwingend haltmachen, sprich: kapitulieren müssen.

4. Es wird eine effektive Selbstverwaltung eingerichtet in jenen Grenzen, innerhalb derer das heute möglich und sinnvoll ist. Das heißt: auf jeden Fall für weit kleinere Stadtbereiche, als es heute der Verwaltung denkbar erscheint. Neben den Stadträten wird es „Stadtteilräte" – in Italien bereits praktiziert – geben.

5. Die Planung und Bauverwaltung ziehen zu einem Teil aus dem Stadthaus an den Ort, für den geplant wird. Im Anstellungsvertrag dieser Planer vor Ort steht, daß sie auch persönlich, samt Familie, in dem Stadtteil wohnen müssen, für den sie arbeiten.

6. Es wird in jedem Stadtteil alle vier Wochen sonnabends ein „Architekturmarkt" eingerichtet. Auf diesem Markt werden alle Baupläne und Baumaßnahmen, auch die privaten, dargestellt, erläutert, öffentlich diskutiert; im Beisein der Planurheber und der für die Ausführung Verantwortlichen wie auch – so schon vorhanden – der Bauherren. Motto: Wer da bauet an den Straßen …

7. Für öffentliche Baumaßnahmen gleich welcher Art wird die Möglichkeit eines Referendums eingerichtet, und zwar auf Stadtteilebene, in jenem Stadtteil, in dem der Bau passieren wird. Das Nein eines solchen Referendums kann nur durch die Bürgerschaft aufgehoben und überstimmt werden.

8. Anstelle des bisherigen ‚negativen' Baurechts wird ein ‚positives' geschaffen. Es bestimmt nicht mehr, wie man bauen muß, sondern sagt, wie man nicht bauen darf. Es bestimmt nicht, was geboten ist, sondern was verboten ist.

9. Schließlich: Der gesamte mit öffentlichen Mitteln geförderte Wohnungsbau wird ausschließlich genossenschaftlich organisiert, einschließlich des Pseudo-Besitzes der heutigen gemeinnützigen Gesellschaften.

Ich habe leicht reden. Ich bin kein Planer, kein Wissenschaftler, kein Ökonom, kein Politiker; ich bin noch nicht einmal Architekt. Auch fahre ich selbst werktag-täglich 24 Kilometer in die Stadt. Wenn ich das nicht tue, lese ich ,janz weit draußen', fast in der Mark Brandenburg, manchmal. Zum Beispiel unsere Romantiker. Oder Jürgen Becker. Da lese ich: „Verbergen können Sie sich überall hier; die Häuser, wie anderswo, sind leicht zu verwechseln. Sie können ruhig jemand besuchen gehen; man wird Ihnen sagen, daß niemand zu Hause ist. Stumm bleiben fällt leicht hier. Niemand verlangt auch, daß sie irgendetwas anderes machen. Nichts stinkt, Vergangenes ruht. Wenn Ihnen nichts zustößt, ist es Ihr Verdienst. Der Winter ist hier eine Ausnahme, der Sommer auch, alles mild, wie alles, was das Gleichmaß des Befindens stören könnte. Es gibt Leute hier, die in Ruhe verstummen. Abwechslung kommt von der Straße genug; immer zieht ein Mann umher, der plötzlich zuckt, schreit, in die Luft schlägt. Sie sehen, daß man hier jeden gewähren läßt; Unterschiede schmücken die Welt. Sie können auch durchaus einer Meinung sein, auch darin läßt man Ihnen freie Hand. Indem man die Leute reden läßt, erspart man ihnen, etwas zu tun. Vieles wird gleichwohl getan. Neues breitet sich aus, ohne daß Sie es merken; und stets steckt ein Kern noch vom Alten darin. Man läßt sich drängen von nichts; Pläne reifen und liegen hier wie Wein. Von Eingriffen wird nichts bekannt"[19].

Ich lese, was Jürgen Becker geschrieben hat. Ich weiß, daß man die Vor-, die Nicht-Stadt präziser nicht beschreiben kann als so. Und ich denke darüber nach, auf welche Weise es wohl unsere Planungen, unsere Planungspolitik und Planungswissenschaften zu diesem Ersatzangebot für Stadt gebracht haben. Ich denke, es muß wohl mit mir selbst zusammenhängen.

Anmerkungen

Dieser Beitrag ist eine nur unwesentlich überarbeitete Fassung eines Vortrags, den der Verfasser im März 1976 vor Hamburger Architekten gehalten hat.

1) Le Corbusier: An die Studenten – Die ‚Charte d'Athènes', rde. Bd. 141, Reinbek bei Hamburg 1962.
2) Ebd. S. 63.
3) Laing, Ronald D.: Phänomenologie der Erfahrung. ed. suhrkamp Bd. 314, Frankfurt am Main 1975.
4) Le Corbusier (Anm. 1), S. 110
5) Ebd. S. 71.
6) Laing (Anm. 3).
7) Goethe, Johann Wolfgang: Hefte zur Naturwissenschaft, Zweiten Bandes erstes Heft, 1823. Zitiert nach der dtv-Gesamtausgabe, Bd. 21, München 1963, S. 47.
8) Goethe, Johann Wolfgang: Maximen und Reflexionen, Aus dem Nachlaß. Zitiert nach der vorstehend genannten Ausgabe, S. 129
9) Heine, Heinrich: Die Bäder von Lucca, 1829. Zitiert nach: Werke in fünf Bänden, Bd. 3, Weimar 1956, S. 273 f.
10) Novalis, Aus den Fragmentensammlungen. Zitiert nach: Gesammelte Werke in einem Band, Gütersloh 1967, S. 376 ff.
11) Novalis, Die Christenheit oder Europa, 1799. Zitiert nach der vorstehend genannten Ausgabe, S. 325.
12) Ebd. S. 326.
13) Thalmann, Marianne: Romantiker entdecken die Stadt. München 1965.
14) Engels, Friedrich: Die Lage der arbeitenden Klasse in England, Leipzig 1845. Zitiert nach: Über die Umwelt der arbeitenden Klasse – Aus den Schriften von Friedrich Engels ausgewählt von Günter Hillmann, Bauwelt Fundamente Bd. 27, Gütersloh 1970.
15) Le Corbusier (Anm. 1), S. 62
16) Handke, Peter: Die Innenwelt der Außenwelt der Innenwelt. ed. suhrkamp 307, Frankfurt am Main 1974, S. 58.
17) Rezzori, Gregor von: Ödipus siegt bei Stalingrad. 1954.
18) Laut Prognose-Gutachten für die Freie und Hansestadt Hamburg: Wohnen, Wohnverhalten, Mobilität etc., Basel 1976 (Manuskript).
19) Becker, Jürgen: Felder. Frankfurt am Main 1964.

Heidelberg. Die Hauptstraße vor Herausnahme des Fahrverkehrs

Impressionen deutscher Städte
1979

ℳ Die noch junge nationale *Stiftung Baukultur* hat bisher nur mit guten Reden und punktuellen Förderungen von sich reden gemacht. Da sie aber doch auf eine breite Wirkung hin angelegt ist – was soll sonst ihr Name? –, möchte man die Stiftung zu einem „Rückgriff" ermuntern: Gegen Ende der siebziger Jahre riskierte der Bundesbauminister im damals eingeschränkten nationalen Rahmen ein beispielhaftes Verfahren. Der Bund formuliert das – wechselnde – Thema eines nationalen Wettbewerbs. 1978/79 zum Beispiel hieß es *Stadtgestalt und Denkmalpflege im Städtebau*. Die Bundesländer ermitteln in eigenen Durchläufen unter ihren Städten und Gemeinden Sieger und Belobigte, die dann Teilnehmer der nationalen Konkurrenz sind. Der Bund beruft eine etwa zwanzigköpfige Kommission von Obergutachtern, mietet für vier Wochen einen langsamen Bus mit Sperrholztischchen zwischen den Bänken und einer geräumigen Ablage für die vierzig oder fünfzig Wettbewerbs-Unterlagen. Die Papiere werden von Stadt zu Stadt, von Ort zu Ort nach vorn gereicht, damit die Preisrichter wissen, an welchem (ideellen) Stadttor man sie in Kürze begrüßen wird und was für ein Ort sich dahinter, auch hinter dem Stadtbaurat oder dem Stadtbildpfleger, befindet. Es folgen deren Vorträge, es folgt der Rundgang, ergänzt durch unbeobachtetes Ausscheren kritischer Einzelgänger. Im Bus dann – immer zu wenig Zeit! – das schnelle Stimmungsbild, damit später, im Hotel, Entscheidungen notiert werden können, die auch nach Wochen noch Gewicht haben. Denn wer kann vier Wochen lang Haus und Hof und Beruf im Stich lassen? Darum tagt die Kommission in „Fliegendem Wechsel". Einer steigt aus, ein anderer steigt wieder zu; so dass die Kommission ständig beschlussfähig ist, wofür auch der doppelte Vorsitz sorgt (damals wahrgenommen von Gerd Albers und Gottfried Kiesow). Hernach gibt es eine Plenar- und Preisvergabesitzung. Die Sieger holen sich die Plaketten und Ehrenurkunden ab. Und später – so jedenfalls sollte es sein – frische Geldmittel aus neuen Ausschüttungen, um ihre hoch gelobte Stadtbild-Arbeit (zum Beispiel) fortzuführen. Wenn nun gesagt wird, solches Einbeziehen aller, theoretisch wirklich *aller* deutschen Orte in baukulturelle Zielsetzungen sei Sache fetter Jahre gewesen, so muss ich feststellen: Nie hat eine herumreisende deutsche Obergutachter-Kommission in so billigen, ja, schäbigen Hotels übernachtet. ℳ

‚Impressionen deutscher Städte' – das Thema traf mich, verziert mit der handschriftlichen Aufforderung des Institutsdirektors: „Ich könnte mir denken, daß das Thema Ihnen zusagt!" Mit anderen Worten – da das Ausrufezeichen den Konjunktiv total entwertet: Was ist Ihr Eindruck? Nur offen heraus! Sie können sich unter uns Sach- und Fachwaltern ganz normal benehmen.

Das läßt man sich natürlich nicht zweimal sagen. Wenn Wert darauf gelegt wird, jemandes Eindrücke zu erfahren, heißt das ja wohl auch, daß man diesen Menschen für impressionabel hält: für Eindrücke empfänglich; erregbar; ja, reizbar.

Soweit gut und angenehm. Nur, was sind denn das für Dinger – Impressionen? Die Übersetzung ‚Eindrücke, Empfindungen' empfindet man als noch zu ungenau. Also muß der Lateiner her. ‚impressio' – „Eindruck der Erscheinungen auf die Seele".

Also: Eindrücke deutscher Städte – soweit sie Erscheinungen sind; sind sie mehr? – auf meine Seele. Da wären sicher auch Ihnen methodische Bedenken gekommen. Was werde ich denn da mitteilen – Eindrücke von Städten; oder Eindrücke auf meine Seele? Etwas über Städte? Oder etwas über meine Seele? Ein bißchen weitergedacht, und wir sind schon bei Peter Handke: „Die Innenwelt der Außenwelt der Innenwelt"; oder – auf der anderen Seite – bei der „Impression Method", einer von der Psychophysik entwickelten Methode, Merkmale der Einstellung oder der ‚gefühlsmäßigen Bevorzugung' zu skalieren, meßbar zu machen. Auf gut deutsch: es wird da die Selbstbeobachtung zur Analyse von Gefühlen angewendet; Selbstbeobachtung beim Aufnehmen von Eindrücken, die Erscheinungen machen; oder dasjenige, was in den Erscheinungen erscheint (anders ja die Erscheinung eine leere Erscheinung wäre).

Kurzum, es geht wie immer, wenn man etwas wörtlich nimmt: man wird stutzig, begriffsstutzig, und schon sieht man sich in einem Dilemma. Soll man die Außenwelt verinnerlichen oder die Innenwelt nach außen stülpen?

Was also tun? Ich entziehe mich dem einfach, Methode hin, Methode her. Ich tröste mich mit dem Satz, den sich Peter Handke als Motto seines vorhin zitierten Gedichtbuchs von Jean Paul ausgeliehen hat: „... da allemal deine äußere und deine innere Welt sich wie zwei Muschelschalen ineinander löten und dich als ihr Schaltier einfassen ..." – deshalb, so fahre ich fort, zu mir selbst gewendet, kannst du ruhig deine Eindrücke preisgeben. Fassen können sie – womit ich Sie meine – dich Schaltier immer noch nicht.

Außerdem habe ich die Eindrücke, von denen zu berichten ist, ja nicht allein gehabt; jedenfalls nicht alle. Sie wurden gesammelt auf jener Reise, von deren Ergebnissen schon ausführlich die Rede war und von denen zu zehren Sie ja hergekommen sind. Eigentlich war diese Reise gar keine Reise, weil sie nicht von hier nach dort oder von dort nach hier führte. Eine Reise, unternommen nicht, um anzukommen. Das Ganze hatte Ähnlichkeit mit dem ‚Fliegenden Klassenzimmer'. Es flog auch einmal wirklich. Sonst rollte es.

Und überm Rollen sah man neben sich Rollenträger die anatomisch unzulänglich, also unzuträglich geformten Omnibusbänke drücken; wie das beim Nachsitzen so ist. Zwei Vorsitzende waren trotzdem dabei, abwechselnd. Wozu nicht im Widerspruch steht, daß alle Mitreisenden schon vorgesessen hatten – vor Plänen und Fotos und über Skripten, von denen allein die der Vorprüfung einmal 53 und ein späteres Mal 254 Seiten zählten.

Hatte schon den Eindruck gemacht, so stehe ich nicht an zu sagen, daß meine eigenen Eindrücke auch nicht unbehelligt blieben von der Art und Weise, wie sich die Mitreisenden Eindrücke zu verschaffen suchten. Sie kommen also in meinen Eindrücken mit vor.

Es läßt einen nicht unbeteiligt, wenn man jemanden mit weitem Blick, einem Blick zur See, einem Seher-Blick, Stadtbilder durchbohren sieht; oder wenn man an Ort und Stelle einen in Kommunal- und Landespolitik wohl eingeübten Denkmalpfleger über alles andere, nur niemals über Denkmalpflege-Praxis, wie vor Augen, sprechen hört; oder wenn ein anderer seine Eindrücke permanent, wo er auch geht, steht und sitzt, mitschreibt (man fühlt sich da mit aufgeschrieben); oder wenn einer mit einem selten zu beobachtenden Instinkt für Hänger, Durchhänger müde Minuten der Reise auszunutzen versteht, um die Erwartungen des Reiseveranstalters im Halbschlaf der Kommission unterzubringen, subkutan sozusagen; oder wenn einer angesichts verbal getarnter Stadt-Mißstände seine gepflegte Garderobe durchbricht und, indem er hinter die Fassade geht, indirekt aber deutlich ‚Scheiße' sagt. Nehmen Sie das alles durchaus persönlich, so wie ich es auch getan habe. Und noch tue. Zahme Xenie aus der Abteilung III:
„Man mäkelt an der Persönlichkeit,
Vernünftig, ohne Scheu;
Was habt ihr denn aber, was euch erfreut,
Als eure liebe Persönlichkeit?
Sie sei auch, wie sie sei."

Um es kurz zu machen: Meine Brille ist nicht nur meine Brille. Und damit genug der Vorrede.

1. Wir sind da!

Wo sind wir? Angekommen sind wir. Gerade eben. Aufschreckende Minute. Ein erster Fuß auf fremdem Pflaster. Oder Asphalt. Oder Kies. Das gilt gleich. Nein, das gilt nicht gleich. Granitplatten zum Beispiel erinnert man. Die Stadt empfängt einen mit einem alten, gefügten, festen, zuverlässig tragenden Boden, über Grund gelegt. Assoziationen für die Dauer eines Augen-Blicks: Gründer, Gründung, Grundfesten, Befestigung, Festung. Ein Hauch von Geschichte. Viele sind hier gegangen. Viel ist hier vorgegangen. Hat den Stein weich gemacht, schön durch Gebrauch. Hat ihm nichts genommen, sondern etwas hinzugefügt; Sprache, Mitteilung.

„Anmutungscharakter", sagt der frisch gebildete Stadtgestalter. Man ist innerlich berührt. Aber wie? Jedenfalls angenehm. Alles Weitere muß sich noch ergeben, wird sich auch zeigen. Denn wir sind ja da.

Wo? In Deutsch-Bundstadt, erstmalig erwähnt im soundsovielten Jahrhundert, im Besitz oder als Sitz derer von …, Stadtrechte im Jahre … Ungefähr so. Hat man gelesen, aber nicht parat. Eine Schreibmaschinenseite lang. Kann man nicht nachhalten. Ist ja auch egal.

Man ist ja angekommen, und nun steht die Wirklichkeit für Namen, Plan und Papier. Und nun gilt es, Vorstellung und Wirklichkeit zur Deckung zu bringen. Also wo sind wir? Hier! Ach so ja, ich muß meine Vorstellung um fast 180 Grad drehen, links rum, also weniger. Norden ist jetzt im Süden, nicht mehr oben, sondern unten. Der erste Eindruck ist erstmal enttäuschend, weil mit Umorientierung verbunden. Man hatte sich das so genau ausgedacht: die Straße von Kleinstadt nach Bundstadt, die man gekommen ist, führt genau auf das Obere Tor, und dann weitet sich der Straßenraum wieder, man ist am Hauptmarkt, links hinten die Stadtpfarrkirche, rechter Hand Rathaus und Zehntscheuer. War aber gar kein Tor zu sehen. Einbahnstraße! Wir mußten hinten rum, wissen Sie. Frage: Was heißt ‚hinten'? Das heißt, man hat das Stadtbild verpaßt. Jedenfalls das, was man sich nach Stadtgrundriß 1978 und Merian 1668 gemacht hatte. Wo also sind wir? In Deutsch-Bundstadt. Und hier, wo wir stehen, stand einmal das Gerbertor. Es wurde 1897 im Zuge der Stadterweiterung gegen den damals neu errichteten Bahnhof hin abgerissen. So also ist das: die Stadt verspricht einem einen Empfang am Unteren Tor und empfängt einen mit der Bahnhofstraße.

Diesen Eindruck muß ich aber nun schnell verdrängen. Denn kann die Stadt dafür, daß sich mein eidetischer Instinkt genarrt fühlt, der mich zu der Auffassung verleitet, das untere Tor sei dazu da, in eine Stadt hineinzukommen, und das obere, um sie wieder zu verlassen. Nur sehr böse Feinde kommen über die Berge, die anderen schlagen vor der Stadt, in der Ebene, also unten, ihr Lager auf. Es ist wirklich ein Ding mit der Stadtfreundlichkeit des Autos! Noch einmal: Diese Irritation ist ein Reiserouten-Eindruck und kein Stadt-Eindruck. Also tue ich ihn weg, obwohl er des öfteren ein sehr *be*stimmendes – weil nämlich *ver*stimmendes – Erlebnis war.

Fangen wir noch mal von vorn an: Wir sind da! Wie? Schon? Das ist Deutsch-Bundstadt? Habe ich gar nicht gemerkt, daß wir schon reingefahren sind. Hab kein Schild gesehen.

Es gibt Städte, auch alte, die zeigen mit Schildern an – und mit nichts sonst –, daß sie da sind. Die fangen irgendwo hinter dem letzten Dorf an und hören irgendwo vor dem nächsten Dorf auf. Man durchquert ein etwas länger und massiger geratenes Stadtdorf und kann oder will den Stadtnamen damit nicht zur Deckung bringen. Wenn die Identität einem trotzdem plötzlich faßlich wird, so nur, weil die Stadt ein Geschenk bekommen hat: eine noch rudimentär erkennbare Topographie, die einem sagt: das ist sie, die Stadt; oder ein Rathaus von Harald Deilmann, frei, sehr frei nach Kevin Lynch, Stichwort: ‚Merkzeichen‘.

Es muß in diesem Zusammenhang aber auch der Verkehrsplaner ein Lob abbekommen. Er hat es geschafft, zugunsten der Stadterhaltung die Stadt nicht in Erscheinung treten zu lassen, dem Autofahrer also das Stadtbild zu verschweigen. Dies relativiert die Enttäuschung.

Doch in allem Ernst: ich muß das Kapitel ‚Wir sind da!‘ mit dem Eindruck beschließen, daß die Städte, die wir sahen, ihren Stadttoren, wenn sie nicht auf der Denkmalliste stehen, in der Regel nicht das mindeste gestalterische Bemühen angedeihen lassen. Ich nehme das Tor hier als Figur, als Stadtbau-Figur. Selbstverständlich, diese Figur bezeichnet nicht mehr und kann nicht mehr bezeichnen den Ort der Ein- und Ausgangs-Kontrolle, der ehemals einzigen Öffnung auf Sicht in der Stadtumwallung, die dann auch deren schwächste und darum doppelt und dreifach armierte Stelle war, was wiederum in Baumasse und Bauhöhe ausgedrückt wurde. Es hat die Figur des Tores aber doch immer noch etwas damit zu tun, wie man und wo man einer Stadt ansichtig wird. Daß ein Ort sich vor unseren Augen zur Stadt entwickelt, daß aus Bebauung ein Stadtwesen wird, in der Annäherung von außen, wir erleben das nur noch als Zunahme der baulichen Verdichtung. Wir sagen uns: dichter kann's nicht werden, also sind wir wohl schon mittendrin, das muß wohl schon die City sein. Ich finde diese ungenaue Stadt-Selbstauskunft nicht sehr befriedigend. Kann nicht auch die Neu-Stadt sagen: hier macht die Stadt meines Namens mit sich Ernst, hier an dieser Stelle unterbricht sie ihren Zufall und zeigt eine Zäsur in der neueren Stadtentwicklung vor, ein Motiv ihrer Notwendigkeiten, das hinführt auf ältere Notwendigkeiten, etwa daß die Stadt einst verbarrikadiertwerden mußte. Es kann ebenso auch ein Motiv ihrer älteren Freiheiten sein: der alten Stadtfreiheit, der Domfreiheit. Das meine ich, wenn ich hier von Toren spreche. Manche Bahnhöfe sind Tore in diesem Sinn.

Jetzt meine ich aber: Schön, daß wir da sind! Und nun können wir losgehen zum zweiten Kapitel.

2. Wie spät ist es?
Ich habe jetzt halb fünf. Schon verdammt duster, da werden wir nicht mehr viel sehen. (Wir reisten ja bis weit in den Oktober hinein.) Wir werden nicht mehr viel sehen. Wirklich nicht? Es kommen die Silhouetten zur Geltung; und dann schließt die Dämmerung den Raum. Die Stadtbildpflege erhält kräftige Unterstützung, und die Denkmalpflege auch, soweit sie über dem ersten Obergeschoß gepflegt hat. Unten gerät ihr die späte Tageszeit zum Nachteil: die eingeschnittenen Läden und Glaspassagen mit den mächtigen Balken aus 3-cm-Brettchen dazwischen im Spot-Light, dreidimensionales Trompe-l'œil. Da sieht man gar nicht wenig. Die Beurteilung saugt Honig aus dem Detail, was, zugegeben, die Gewichte verschiebt. Je dämmriger, umso dichter an Holz, Stein und Beton; und umso nachsichtiger mit dem Städtebau, über den die Rushhour hereinbricht. Vor zwei Stunden, sagt der Stadtbaurat, hätten Sie das hier ganz anders gesehen. Ich war mit knapper Not 100 m neben einer Ampel über die Landshuter Altstadt, diese so genannte großartige hauptstädtische Straße gekommen, in einer Art von privatem Protest gegen die totale Inbesitznahme des lang gestreckten Straßen-Platz-Raums durch die Autos. Nun, wir hatten ja noch Glück gehabt, wir sahen anfangs die Landshuter Altstadt gerade mal eben noch mit weniger Autos, jedenfalls weniger fahrenden.

Wie spät also ist es? In Landshut oder auch in anderen Städten. „What time is this place?" – Welche Zeit ist dieser Ort? – So hat Kevin Lynch gefragt und aus seiner Antwort ein kleines Buch gemacht. Ich will das hier nicht referieren, sondern mir nur die Fragestellung zunutze machen.

Die Frage ist ja doppelbödig. Welche Zeit hat sich im baulichen Gesicht der Stadt am nachhaltigsten abgebildet? Welche Zeit, welches Jahrhundert, welches Jahrzehnt, welchen Stil, welche historische Konstellation von Geist, Macht und Lebenswille stellt sie uns vors äußere oder innere Auge? Wie bewahrt sie sich so? Was erlaubte ihr, sich so zu bewahren? – Aber diese Frage kann auch heißen: Was und wie lebt sie denn unter und mit dem Bewahrten? Was ist ihre Zeit heute? Oder: Ist heute ihre Zeit? Antworten darauf lassen sich schwerlich aus Impressionen während zweier Stunden am Vormittag oder Nachmittag ableiten. Aber die Eindrücke geben doch Vermutungen Raum. Ich kann sie, da ich nicht an Beispielen kleben und auch keine setzen will, in einer Vermutung zusammenfassen: Es ist nicht der Grad der historischen Prägung, nicht der Prägestempel einer Stadtgestalt, es ist nicht die Reinheit der Stil-, der Form-Zeit, der in Grundriß und Bauten erstarrten Zeit, die mitteilen, welche Zeit die Stadt lebt; welche innere Zeit sie hat. Landshut ist, da ich es nun schon einmal genannt habe, alles andere als eine museale Stadt, obschon es wie kaum ein anderer vergleichbarer Ort empfindlich ist, zuhöchst empfindlich gegen Eingriffe, die aus heutigen Lebensumständen und auch aus unserem Lebenswillen heraus durchaus als zweckmäßig zu motivieren wären. Dieses geradezu scheußlich empfindliche Landshut – in einem späteren Kapitel „Falsche Zähne" komme ich auf diesen Eindruck noch einmal zurück –, dieses städtebauliche Kleinod, ist – mein Eindruck – up to date.

Aus diesem Eindruck habe ich den Eindruck gewonnen, daß sich dieser sehr vernachlässigten Frage weiter nachzugehen lohnt: Welche Zeit ist dieser Ort? Welche Zeit lebt er? Ich glaube, Rückständigkeit, Lähmung, Stagnation sind weder mit stadtwirtschaftlichen Argumenten noch mit Stadtgestalt-Befunden hinreichend zu erklären. Um einer schon vor der Dämmerung vor sich hindämmernden Stadt auf frischere Sohlen zu helfen, kann weiteres Bohren vielleicht dienlich sein. Aber ich vermute, es ist ein dickes Brett. Wir haben nach der Orts-Zeit gefragt. Fragen wir nun:

3. Wie wird das Wetter morgen?
Für Reisende mit kleinem Koffer ist diese Erkundigung nicht unwichtig. Sie hat ja nicht nur Konsequenzen für die persönliche Zurüstung vor dem Hotelfrühstück – kein Unterhemd oder zwei Pullover übereinander –, sondern auch für den Gegenstand der Reise. Landshut – nur noch mal zur Anknüpfung –, Landshut im Nebel ist Landshut ohne St. Martin.

Mein Eindruck – leider; der 131 m hohe Kirchturm aus Backstein, der überhaupt nirgends seinesgleichen hat, kommt in meiner Erinnerung nicht vor. Und mein Eindruck von Bamberg; es fegt da dauernd ein kalter Wind die Gassen der Bischofsstadt hinunter. Auch der Dom versagt seinen Schutz. Schon geschlossen. Gleich nebenan ein neuerdings zu Denkmalwürde gebrachtes Bürgerhaus-Hotel. Darin darf man nicht wohnen. Bamberg: heimelig frierendes Barock, Eis an den Tapeten und was barocke Erinnerungen sonst hergeben. Aber Freiburg im sonnigen Breisgau – ein schütterer frischer Regen hat's gewaschen. Und jetzt ist eitel Sonnenschein. Die Stadtbächlein eilen flinkernd flink dahin, über der neuen Altstadt lustige weiße Wölkchen, die bald Schwarzwaldtannenaroma haben werden. Stadtführer Humpert schüttelt Begeisterung aus den Hemdsärmeln. Die Corona läuft und läuft und läuft; und zuguterletzt auch noch nach Andenken. Und dies nach fünf strapaziösen Stadtwandertagen und am Samstagmittag.

Da sage mir einer, mit dem Wetter hätte es für die Städte und ihren Bau nichts auf sich! Mit dem Klima, mit den Sonnenscheindauerstunden, mit der Temperatur von Regentropfen, mit den Winden, woher sie kommen, was sie herantragen, wohin sie gehen. Auch das ist eine Stadt-Frage: Wann kommt hier der Frühling? Was, Anfang März? Noch nicht ganz. Also zu Ostern! Was Wunder, daß der Freiburger Stadtplaner unter solchen Umständen gehalten ist, der überbordenden Urbanität in Freiburgs Gassen gegenzusteuern. Der Amtsleiter in Osnabrück kann sich das sparen. Er muß sich Sorgen darüber machen, welche Art von Indoor-life sich ins Fußgängerparadies am Hegertor einschleicht. Der Teutoburger Wald, unterstes Mittelgebirge, von Wintersportwetterberichten absolut ignoriert, macht alleweil Regen. So liefen denn auch nicht viele Leute in Osnabrücks reinlichen Fußgängergassen herum außer uns Hergefahrenen. Auch dieser Eindruck läßt sich wieder auf einen Nenner bringen: Quod licet Freiburg, non licet Hamburg – man verzeihe den Ortsnamenwechsel, aber es reimt sich auch sachlich richtig. Schon und selbst ein Werner Hebebrand konnte nichts dagegen ausrichten, daß sein Stammcafé, in dem er Mittag für Mittag mit einem ordentlich eingerollten Regenschirm am Arm und steif behüteten Kopfes erschien, seine Pforten für immer schloß. Es war damals, zu Hebebrands Zeit, das letzte Stadtcafé. Dies zum Wetter, das auch Stadtplaner immer besser aufmalen oder einmalen in ihre Stadtleben-Prognosen nach Fertigstellung der weit reichenden Fußgänger-Maßnahmen. Das Stadt-Wetter hat – um diesen Eindruck ebenfalls loszuwerden – mit der Stadt-Zeit zu tun; und zwar eine ganze

Menge. Aber offenbar noch nichts – jedenfalls wurde mir das bisher nicht ersichtlich – mit Stadtplanung oder Stadtbauvorstellungen und dergleichen. Wunderbarerweise ist aber doch wenigstens eine Wirkung des Wetters auf die Städte zu verzeichnen. Dieser Wirkung gilt das nächste Kapitel.

4. Bodenbedeckung

Obwohl wir in der gemäßigten Breite leben, nur ganz selten Regenwassermangel haben und also auch kaum Sorgen mit ariden Böden und Flugsand, sind die Eindrücke von der Behandlung des städtischen Grund und Bodens dennoch zwiespältiger Natur. Müssen sie ja auch sein. Es gibt in der Stadt zwei Bodenbedecker: den Stadtgärtner und die Strabag; genauso gut kann man sagen: Pflanzen und Mineralien. Diese zweierlei Natur hat in der freien Natur eine enge, eine – wie man heute sagt – ökologische Bindung. Nicht so in der Stadt. Hier ressortiert das Pflanzliche und das Mineralische ganz verschieden. Und das merkt man. Ressorts nämlich – alle bessere Hoffnung hat da bisher getrogen und wird weiterhin trügen – Ressorts entwickeln sich verschieden, um nicht zu sagen: auseinander. Meist so weit auseinander, daß sie sich gegenseitig nichts mehr vormachen können. Das enthebt der Mühe, voneinander zu lernen.

So ergibt sich in den Städten – traue ich meinen Eindrücken – folgendes Bild: Die Stadt-Gärtnerei erscheint umso besser, je mehr zusammenhängende Quadratmeter mit Grünzeug zu bedecken sind. Je größer der Park, umso ansehnlicher die Bürgerweide. Je größer das Stadion, umso englischer der Rasen. Je topographischer das Gelände, umso botanischer die gärtnerische Phantasie. Wo jedoch kleinere oder größere, längere oder breitere Löcher in der mineralischen Stadtbodenbedeckung verblieben sind, sei's Zufall, sei's Absicht, bedient man sich, und auch das nur mit mäßigem Erfolg, jener Mittel, denen städtische Friedhöfe ihr Aussehen verdanken. Zwei dieser Mittel verdienen, hervorgehoben zu werden: Exotik und Chemie. Das macht zusammen eine bürgerliche Ehe: Immergrün und ohne natürliche Töchter, ohne Unkräutlein. In Sachen Unkraut rotten sich offensichtlich – mit Ausnahme von Herrn Le Roy in Heerenveen und Löwen, gegen den aber die Polizei einschritt – alle Gärtner zusammen, um auszurotten. Dabei weiß jedermann, daß erstens jede Gartenblume ihre Existenz einem ,Unkraut' verdankt, und, zweitens, Unkräuter die ersten, mutigsten, bedürfnislosesten, ausdauerndsten Siedler auf Stadtböden sind. Und es gibt so'ne und so'ne. Es gibt sehr schöne.

Aber fast in allen Städten, sogar in den ganz alten, gibt es ein Reinheitsgebot. Es gebietet, nur Pflanzen zuzulassen, die unter Glas in Papptöpfchen vorgezogen sind oder den Winter in Kellern überstehen. Anderes darf nicht Wurzel fassen, auch wenn unser Wetter danach ist. Mit einem Wort: ich sah allüberall Geranien und fand das auch schön. Nach anderen Storchschnabelgewächsen suchte ich vergeblich.

Die anderen Bodenbedecker, die Straßen- und Wegebauer, sind indes kräftig dabei, den Stadtboden, den sie dreißig Jahre lang mit einem Erdöl-Derivat fugenlos vergossen hatten, aufs neue mit Ritzen zu versehen, mit Fugen, mit rauhen Unterschieden. Was wieder mit dem Wetter zu tun hat: rauh muß der Boden sein, niemand soll glitschen. Feldspat, Quarz und Glimmer sind fast über Nacht wieder zu Ehren gekommen. Gneis und andere Schiefer, Grauwacke und anderes Sandgestein, Granit und Kalk – kurz, was deutsche Steinbrüche nur hergeben, wird in die alte deutsche Stadt gekarrt, um ihr einen neuen Boden zu bereiten. In lehmigen Gegenden hat man sich des hartgebrannten Ziegels erinnert. Nur Basalt vermißte ich. Ich sah ihn nur in Säulenform als Prellstein. Mit den Steinen ist es ja wie mit den Menschen und Borsdorfer Äpfeln, von denen Jean Paul sagte, nicht die glatten seien die besten, sondern die rauhen mit einigen Warzen.

Ist die galoppierende Bewegung, die Städte von Grund auf ästhetisch wiederzubeleben, vor allem da, wo man läuft und das Fahren untersagt ist, sehr zu loben, so hat auch diese Bewegung – wie jede Bewegung hierzulande – ihre Animateure. Sie kommen, so war mein Eindruck, aus der Textilbranche, und zwar aus der gehobenen. Sie bringen es fertig, Stadtplätze von kleindeutscher Historie nicht nur mit Damast-, sondern wahren Jacquard-Mustern zu überziehen. Ebenso oft aber ist zu beobachten, daß man sich, da es bei uns Pfützen regnet, dazu animieren läßt, die Fußgängerstraßen und -plätze mit Kringeln zu überziehen, die sich wie in einer Pfütze, auf die es regnet, gegenseitig auffressen oder zum Ornament plattstilisiert sind.

Doch selbst die kostspieligen Fehler und Verirrungen zeigen noch an, daß die Zeit der Mono-Nutzungen und Mono-Zwecke und jedweder Monomanie abgelaufen ist. Wo der Zugriff nicht private Erlaubnis voraussetzt, im öffentlichen Raum, besorgen sich die Bürger neuen Boden unter die Füße. Da ich sie nicht für fanatische Fußgesundheitsapostel halte, glaube ich, daß sie es der seelischen Hygiene wegen tun. Die vielberufene Nostalgie gehört dazu. Womit wir beim nächsten Kapitel wären:

5. Falsche Zähne

Was macht der Zahnarzt, wenn einem Raucher wie mir ein Zahn ausgeschlagen wird? Er setzt einen grau-braunen ein, damit die lädierte Physiognomie in sich stimmig bleibt. Ich glaube nicht, daß der Vergleich hinkt: es gibt Straßenseiten oder Platzfronten, die eine ähnliche Empfindlichkeit gegen auffällige Veränderungen haben wie die Reihe unserer sichtbaren Zähne. Es kommt in dieser Schärfe zwar selten vor, aber es gibt es. Und zwar sowohl in Fachwerkstädten wie in steinernen Städten. Diese Stellen sind die denkbar ungeeignetsten Orte, das Gesicht unserer Zeit aufzusetzen. Sie sind die denkbar geeignetsten Orte, Baugesinnung zu beweisen. Ich sage nicht: diese oder jene Baugesinnung, sondern einfach nur Baugesinnung. Sie ist, sagte ich, an diesen Orten zu beweisen, also zu zeigen, offen zulegen. Das schließt ein „als Ob" aus.

Man weiß, was man dem Ensemble schuldig ist: eine Rekonstruktion auf Heller und Pfennig.

Diese Fälle sind, aufs Ganze gesehen, Ausnahmen. Und darum müssen sie, ganz gleich wie die Rechnung ausfällt, auch bezahlt werden, mit Sorgfalt so gut wie mit Geld, mit der gegebenen Einschränkung von Nutzung so gut wie mit fehlenden Wohnwerten. Bebauungstiefen und Verschattungen braucht man erst gar nicht zu messen.

Die meisten Straßen- und Stadtplatz-Physiognomien sind indes anderer Art, wiewohl nicht weniger historisch als jene hochempfindlichen. Es sind die nicht gebundenen Gesichter. Sie werden gebildet durch das Zusammentreten von Bauindividuen, existieren also nicht als Einheit, sondern als Summe. Und je nach Stärke dieser Summe – die sehr schwer zu definieren ist – können ein oder auch mehrere Glieder ruhig ruinös, kaputt, verdorben sein, ohne daß das Gesamtgesicht deswegen zuschanden ist oder geht. Die Regensburger Bauensembles zum Beispiel würde ich dieser Kategorie von Gesicht zuordnen.

Nun bemerkt der Altstadt-Rundläufer aber folgendes: Er sieht die Städte am Werk, aus ihren Summen-Gesichtern mit Gewalt und Zutat und Umbau und ‚Rückbau' Einheitsgesichter zu machen; oder er sieht eine verbissene Bemühung, in diesen zusammengesetzten Gesichtern um jeden Preis zu rekonstruieren, statt den Spielraum, den das Ensemble der Hausindividuen läßt, für ein neues Wort zu nutzen. Was wir da sehen, sind zwei Seiten derselben Medaille.

Auf der einen sehen wir den Purismus am Werk, den wir uns im Neuen Bauen als ethische Haltung angezogen haben, doch nun auf alte Substanz gewendet. Auf der anderen Seite agieren wir wie hypnotisiert von

Ängsten, ein Mißlingen eigenen Gestaltens könnte uns ein weiteres Stück Absatz von den Stiefeln treten, wenn wir überhaupt noch auf Absätzen stehen.

Purismus plus Angst plus Gutgläubigkeit bestimmen den Umgang mit vielen unserer alten Städte – und noch etwas, von dem gleich die Rede sein wird. Purismus, Angst, Gutgläubigkeit ergeben, als Psychogramm gelesen, unterm Strich: Restauration, nicht reaktive, sondern reaktionäre Restauration. Wo Restauration betrieben wird, sind auch Restauratoren.

6. Gebrannte Kinder

An jeder Stadteinfahrt, spätestens am Stadttor warten zwei, drei unauffällige Herren, manchmal in Jeans oder Parker, manchmal korrekt gekleidet, aber sämtlich ohne Hut. Sie tragen irgendwelche Mützen, wenn ihnen kalt ist. Einer hat in der Regel eine längliche Umhängetasche von der Schulter baumeln oder – seltener – sich eine Aktentasche unter den Arm geklemmt. Dieser ist in aller Regel der Planer unter den Stadtführern, die die Städte der Bundesprüfkommission andienen. Keine Stadt oder Gemeinde, die nicht ihren oder einen Planer ins Frage- und Antwort-Spiel geschickt hätte. Ich kann mich jedenfalls nicht erinnern, daß es irgendwo anders gewesen wäre.

Es sind durchweg jüngere Leute. Sie sind intelligent, nüchtern, kritisch, ehrlich. Sie sind Pragmatiker, die wissen, daß sie Pragmatiker sind und warum sie es sind. Sie reden nicht heraus und herum, sondern argumentieren. Sie wissen, was sie tun, und wissen auch, daß sie vieles offen oder besser leer lassen von dem, was sie unter Planung verstehen. Man kann nicht sagen, daß sie angepaßt sind; denn sie bewegen sich zumeist an den Rändern des Möglichen. Manche vollführen einen Balanceakt – oft zugunsten der Stadt, gleichzeitig aber immer auch, um ihren persönlichen Schwerpunkt über den Beinen zu halten. Sie haben sich dieses oder jenes Kalkül zurechtgelegt und leisten sich Geduld. Was nicht heißt, daß sie sich Ruhe lassen. Sie sind engagiert, das Gegenteil von Jobbern, und haben die Ruhe weg. Sie brauchen ihr Temperament nicht zu verstecken. Es ist, ganz gleich, wie es sich äußert, in einer oft stupenden Stadtkenntnis abgesichert. Mit einem Wort: Kanalarbeiter.

Wenn Bürgermeister oder Oberbürgermeister oder Stadtdirektoren da kommen beim Stadtrundgang, zeigen sich, wie auch nicht anders zu erwarten, Meinungsverschiedenheiten, differierende Einschätzungen eines Problems, einer Maßnahme, einer Absicht. Aber nur in einem Fall vermißte ich die gegenseitige Achtung.

Sind diese Planer, diese wunderliche Spezies von Planern, die in die Gemeinden gegangen sind – sind sie besagte Restauratoren? In der Tat, sie sind es. Sie kommen aus der Schule von Lehrern, die wenn nicht Global-, so doch Gesamtplanungen auf den Brettern hatten. Und sie haben sich mit den Lehrern zusammen daran die Finger verbrannt. Nun halten sie sich an „small is beautiful" – was sehr menschlich ist und auch ihre besondere Menschlichkeit ausmacht. Auch sehr shakespearisch ist: „Wer auf einer glatten Stelle steht, verschmäht den schnödesten Halt zur Stütze nicht." Sie haben in der Kernstadt-Restauration den schnöden Halt, den fest in der Bürgerschaft abgesicherten Halt für alle weitergehende Planung. Und dieser schnöde Halt macht ihnen, das wird nicht geleugnet, zudem Spaß. Es ist nämlich da ein Fortkommen.

Mit anderen Worten: diese Generation von Planern macht sich aus der Stadtrestauration ein Mittel zur Planung. Sie durchschaut, was sich da tut in den Bedürfnistrends; und durchschaut manchmal dabei auch sich selbst.

Diese Leute finden offensichtlich die Partner, die sie brauchen, wie sie von jenen gefunden werden. Ich mußte mich doch immer wieder fragen: wie kommt ausgerechnet dieser Kerl in diese Stadt? Mit fremdem Dialekt und oft auch falschem Parteibuch.

Ein Partner ist für diese Leute indes ausgesprochene Mangelware: der Architekt, der sie erstens versteht und der zweitens das gestalterische Kopf- und Handwerkszeug hat, die Planungsrahmen so zu füllen, daß der Plan mehr hergibt, als der Planer selbst hoffen konnte.

Kein Wunder, daß der Planer das Risiko scheut und lieber ansieht, wie aus einem Betonskelett ein rassiges Fachwerk aus der Schreinerwerkstatt wird, mit Schwelle, Ständer, Balkenkopf, Knagge und Rähm, 4 cm dick und hoffentlich hinterlüftet, als ein Holzfachwerk des späten 20. Jahrhunderts zu verlangen oder gar dazu selbst anzustiften.

Einen weiteren negativen Eindruck aber muß ich noch loswerden. Er geht aufs Konto des Planers. Die korrumpierendste aller Korruptionen ist die Sprache. Das gilt auch für die Architektur. Wer als gebranntes Kind die eigene Sprache ausläßt, denkt über kurz oder lang in der anderen, der er sich nolens volens unbequem. Wer Dekorations-Fachwerk zuläßt, dekoriert bei Gelegenheit selbst mit Balken aus drei Brettern.

7. In sitzender Stellung
Eigentlich ist dies kein rechtes Kapitel, sondern nur ein Hintergedanke. Weil auch er auf einem Stadt-Eindruck beruht, möchte ich ihn nicht

hintenansetzen. Auf einer Städtereise stellen die Städte einem ja immer wieder die Gretchenfrage: Sag, wie hältst Du's mit dem Wohnen hier? Würdest Du hier wohnen wollen oder wenigstens wohnen können, wenn Du müßtest? Diese Frage kommt einem regelmäßig im Sitzen. Jemand redet, man hört nicht zu, sieht zum Fenster raus. Ertappt sich dabei, sagt sich: Komisch, jetzt sitzt du hier in Goslar, oder in Detmold, oder in Winterberg. In einem Raum, den die Stadt, in der du sitzt, dafür bestimmt hat. Auf einem Stuhl, oder Sessel, den nicht der Zufall, sondern ebenfalls eine Entscheidung in diesen Raum hineingestellt hat oder den man, auch das ist ja eine Entscheidung, darin stehen ließ. Kurz, er wurde ausgewählt, oder man ließ ihn gelten. Nach dem Spruchmotto von der Wartburg: „Sitzest du gut, so sitze feste, Alter Sitz, der ist der beste."
Nun, alter Sitz war nicht immer der beste. Aber die erste Verszeile hatte es in sich. Wo ich gut saß, wo mir eine gute Sitzgelegenheit angedient wurde, da hätte ich wohl auch fest-sitzen, sitzen-bleiben, sprich wohnen können. Eine Mutmaßung, mehr nicht. Aber es hatten die Stühle in den Städten etwas mit dem Wohnen in den Städten zu tun. Da gab es eine seltsame Verbindung, eine Affinität, eine Schwägerschaft.
Sicher kann man mit Hotelküchen, zum Beispiel, ähnliche Befindlichkeits-Spiele anstellen. Aber da kann ein Koch dafür oder ein sparsamer Hotelier. Es ist eine Person im Spiel, eine Privatperson.
Die Geschmacklosigkeit eines Stuhls, nehmen wir an, sie sei gegeben, ist eine öffentliche.
Ich stehe nun aber schnell wieder auf und gehe weiter.

8. Hartleibigkeit
Eine Folge der sitzenden Lebensweise ist Hartleibigkeit. Ich komme nicht von ungefähr darauf.
Wenn man unsere Kleinstädte und Marktflecken aus etwas Distanz betrachtet, so, daß sie mit ihrem Gesamtbild auf uns wirken oder doch mit einem wesentlichen Teil des Gesamtbildes, so hat man in der Regel den Eindruck von etwas Weichem, weich Gefügten, von etwas, das sich wie in erstarrtem Fluß angepaßt hat an die topographische Situation. Aber auch in sich ist das Stadtbild, trotz aller Kanten, vergleichsweise weich. Nicht von ungefähr haben wir den Ausdruck Weichbild; wich-bild; Wich kommt aus der gleichen Wurzel.
Dieser Eindruck verläßt einen auch nicht, wenn man durch die Straßen und Gassen geht. Selbst aufgereihte Fachwerkfronten, die eo ipso mit

Kanten, Ecken aufwarten, erscheinen wie überzogen von Kennzeichen des Verschliffs, des Abriebs, des Zurückgerundeten. Die Gebäudeoberflächen sind nicht kraß nur Oberflächen und nichts sonst. Es ist da immer, wenn auch noch so minimal die dritte Dimension, die Tiefe, spürbar. Der Effekt davon ist ein psychologischer: die Bauten wirken nicht aufdringlich. Und das gilt auch da, wo man einen großen Eindruck von einem Bau hat, wo man im Anschauen eines Hauses, einer Straßenfront, einer Platzwand hingerissen ist. Das Wort schon sagt es: hingerissen wird man, und nicht bedrängt, weggedrängt durch Aufdringliches.

Genau das aber geschieht einem in fast jedem dieser kleineren Orte; und auch in Mittelstädten noch: daß da plötzlich pure, harte Oberfläche auf einen einstürzt, drei Ausrufezeichen hinter sich herziehend: Kapital, Anspruch, Macht! Man braucht die Brille nicht aufzusetzen: mit solcher Aufdringlichkeit setzen sich nur Stadtsparkasse, Kreissparkasse oder Raiffeisen und Kompanie in Positur. Rücksichtslos, hartleibig, aggressiv. Durchweg Resultate einer feinen Erpressung, so fein gesponnen, daß die Erpreßten ihr zugestimmt haben, ja, die gelungene Erpressung stolz in Feierreden und Ortszeitung kundtaten: ein vorbildliches Bauwerk, ein Geschenk an die Stadt. Da können Geschäftsleute nur nacheifern. Und das sieht man denn auch in den Ladenzonen.

Unverständlich bleibt mir bei alledem nur, warum sich die Geldinstitute mit Schaufensterfronten ausstatten, in denen man in der Hauptsache nur gefältelte Stores sieht.

Im Übrigen gilt das auch für alle jene Fälle, in denen sich die Sparkassen und Banken ein historisches Gebäude zurechtmachen. Die aufdringliche Geste bleibt, und liege sie nur darin, daß mit excessiver Erneuerung der Außenhaut alle Erneuerungsmaßnahmen ringsum, einschließlich der vom Denkmalpfleger persönlich geleiteten, auf die Plätze verwiesen werden. Von dieser Art ästhetischer Erziehung der Bürgerschaft ist nur ein Schritt zu jener anderen, die ich umschreibe mit:

9. Horror vacui historiensis
Dieser Schrecken grassiert umgekehrt proportional zu wirklichem Geschichtsbewußtsein. Je mehr Oberfläche das geschichtlich Gewordene abwirft, um heutiges Leben damit zu garnieren, umso tiefer greift der Schrecken über leere Stellen, leere Flächen, die des historischen Aufputzes entbehren. Und zwar auch dann, wenn diese Stellen und Flächen von jeher des Schmucks, der Auszierung entraten haben, weil niemand auf die Idee dazu kam. Es gibt keine Zeit, die nicht eine leere Fläche, eine

In Melsungen/Hessen (Schwalm-Eder-Kreis), 15.000 Einwohner

schmucklose Mauer, eine nackte Wand ertragen hätte. Und womöglich noch mit Lust.

Es gibt mehrere Gründe dafür, daß die Bürger, zumal in historisch bedeutsamen Orten, heute eine ruhige Fläche als leer, ein undekoriertes Wegstück als langweilig, einen homogenen, nur den Baustoff zeigenden Körper als nackt empfinden.

Es liegt da vor eine Rhythmusstörung des Sehens – vergleichbar einem permanent jagenden Puls mit Extrasystolen dazwischen, vergleichbar auch mit falschem Atmen: das Ausatmen kommt zu kurz.

Es liegt weiter vor eine Folge der ästhetischen Verbildung durch die Zweck-Bauerei der letzten Jahrzehnte, das die Begriffe Maßstab, Proportion, Gewicht nur noch im Munde, nicht mehr am Bau führte – obschon man noch wissen konnte, aus welcher Schule die Wortführer des Neuen Bauens gekommen waren.

Es liegt drittens vor ein gerüttelt Maß an Liebedienerei von Seiten der Bauamtsträger: sie wollen dem Denkmalpfleger mit dem Eingipsen von Spolien beweisen, wes Geistes Kind auch sie sind, und zugleich den Bürgern vormachen, daß auch der Bruchstein aus einem Gemäuer des 14. Jahrhunderts geschichtsgeschwängert ist.

Viertens spielt mit hinein, und zwar kräftig, was ich unter den Stichworten Purismus, Angst, Gutgläubigkeit anmerkte.

Schließlich gehört zu den Gründen des Schreckens vor leeren Stellen ein Befund oder Eindruck, dem das nächste Kapitel gilt.

10. Konsumartikel

Das ist nun ein weites Feld, wenn ich über all das hinaus gehe, was über Konsum und Konsumenten und Konsumgesellschaft geschrieben worden ist, und mich auf Grund meiner Eindrücke darauf versteife, daß die Stadt, die Kernstadt, die Altstadt, der historisch gegründete und als solcher erlebbare Stadtbereich selbst zum Konsumartikel gemacht worden ist. Wir fressen ihn auf mit jener schnellen Gier, die, wie wir aus Erfahrung wissen, alsbald zur Übersättigung führt. Da sind die Augen größer als der Magen. Da ist die Hysterie dem Anlaß und Gegenstand nicht angemessen. Da gehen wir, um den Grundgedanken von Erich Fromm aufzunehmen, den Weg des Habens und nicht den des Seins. Ich werde den Eindruck nicht los, daß die Altstadtfreunde mitnichten Altstädter sind oder falls doch, dann geschäftlich Geschäfte. Zuviele Freunde des Berliner Kreuzbergs sah ich nach ein, zwei Jahren wild entschlossenen Sanierungsfahnenschwenkens nach Charlottenburg ziehen, woher sie gekommen waren. Man will die Altstadt intakt haben, weil Kaufen da mehr Spaß macht, weil man in urige Kneipen fahren will, weil sich die Altstadt vorzeigen läßt.

Ich ziehe diesen Eindruck aus der Beobachtung, daß es nur in Ausnahmefällen die sozialen und hygienischen und Wohn-Notstände sind, die Anlaß zur Altstadterneuerung geben – wohl verbal, das Hilfsanliegen, die Wohltätigkeitsmaßnahme rangiert in den Reden immer ganz vorn –, sondern daß es die sehr erwünschten Nebeneffekte der Sanierung sind, die mit Sicherheit zu erwartenden Nebengewinne, die die Entscheidung zum Kehraus und wieder Kehrein erst beflügeln: als da sind Prestigegewinn – wir sind wieder wer –, Mitte-Gewinn – alles guckt wieder aufs Rathaus –, Identitätsgewinn – wie die Alten sungen … –, und nicht zuletzt Umsatzgewinn.

Nichts davon ist zu verübeln, nur sollte man nicht so tun, als ob die Stärkung der Existenzgrundlage, die sich eine Stadt mit der Erneuerung ihres historischen Kerns verschafft, nicht auch diesmal wieder, wie seit eh und je, auf Lebenskosten der Schwachen und Schwächsten geht. Wenn man davon spricht, dann nur mit der tränennassen Floskel von den leider, leider ,unvermeidbaren Härten'. Jeder Fortschritt habe seinen Preis. Wenn man doch wenigstens sagen würde: hat *diesen* Preis – den wir nicht bezahlen können und auch nicht müssen.

Wir kommen damit zu den Gemeinplätzen.

11. Gemeinplätze
Wer Eindrücke mitteilt, hat bereits über die Eindrücke reflektiert.
Wer Reflexionen mitteilt, teilt Interpretationen mit.
Wer Interpretationen gibt, fällt Urteile.
Es hat – und dies will ich zum Schluß anmerken – auch Eindrücke gegeben, Eindrücke von und in den alten deutschen Städten, die man wie einen Text abgelesen hat, ohne gleich Reflexion und Interpretation hineinzumengen.
Die Textur der Städte als Text aufnehmen und es dabei belassen – das hieß, der Rolle des Kommissionärs abtrünnig werden, hieß, sich von der Truppe entfernen. Heißt hier und heute nur feststellen können: Wir sind immer noch reich an schönen Städten. Und die Städte sind immer noch reich an Unverwechselbarem. Einige Städte aber sind sich gleicher. Und die sind verdammt schön.

12. Re(s)-Sentiments

Die Medaillen im Wettbewerb „Stadtgestalt und Denkmalschutz im Städtebau" sind vergeben.

Bundespräsident und Bau-Staatssekretär sind abgereist. Für die Planer und Stadtgestalter, die sich das öffentliche Lob diesmal selbst abholen durften, ist wieder Alltag. Auch der Redakteur, der über lange (Reise-) Wochen hin in die Rolle eines Bundeskommissionärs geschlüpft war, sitzt wieder am Schreibtisch. Er prüft sein Innenleben: Der Schrecken vor so viel aufgefrischtem Fachwerk hat sich etwas gelegt.

Der Ärger über imitierte Balken ist kleiner geworden. Das Eindringen in den Jahrhundertschutt steinerner Städte dünkt ihm nicht mehr so schmerzhaft, wie er es vor Ort empfunden hat. Die frischen Farben an den alten Wänden bleichen in der Erinnerung schon aus. Das schöne Gefühl, ein Fremder zu sein, dem dennoch (fast) jede Tür offen steht, ist Erinnerung.

Die eigenen Urteile sind, kaum noch kenntlich, in Bewertungsprotokollen aufbewahrt. Einsichten, die in Gesprächen unterwegs vage aufschienen, oft gerade dann, als Müdigkeit überhand nahm, sind längst wieder abgesunken. Die frischen Erfahrungen beginnen sich den alten anzugleichen. Manche Bilder aber sind immer noch ohne Schärfeverlust.

Der Geruch des Abgelegten, Abgewohnten hält sich aufdringlich.

Ungeduld greift aufs neue Platz. Sind wir wirklich ein Volk gewissenhafter, produktiver Restauratoren, wie es uns vorkommen mußte an einem halben Hundert wohlbewahrter Orte?

Es nagt stille Wut in einem.

Man hat über Wochen hin die eigene Zeit entbehrt.

Berlin-Kreuzberg. Teilgebiet ehemaliges SO 36

Mensch und Milieu oder
Anmerkungen auf dem Weg von der Wohlfahrt zum Supermarkt
1974

ℳ Wie Häuser altern auch Stadtteile. Sie werden verbraucht. Zumeist von einer Generation gebaut, werden sie der nächsten zur Heimat; deren Kinder zeigen sich bereits unzufrieden mit ihrem Stadtquartier, ändern und ersetzen; in der vierten Generation läuft es auf Verfall, Absinken, Entleerung und tief greifende Änderung der Sozialstruktur hinaus. Oder auf eine Wiederbelebung, ein Erkennen der besonderen Qualitäten des Überkommenen. Der Stadtteil spielt Phoenix. Diese Folge von Alterungs- oder auch Verjüngungs-Zuständen wird erst recht deutlich, wenn politische Kräfte schicksalhaft Änderungen herbeiführen. So wurde der Berliner Bezirk Kreuzberg durch den Bau der Mauer über Nacht zu einem Randbezirk. Der schnelle Niedergang schien besiegelt, wäre nicht der Name *Kreuzberg* wie unter einem Vergrößerungsglas zum „nationalen" Brennpunkt der Auseinandersetzungen über Stadterneuerung geworden. Im Herbst 1974 endlich zog der Bund Deutscher Architekten (BDA) mit seiner Jahrestagung in die drei Jahre zuvor zur besseren Nutzung umgebaute Martha-Kirche im alten SO 36. Klaus Duntze, dem Pfarrer der Gemeinde, und Hardt-Waltherr Hämer kommt das Verdienst zu, ein neues, geschärftes Bewusstsein für das „Milieu" geweckt zu haben, für dessen unersetzliche Besonderheiten, Eigenschaften und Lebenswerte. Es war kaum überraschend, dass im wiedervereinigten Berlin die *Milieu-Rolle* des vor dem Abriss bewahrten Kreuzberg auf das in einen desolaten Zustand geratene Quartier *Prenzlauer Berg* überging. Fast so, als ob die mutigen und zähen Bürgerinitiativen im Kreuzberg der sechziger und siebziger Jahre Modell gestanden hätten. Heute, im Jahr 2006, gelten aber schon wieder andere Maßstäbe. Eine andere Generation richtet sich ein. ℳ

Auch diese Architekten-Tagung steht in der Reihe der Versuche, sich selbst den Star zu stechen. Das ist ein ernstes Unterfangen, auch diesmal. Denn, wie Sie schon bemerkt haben und wie sich gleich noch einmal zeigen wird: es lauern Gefahren, wenn der getrübte Blick sich plötzlich im und am Milieu schärft. Das kann Schocks auslösen. Mit der Folge jenes fragwürdigen Verhaltens, das wir Panik nennen. Doch auch angesichts einer – im Augenblick vielleicht noch latenten Panik kann es beim Thema bleiben, bei „Mensch und Milieu". Das ist: „Wie das Leben so spielt". Indem ich von dieser Redewendung ausgehe, habe ich eine der erwarteten und erwünschten Annäherungen bereits vollzogen. Ich habe eine verständliche Redensart gebraucht. Wir brauchen diese Redensart immer dann, wenn etwas wider Erwarten, wider Willen, wider Plan geschieht. Etwas Nichteinkalkuliertes, etwas, das der Erfahrung zuwider lief; etwas, das man für unwahrscheinlich hielt oder das man als Möglichkeit verdrängt hatte.

Die Redensart „Wie das Leben so spielt" ist ein Eingeständnis. Sie ist das Eingeständnis der Imponderabilität von Wirklichkeit, sowohl jener Wirklichkeit, die wir vorfinden, die uns als Vorgefundenes umgibt, als auch jener Wirklichkeit, die wir als tätige (oder auch nur seiende) Wesen mit zubereiten. Zu dieser Unwägbarkeit, Unberechenbarkeit gesellt sich noch – auch dies gesteht man ein – das Unvergleichbare der je einzelnen, individuellen Wirklichkeit, das Unvergleichbare der persönlichen Biographie. Wer eine Begegnung, ein Ereignis, einen Vorgang mit dem genannten Kommentar versieht, der fügt sich. Er paßt sich an, auf daß das Unerwartete, das für unmöglich Gehaltene, das weder Gewünschte noch gar Geplante ihm nicht feindlich-fremd bleibe. Die Redensart beinhaltet insofern das Eingeständnis von Ohnmacht und das Einverständnis mit Ohnmacht. Wer sich ihrer bedient, ist dennoch keineswegs total entmutigt.

Er hofft weiter.

Genau das ist nun, meine ich, des Menschen Seelenzustand im Milieu; und genau aus dieser Seelenlage heraus entsteht Milieu. Es entsteht nicht absichtsvoll, vorsätzlich, nach Plan. Es wird vielmehr ein Vorgefundenes oder Gegebenes oder Aufgezwungenes nach den Maßstäben der eigenen Freiheit und Freizügigkeit eingerichtet, indem man sich selbst in ihm einrichtet, so gut es geht und soweit man damit gehen kann. Wo nicht wenigstens dieses sein darf, kann das Leben nicht mehr spielen. Da kann es nur noch funktionieren, und auch das nur im Sinn des bereits Vorgegebenen. Adrian und Stegemann merken sehr richtig an: „Das Verbot von Improvisation amputiert kommunikative Phantasie, mitbürgerliche Initiative, persönliches Engagement." Es gilt schon für die bloße Mechanik: Wo ein Teil sich bewegen soll, muß es „Spiel" haben. Die Achse im Lager, usw. Um wieviel mehr muß das gelten für den Bereich des Lebendigen oder gar des lebendig Intelligiblen. Nur ist dort das notwendige Spiel nicht meßbar und angebbar. Weil eben diese Wirklichkeit imponderabel und inkommensurabel ist. Keine Theorie geht da weit genug, und keine Wissenschaft kommt heil davon, ohne Knacks im System. Zumal Ideologien und Tagesparolen ist da ein schnelles Ende bereitet. Was kein Spiel hat, ist im Handumdrehen verschlissen. Wir können diese Verschleißvorgänge leichter verfolgen als den Minutenzeiger der Uhr. Es ist so, wie Martin Kessel – Berliner übrigens und Milieukenner dazu sagt: „Ideologien und Tagesparolen sind magische Quadraturen, es sind Bannflüche gegen die Imponderabilien der Wirklichkeit." Was also beginnen, wie beginnen? Nun, immer wieder von vorn, aber das heißt nicht voraussetzungslos. Wir haben ja eine Geschichte. Noch haben wir sie. Noch hat der ahistorische Mensch, diese sich außerordentlich rasch vermehrende Spezies, das Terrain nicht ganz besetzt. Auch nicht die Ahistorischen unter den Architekten, wie Ihre doch immerhin noch artikulationsfähige, dann und wann auch schlagkräftige Minderheit beweist. Sie hätte sich sonst schwerlich auf diese strapaziöse Suche nach dem Inbegriff des Begriffs Milieu gemacht. Denn wenn Milieu etwas Greifbares ist, so ist es immer und in jedem Fall – auch – Geschichte. Es macht da keinen Unterschied, was an sich ein gravierender, nahezu unübersteigbarer Unterschied ist: ob man drin lebt, oder ob man Milieu von außen in Erfahrung zu bringen sucht.

Nun also die Geschichte. Ich referiere ein historisches Gespräch, das in die Geschichte Ihres Berufsstandes gehört.

Am Freitag, dem 3. April 1829, ist, wie uns Eckermann berichtet, der Sachsen-Weimarische Oberbaudirektor Coudray bei Goethe zu Tisch. Coudray erzählte „von einer Treppe im großherzoglichen Schloß zu Belvedere, die man seit Jahren höchst unbequem gefunden, an deren Verbesserung der alte Herrscher immer gezweifelt habe, und die nun unter der Regierung des jungen Fürsten vollkommen gelinge. Auch von dem Fortgange verschiedener Chausseebauten gab Coudray Nachricht, und daß man den Weg über die Berge nach Blankenhain … ein wenig hätte umleiten müssen, wo man doch an einigen Stellen noch achtzehn Zoll auf die Rute habe …" (etwa 1:10 bzw. 6°)

Eckermann fragte darauf Coudray, „wieviel Zoll die eigentliche Norm sei, welche man beim Chausseebau in hügeligen Gegenden zu erreichen trachte". „Zehn Zoll auf die Rute", antwortete jener, „da ist es bequem". Eckermann hielt entgegen, daß man in der Umgebung von Weimar sehr bald Stellen finde, „wo die Chaussee weit mehr Steigung haben möchte".

„Das sind kurze, unbedeutende Strecken", antwortete Coudray, „und dann geht man oft beim Chausseebau über solche Stellen in der Nähe eines Ortes absichtlich hin, um demselben ein kleines Einkommen für Vorspann nicht zu nehmen." „Wir lachten über diese redliche Schelmerei", notiert Eckermann.

„... im Grunde", fuhr Coudray fort, „ist's auch eine Kleinigkeit; die Reisewagen gehen über solche Stellen leicht hinaus, und die Frachtfahrer sind einmal an einige Plackerei gewöhnt. Zudem, da solcher Vorspann gewöhnlich bei Gastwirten genommen wird, so haben die Fuhrleute zugleich Gelegenheit, einmal zu trinken, und sie würden es einem nicht danken, wenn man ihnen den Spaß verdürbe."

Goethe schweigt dazu. Fünf Jahrzehnte zuvor war er selbst für den Zustand der Wege und Straßen im Weimarischen zuständig gewesen. Er hatte erfahren, auch in anderen Obliegenheiten, wie wenig sich da ausrichten ließ, ob als Geheimer Rat oder als Baudirektor. Man lebt in einem feudalistischen, absolutistisch regierten Gemeinwesen. Die Grenzen sind eng, in jeder Hinsicht. Der Wohlfahrt des Volkes geht die Wohlfahrt des Landes, sprich des Herrschers vor. Und dabei war Karl August kein Unmensch und Despot. Seine Räte versuchten, Härten zu mildern. Man war gar nicht volksfremd. Man sah zwar, im übertragenen Sinne wenigstens, auf das Volk hinab. Aber man kannte, was man da sah, und konnte wie der Oberbaudirektor Coudray die Folgen absehen, die irgendwelche Maßnahmen für die davon berührten Landeskinder haben würden. Das Gespräch, das Eckermann notierte, zeigt es.

Es zeigt zweierlei: Es werden Zusammenhänge zwischen Funktionen gesehen, und es werden gesehen die Zusammenhänge zwischen dem, was funktionieren soll, und denen, die die funktionierende – oder eben nicht funktionierende – Einrichtung nutzen. Man kommt von der unbequemen Treppe direkt zur unbequemen Straße, man kommt auf das Maß der bequemen und der noch eben zuträglichen Steigung. Und man kommt auf die Fuhrknechte, die sich mit Steigungen herumzuplacken haben. Sie sind die Schwerarbeit gewöhnt, aber sie haben auch, wenn die Straße schon nicht geändert werden kann und muß – denn die Reisekutschen schaffen sie –, ihren Vorteil daraus: die Pause, den Schluck hinter die Schweißbinde, die Gelegenheit, ihre Schufterei quasi zwangsweise unterbrechen zu müssen. Und daraus ziehen wieder die Bauern und Wirtsleute ihren Vorteil.

Der Weimarische Oberbaudirektor beliebt zu scherzen, „redliche Schelmerei" nennt es Eckermann. Ich bin versucht zu sagen: ein bißchen – wenn auch verzweifelte – Humanität, und redlich gewiß in dieser

Abriß-Sprengung im Sanierungsgebiet Kreuzberg

Berlin-Kreuzberg. Im Milieu: Sprüche und Widersprüche oder der lesbare Lauf der Zeit

Zeitsituation und bei dieser Staatsverfassung. Der Mann wollte gute Fahrt auf allen Straßen. Dafür war er angestellt. Er wollte daneben auch Wohlfahrt oder was er dafür hielt. Dafür war er nicht angestellt. Gewiß war er nicht dazu angestellt, darüber nachzudenken, ob der miese Zustand der Weimarischen Straßen nicht auch sein Gutes habe, etwa für die Kärrner und die anwohnenden Land- und Wirtsleute, welcher Vorteil den Eignern oder Händlern der auf den Straßen bewegten Frachten ja nur als zeitraubender und kostensteigernder Nachteil ins Haus stehen konnte.

Ich habe Grund anzunehmen, daß, sollten in diesem Auditorium Oberbaudirektoren sitzen, sie jedenfalls nicht Coudray heißen. Sie kennen die Fuhrleute nicht mehr. Die verzweifelte Humanität eines Coudray hat sich mittlerweile nämlich in eine Wohlfahrts-Mentalität verwandelt. Ein Coudray sah; mit oder ohne gnädigste Erlaubnis. Nach jemandem sehen aber heißt: sorgen, für jemanden sorgen. Was unter feudalistischen Verhältnissen des planenden Architekten Sorge war (oder doch Sorge genannt werden kann), mag sie auch fehlgeleitet und fehlgeleistet worden sein, das degenerierte zur Fürsorge. Und zwar genau in dem Maß, wie das republikanisch-demokratische Staatswesen zur Bürokratie degenerierte. Noch die fragwürdige „Liebe zu Landeskindern" zeitigte oft bessere Bebauung und Unterkunft, als der Wohlfahrts-, der Fürsorge-Mentalität hinfort möglich war. Noch die letzten Nachklänge feudalistischer Besiedlungstätigkeit, die Zechenarbeitersiedlungen der Industriebarone an Rhein und Ruhr, beweisen es. Es gibt da nicht nur Eisenheim, wie Sie wissen. Es gibt da auch die Margaretenhöhe, die eben 65 Jahre alt geworden ist. Bis weit in die zwanziger Jahre hinein reichen die Versuche, Haus, Wohnung, Straße und Platz und Siedlungsbild mit liebender Sorge und Sorgfalt zu betreuen. Zur Wohlfahrt derer, die man zwar nicht mehr kennt – wie der Herr Coudray noch die Fuhrleute gekannt haben mag –, aber doch noch sieht; im Sinne des Sorgens, daß man Heim, Behagen, Heimat habe.

Wir müssen eingestehen: Was mit Liebe gemacht war, gemacht ist, sei es auch feudalistisch, bürgerlich, spätbürgerlich oder wie immer sonst das Etikett lauten möge – dem, und nur dem, bringen wir Liebe entgegen. Es ist nicht das lieblos hochgezogene, hochgezonte Kreuzberg, das wir lieben. Es ist jenes Kreuzberg, das seine Bewohner liebenswürdig gemacht haben. Sie konnten das, weil die Fürsorge, die ihnen die elenden Wohnungen zuwies, noch nicht total war. Die Wohlfahrtsplanung hatte noch nicht die Normen des Sozialen Wohnungsbaus gesetzt, die ja keine Bau-, sondern Wohnvorschriften sind; die zwar den Wasserhahn auf dem Flur und das Gemeinschaftsklosett im Hof oder Treppenhaus ausschließen, auch Rachitis und Tuberkulose; deren Handhabung aber jegliche Beziehung auf ein bloßes Funktionieren zusammenstreicht: hier das Ehebett und dort das Kind, hier die Loggia und da der Zierrasen, hier die Küche und hier alle Hausfrauen, hier der Vater und dort das Auto, hier die Wohnwand und dahinter der Nachbar, hier der Obermieter und hier kein Untermieter, hier der Sandkasten und dort die Alten, hier kein Klavier und dort keine Haustiere. Kurz, keine Chance für Mietleute, eine Wohn-, eine Familienpause zu machen, aus- und anders anzuspannen. Diese verordnete Ordnung schlug und schlägt durch.

Und diejenigen, die vorgeben, sie entworfen zu haben – was aber nicht stimmt, denn sie haben nach ihr entworfen, wenn man überhaupt von Entwurf sprechen kann –, die beten nun mit Gregor von Rezzori: „Herr! Daß wir doch alle aus den Kellern stammten, ganz hinten von den Champignons! Daß man uns doch die Gebrüder Saß zum Leitbild unseres Menschentums gegeben hätte anstatt des Bamberger Reiters und der Frau Uta vom Naumburger Dom! Zille als Erzieher! Wie beneide ich eine Jugend aus den Zinskasernen, geschmeidig im Vororts-Durchgangsverkehr, gehärtet in der Disziplin der Pfandleihhäuser! Welche Hoffnung lege ich in die Zukunftsträchtigen aus den Behelfsquartieren, die ihr Ballspiel mit dem Risiko schlecht zufassender Bremsbeläge würzen, Gonokokken und Kobaltbomben nüchtern, ohne immanenten Schuldbegriff, in der Sparte der Betriebsunfälle halten, die auf Rummelplätzen Sachlichkeit erfahren und im Kino Transzendenz."

Ist dies das Gebet des Tages? Nicht doch, es ist die Litanei seit Jahren. Man kann, wir hörten es gestern, auch ein soziologisches Traktat daraus fertigen. Ich frage mich indes, wer da inständiger zu beten hätte: die Soziologen oder die Architekten? Arbeiten sie nicht gleichermaßen mit Unterstellungen? Milieu-Erhalter um des Milieus willen (und der ihm zugeschriebenen urbanen Tugenden); und Milieu-Erhalter der Monatsmiete wegen.

Beide gleich ideologisch, und das heißt: fahrlässig beobachtend. Beide gleich schwach in der Beschreibung; die Architekten, weil sie eine schöpferische Interpretation *hinter* den Augen haben, räumlich-baulich; die Soziologen, weil sie eine Soll-Gesellschaft *vor* Augen haben, streng wissenschaftlich. Nichts dagegen, denn wer möchte nicht wirken in seinem Feld über sein Feld hinaus? Schließlich ist auch im Milieu unter Blinden der Einäugige König.

Gestatten Sie mir als einem, der nicht weiß, wo er sich da hinstellen soll und dem es ziemlich gleichgültig ist, wohin andere ihn stellen – gestatten Sie mir die Zuflucht zu der Feststellung eines verkappten Poeten, nämlich meines Kollegen Heinrich Vormweg. Von ihm stammt der einfache Aussagesatz: „Nur Beschreibung ermöglicht den Widerstand".

Diese simple Behauptung, scheinbar simple Behauptung, umgreift ein Problem, vor dem es – fast möchte ich sagen: endlich einmal – keine Ausflucht ins Politische gibt. Jedenfalls nicht in dem Sinn, wie das gestern hier empfohlen wurde: Ihr könnt nichts tun, es sei denn, Ihr habt zuvor politisch gehandelt, welches Handeln indes als gefährlich anzusehen ist, wenn Ihr nicht gleich auch identisch mit denjenigen seid, für die Ihr handelt; weshalb alle Stadtsanierung heute notwendig zu einer Apotheose des Mittelstandes gerate. Mit anderen Worten: Kein Strich mehr, ehe sich nicht die Gesellschaft geändert hat, unter anderem durch die, die keinen Strich tun.

Ich zitierte Heinrich Vormweg: „Nur Beschreibung ermöglicht den Widerstand." Das Problem, das sich in diesem Satz verbirgt, hat Friedrich Nietzsche – ich deutete das schon einmal in meinem Ingolstädter Vortrag an – vielleicht am verständlichsten und zugleich mitleidlosesten ausgedrückt. Bei ihm heißt es selbst bei dem scheinbar gewissesten Verstehen noch: „Einen Text als Text ablesen können, ohne eine Interpretation dazwischen zu mengen, ist die späteste Form der ‚inneren Erfahrung', – vielleicht eine kaum mögliche." Anders umschrieben: Wir haben es nie mit einem Tatbestand zu tun, denn der Tatbestand – als Text – ist selbst schon Interpretation; die etwa zu gewinnende Erkenntnis somit bereits Interpretation der Interpretation und keineswegs ein direktes Sich-Bemächtigen einer gegebenen ‚Wahrheit'. Jede Erkenntnis ist Auslegung, ist ein Sinnhineinlegen – und nicht ‚Erklärung'.

In Parenthese: Ein Milieu als Milieu ablesen können, das wäre eines von meinen Idealen. Doch ich stamme weder aus den Kellern, ganz hinten von den Champignons, noch bin ich Poet und der poetischen Erfahrung fähig, jener – um mit Nietzsche zu sprechen – spätesten Form der ‚inneren Erfahrung'.

Die innere Erfahrung ist sowieso gänzlich aus der Mode – ich sage bewußt: aus der Mode – gekommen: Sie wird unterhalb des Brustbeins angesiedelt, von den ganz Gescheiten unterhalb des Nabels. Ich erlaube mir, Ihnen trotzdem zwei Beschreibungen vorzulesen, zwei Versuche, einen Text als Text abzulesen. Es sind zwei – wie ich meine: verräterische – Indizien dafür, daß innere Erfahrung mit Ungenauigkeit, Verschleierung,

Beschönigung, Unverbindlichkeit gleichzusetzen, nichts als blinde Diffamierung ist. Denn bewußt kann diese Diffamierung ja wohl nicht sein, wenn der Erfahrung *diese* Erfahrung abgeht. Wenn man das Urphänomen der Resonanz leugnet, auf das uns Albrecht Schöne in seiner Interpretation von Döblins Alexanderplatz-Roman erneut aufmerksam gemacht hat. Für Döblin, sagt Schöne, schien das physikalische Phänomen Resonanz universale Geltung zu haben. „Ähnlichkeiten, Analogien, partielle Identitäten zwischen Ich und Welt" sind für Döblin Voraussetzungen der Resonanz. Zugleich aber stiften die Bewirkungen der Resonanz neue Bindung und verknüpfen das Einzelne mit dem Kollektiven. „Die menschlichen Aktionen, das Erkennen etwa und Nachahmen, die Gruppenbildung und das Kollektivleben, die Passionen der Impulsempfängnis, Beeinflussung, Formung des Individuums durch das Umgebende" – alles dies führt Döblin auf das Phänomen der Resonanz zurück. Alles Handeln des Menschen reicht – Originalzitat – „in die sichtbare und unsichtbare Welt, wie seine Kraft auch daher kam. Es gibt eine Resonanzwirkung, der wir folgen, es gibt aber auch eine Rückresonanz, die von unserem Dasein und Erleben ausgeht und in die große Tiefe reicht. Wir können davon nichts Einzelnes wissen, aber das Faktum ist sicher und selbstverständlich." (Alfred Döblin, Unser Dasein, Berlin 1933) Berlin Alexanderplatz – wir sind wieder beim Thema (wenn Sie nicht akzeptieren möchten, daß ich soeben etwas über ‚unser' Milieu, das hier im Saal und sonstwo, gesagt habe). Doch Berlin ist genug strapaziert worden gestern. Die beiden Beschreibungen, die ich mir im Auszug notiert habe, führen indes, Sie werden sehen, nicht weit weg. Ich bitte um Ihre Aufmerksamkeit:

> „Bei der Cité Nortier, irgendwo in der Nähe der Place du Combat, mache ich einen Augenblick halt, um den ganzen Unflat der Szenerie in mich aufzunehmen. Es ist ein rechtwinkliger Hof wie viele andere, auf den man einen Blick durch die niederen Durchgangsstraßen werfen kann, welche die alten Verkehrsadern von Paris flankieren. In der Mitte des Hofes gibt es eine Zusammenballung altersschwacher Gebäude, die so verfallen sind, daß sie übereinander gesunken sind und eine Art von Gedärmverschlingung bilden. Der Boden ist uneben, das Pflaster schlüpfrig von Schleim. Eine Art menschlicher Düngerhaufen, aus Kohlenschlakken und trockenem Abfall aufgeführt. Die Sonne ist im raschen Untergehen. Die Farben erlöschen. Sie verschieben sich von purpurrot zum Rot getrockneten Blutes, von perlmutterfarben

zu nußbraun, von kaltem trockenen Grau zur Farbe des Taubendrecks. Da und dort steht ein schlaffes Ungeheuer am Fenster und blinzelt wie eine Eule. Man hört das schrille Gequieke von Kindern mit bleichen Gesichtern und knochigen Gliedmaßen, kleinen Bälgern, denen man die Zangengeburt ansieht. Ein übler Geruch sickert aus dem Gemäuer, der Geruch einer modrigen Matratze Europa – mittelalterlich, grotesk, monströs: eine Symphonie in b-moll. Unmittelbar über der Straße bietet der Ciné Combat seinem vornehmen Publikum ‚Metropolis' zur Schau an …"
(Henry Miller, Wendekreis des Krebses, 1934)
Anmerkung 1974: Aber die Mieten waren, sind noch billig hier.
Die zweite Beschreibung:

„… warum sollten Sie es nicht aushalten hier? Warum hier nicht wohnen. Sie können hier fortwährend alleine sein; es ist nicht wahr, daß die Leute hier maßlos zutraulich sind; sie sind es wirklich nicht mehr, sobald Sie vor ihren Grimassen erschrecken und schreiend davonlaufen. Verbergen können Sie sich überall hier; die Häuser, wie anderswo, sind leicht zu verwechseln. Sie können ruhig jemand besuchen gehen; man wird Ihnen sagen, daß niemand zu Hause ist … Stumm bleiben fällt leicht hier. Niemand verlangt auch, daß Sie irgendetwas anders machen. Nichts stinkt, Vergangenes ruht. Wenn Ihnen nichts zustößt, ist es Ihr Verdienst. Der Winter ist hier eine Ausnahme, der Sommer auch, alles mild, wie alles, was das Gleichmaß des Befindens stören könnte. Es gibt Leute hier, die in Ruhe verstummen. Abwechslung kommt von der Straße genug; immer zieht ein Mann umher, der plötzlich zuckt, schreit, in die Luft schlägt. Sie sehen, daß man hier jeden gewähren läßt; Unterschiede schmücken die Welt. Sie können auch durchaus einer Meinung sein, auch darin läßt man Ihnen freie Hand. Indem man die Leute reden läßt, erspart man ihnen, etwas zu tun. Viel wird gleichwohl getan. Neues breitet sich aus, ohne daß Sie es merken; und stets steckt noch ein Kern vom Alten darin. Man läßt sich drängen von nichts; Pläne reifen und liegen hier wie Wein. Von Eingriffen wird nichts bekannt."
(Jürgen Becker, Felder, 1964)
Anmerkung 1974: Sie müssen für all das bezahlen. Die Mieten sind teuer.
Ich habe zwei Milieus vor Sie hingestellt in der Beschreibung durch Miller und Becker. Ich habe das nicht nur getan, weil diese beiden

Wie zu Zilles Zeiten: „Heimat der Heimatlosen". Berlin, Hinterhof im Wedding

Beschreibungen, jede auf ihre Art, ungemein präzise sind in ihren poetischen Kürzeln; und nicht nur, weil zwischen beiden Beschreibungen dreißig Jahre liegen und zwischen den Objekten dieser Beschreibungen sich noch weit mehr Zeit erstreckt, wenn man die Daten ihrer Herstellung in Betracht zieht. Auch wollte ich nicht dartun – jedenfalls in erster Linie nicht –, um wieviel luzider, bohrender, hinterhältiger auch, in dreißig Jahren der poetische Zugriff und die daraus resultierenden Mitteilungen von Erfahrung geworden sind (obschon allein das uns von allen jenen Stühlen reißen könnte, auf denen wir sogenannte Baubeschreibungen fertigen!). Ich wollte Ihnen vielmehr ganz konkret vor Augen führen, daß das, was Jürgen Becker beschreibt, die schrecklich festgeschriebene Antwort auf dasjenige ist, was Miller – und mit ihm eine ganze Generation, was sage ich: mehrere Generationen – erlitten haben: die Stadt des Unflats, die Stadt als menschlicher Düngerhaufen; seit Engels Beschreibung des Wohnens der arbeitenden Klasse in England, die ja in der Tat den Widerstand ermöglicht hat.

Nun haben wir die Antwort auf jene unsozialen Verhältnisse, nun haben wir ihn, den sozialen Wohnungsbau, in all seinen Spielarten, diesen Wohnungsbau, der eben nur so beschrieben werden kann, wie Jürgen Becker ihn beschreibt. (Welche Beschreibung in Paris oder Moskau oder Halle oder Sofia oder Rom nur graduell anders ausfallen könnte.) Doch wir haben nicht nur diesen Wohnungsbau, wir *leben* ihn auch.

Aus der sinnfälligen Sinnlosigkeit des Gründerzeitquartiers entwickelten sich geradlinig die Gehäuse sinnentleerten Komforts. Und mit ihnen kam die zweckmäßige, die ökonomische (Vor)Stadt. Mit dem gar nicht so sehr überraschenden Effekt, daß die überbordenden Probleme dieser doch problemlos gedachten Stadt Sehnsucht wachrufen nach der kaputten Stadt und ihren Freiräumen, Improvisations-Räumen. Nostalgie ist kein Fremdwort mehr. Wenn dies so ist, dann kann es erlaubt sein zu folgern: Der Prozeß der Stadterneuerung ist zunehmend ein Prozeß der Anpassung des Menschen an die ideal gedachte, die harmonische Zivilisation. Wo dieser Prozeß aber zu Ende geführt ist in der utopischen Projektion, da kann die Stadt nicht mehr leisten, was uns aufregt – noch aufregt –, enerviert, zu Handlungen, Entwürfen – oft bis zur Selbstaufgabe – anspornt. Denn in dieser Stadt bleibt nichts mehr liegen und verfällt. Da sterben Quartiere nicht mehr ab, um irgendwann neu und anders aufzublühen. Da spielen keine dynamischen Spannungen mehr von Quartier zu Quartier. Da geht keine Straße ins Unbekannte. Auf eine einzige Art nur wird dem Stadtbürger beigebracht, so zu sein, wie man's ihm beibringt. Jürgen Becker: „Er vervielfältigt sich in die Figuren, die er alle vorgespielt findet ... er in der Mehrzahl sieht, hört und spricht in der Mehrzahl. Das Wort ‚wir' drückt diesen Sachverhalt ungenau aus. Es täuscht einen Verein vor." Ich setze fort: dieser vorgetäuschte Verein nennt sich Gesellschaft.

Dahin wird es, ich bin sicher, nicht kommen. Denn die Wohlfahrtsarchitektur ist – endlich – außer Atem. Sie pfeift auf dem letzten Loch. Und ich meine damit auch – aber nicht nur – das Wohnungswesen der Bundesrepublik Deutschland.

Das Wegsterben der Wohlfahrtsarchitektur hat uns indes in eine Kollektiv-Psychose gestürzt, an deren Rand, wenn mich nicht alles täuscht, auch diese Tagung angesiedelt ist.

In dem Maße, wie in den letzten zehn Jahren der bis dahin wohlbestallten Wohlfahrtsarchitektur autoritäre Machenschaften nachgewiesen wurden, angefangen von der scheinheilig-karitativen Setzung von Wohnbaunormen bis hin zur diktatorischen Durchsetzung von Geschmack, im gleichen Maß wurde von den Kritikern der Wohlfahrtsarchitektur – Alexander Tzonis nennt sie die „Populisten" – eine Bau- und Wohnungspolitik zum Programm erhoben, für die auch noch der letzte Konsument als Quelle der Legitimität von Planung gelten soll. Planen wird „im Namen des Volkes" oder gar nicht geschehen. Und wenn von einem Markt fürderhin die Rede sein kann, so ist dieser Markt als ein „Mechanismus für die Erfüllung von Konsumentenentscheidungen auszubauen" (Rapkin, Winnick, Blank, 1952). Es stehe jeder Gruppe, also auch der unterprivilegiertesten, zu, „ihre Werte durch den Entwurf ihrer gebauten Umgebung auszudrücken". Dieser Ansatz, bemerkt Tzonis, ist bestenfalls naiv. Die Herstellung oder Anschaffung von Produkten – und seien es Wohnungen –, durch eine Gruppe nach deren eigenen Normen und Wertvorstellungen verändert um nichts den Abhängigkeitsgrad dieser Gruppe. Die Herbeizitierung eines benutzerorientierten Entwurfs mit Befreiung gleichzusetzen, ist pure Illusion.

Waren wir bisher der Illusion aufgesessen, die Umwelt sei ein gut geführtes Regiment, in der zwar nicht alles zum Besten stehe, das Mögliche aber immerhin getan werde, so sind wir nun dabei, mittels Volksbefragung die Umwelt in einen wohlsortierten Supermarkt zu verwandeln. Die Leute können dort von den Regalen nehmen, was sie brauchen und von dem sie behauptet haben, sie brauchten es und es sei brauchbar. Und es bedarf dafür keiner Kontrolle, Überwachung, Bürokratie. „Wenn nur die Kasse vom Eingang weggenommen würde!", spöttelte dazu Herbert Read.

Ein jeder sein autonomer Produzent und Verbraucher ineins, jeder sein eigener Architekt. Es lebe das selbstgestrickte Häuschen, und wenn's dazu fürs erste nicht reicht, so lebe der volkseigene Quelle-Bau-Katalog, redigiert – versteht sich – von den Organisatoren der urigen Volksabstimmung. Doch in allem Ernst – und Tzonis, dem ich da ein wenig über die Schulter schaue, meint es ernst –: Indem die Autorität universeller Normen entlarvt wurde, verwarfen die Populisten auch das letzte Überbleibsel davon, nämlich daß die gebaute Umwelt die kollektive Natur der Gesellschaft repräsentiere. „Die autoritäre Festlegung der Objekte ist im Verschwinden begriffen, aber was an ihre Stelle tritt, ist die Verlassenheit eines designerischen Supermarktes, pluralistisch, vielfältig, überladen." Die Kollektiv-Psychose: Architekten schämen sich ihrer Werke, mögen nichts mehr vorweisen. Planer verdrängen, was sie wissen. Schon tragen Architekten und Planer ihre Neurosen zu Markte. Mit anderen Worten: üben sich darin, Pläne zu verschweigen. Sie tun das, da sie an sich selbst nicht mehr glauben, aus Aberglauben. Nichts ist begreiflicher, sagte einmal Walter Benjamin, „als daß ein Mensch, dem etwas fehlgeschlagen sei, den Mißerfolg für sich zu behalten trachte und, um sich diese Möglichkeit zu sichern, von seinem Vorhaben schweigt." Aber das sei nur einer der Bestimmungsgründe. „Darunter steckt der zweite in Gestalt des dumpfen Wissens um die Schwächung der Tatkraft … durch die motorische Ersatzbefriedigung im Reden." Es folgt eine dritte Begründung! „… die Vorstellung, auf der Unwissenheit der anderen … wie auf den Stufen eines Thrones in die Höhe zu steigen." Aber auch damit nicht genug. Ganz tief unten drunter sitzt die Erfahrung – von der ich annehme, daß Architekten und Soziologen sie sich brüderlich teilen –, nämlich „jene letzte und bitterste (Erfahrung), daß das Eingeständnis eigenen Leidens nicht Mitleid, sondern Vergnügen hervorruft und daß es nicht nur bei Feinden, sondern bei allen Menschen, die davon erfahren, keine Trauer, sondern Freude weckt. Denn das ist ja die Bestätigung, daß der Betroffene weniger und man selbst mehr wert ist … Da tritt nun," so endet Benjamins Überlegung, „der Aberglauben ein, als pharmazeutische Verdichtung bitterster Ingredienzien …"
Sie sollten diesem Aberglauben abschwören. Kassieren Sie die Schadenfreude, pfeifen Sie auf Mitleid. Sie sind nun einmal die Spinner, die lästigen Störenfriede einer ungehemmten, hemmungslosen Rationalisierung; und Sie sind nun einmal, indem Sie entwerfen und bauen, die System-Erhalter, die Verschleierer, die Erfüllungsgehilfen des Kapitals, die bösen Unternehmer, die Gefahr jeglicher lupen- und klassenreinen

Bürgerinitiative und was sonst der Sottisen mehr sind in der Architekten-beschimpfung von links nach rechts.

Lassen Sie sich getrost nachsagen, daß Sie, als es Ihnen gut ging, Strategen gewesen sind, und jetzt, da es Ihnen schlechter geht, zu Moralisten werden. Die Leute, die das behaupten, haben ja so Unrecht nicht; und ich finde, wie diese Erfahrung, so läßt sich auch die Nachrede darauf ertragen.

Ich erinnere Paul Celans Vers: „zähle, was bitter war und dich wach hielt".

Mit diesem Vers wollte ich schließen, damit wir nun zur politischen Praxis kommen. Doch das Zerkauen von bitteren Mandeln birgt nun wirklich keine Perspektive. Da muß man schon rot färbenden Bethel kauen im BDA, damit jedermann weiß, auch der betroffene Fuhrknecht: ah, dieser ist so einer!

So einer – angesiedelt mit seinem Metier zwischen der verendenden Wohl-fahrtsarchitektur und der scholastischen Idee des architektonischen Super-marktes – so einer baut nämlich weder für eine Klasse noch nach dem Diktat einer Klasse.

So einer läßt sich weder düpieren noch lähmen von wissenschaftlichen Aussagen, die aus Verzweiflung über Zustände zu ideologischen Inter-pretationen umstilisiert werden, in dem – doch schon fast lächerlich ge-wordenen – Sinne der Aussage, daß alle Häuser schön sind und daß die Wohnumwelt letztenendes nur eine Frage der Miete ist und bleiben werde, wenn nicht usw. ...

So einer weiß, daß jedermann an 125 Metern Bau anderthalb Minuten vorbeigeht, und er weiß auch, daß diese 90 Sekunden zu einer tagtägli-chen Ewigkeit werden, wenn er als Architekt versagt.

So einer nämlich hält bauliche Gestalt nicht für Geschmack, sondern für eine Herausstellung leiblich-seelischer, psycho-somatischer Erfahrung.

So einer jagt mit Bauten nicht Angst ein, weder gewollt noch ungewollt. Er kennt und achtet nämlich die nach wie vor wunderbaren Geheim-nisse der menschlichen Biographie. Er sperrt, was sich entfalten und öffnen will, sich hineinfinden will als Einzelwesen in die menschliche Sozietät nicht in Beton ein. Ebenso wenig sperrt er die alten Menschen in Waben.

So einer ist Anthropologe, ehe er wagt, Architekt zu sein.

So einer baut weder für Troglodyten noch für Schaufensterpuppen.

So einer hat gefragt und fragt weiter – denn die Auskünfte der Wissen-schaft sind kärglich – nach der zuträglichen Wohndichte, nach den schwerwiegenden Folgen sozialer Kontrolle, nach dem noch nicht übersehbaren Spektrum der Streßfaktoren.

So einer weiß, wenn er Wohnungen baut, auch um die spezifische Utopie der Ehe, die – um mit Bloch zu reden – einer Bewährung der Liebes-Imago entspringt und deren Poesie immer eine der Prosa ist, „allerdings der hintergrundreichsten: des Hauses. Das Haus ist selber ein Symbol, und zwar bei aller Geschlossenheit ein offenes; es hat als Hintergrund die Zielhoffnung des Heimat-Symbols, das sich durch die meisten Wunschträume hindurch erhält und am Ende aller dasteht".

So einer weiß: das Haus ist ein Entwicklungsraum, und der Stadtraum ein Bildungsfeld.

Kurz, ich halte fest an der Figur des Architekten als Partisan, als ein Waldgänger, der sein Kopf- und Handwerk versteht und in all die Planzahlen und Nutzungsziffern die wohnlichen Lichtungen schlagen wird, die wir brauchen.

Gehen Sie also – wie es weiland der unvergessene Walter Schwagenscheidt tat – freitags immer in den Wald. Oder – was gleich gilt – ins Milieu.

Feuermelder mit obrigkeitlichem Hinweis für noch ungelernte, eben erst zugezogene Großstädter. (Berlin Kreuzberg)

Gnadenkapelle in Köln-Kalk.
Architekt Rudolf Schwarz, 1950

Krise im Sakralbau?
1969

M̲ Dass dieser Vortrag hier nachzulesen ist, verdankt er dem Abriss eines Gotteshauses; und nicht etwa 1969, sondern eben jetzt: im Jahr 2005. Ein so genannter Projektentwickler räumte mit Zustimmung des Berliner Generalvikariats und Genehmigung des für Berlin-Gatow zuständigen Bezirksamts Rudolf Schwarz' letzten Kirchenbau (St. Rafael, 1965) ab, ehe sich öffentliche Einreden formieren und formulieren konnten. Wie zu vernehmen, geschieht Gleiches auch an anderen Orten. Die Christenheit rüstet offenbar ab, um an mehr „marktgängigen" Orten neue Kirchbauten zu errichten, darunter zweifellos auch sehr gute. Ohne Vielzweckraum und Billardtisch, Gymnastikmatten und Puppenhaus, wie es 1969 intendiert war, um das Gemeindeleben zu beleben. Ich nutzte die mir für den Evangelischen Kirchenbautag in Darmstadt aufgetragene Rede, den Pfarrern, Dienern und Architekten der Kirche unsere letzten scheinbar leeren, profanen Zweck enthobenen *reinen* Räume – eben die Kirchenräume – als Erfüllung architektonischen Denkens zu preisen: *Damit das Geheimnis erhalten bleibe, schweigen bis in die Stille.*
(André Jolivet) M̲

In den philosophischen Essays, die Ernst Bloch mit „Geist der Utopie" überschrieben hat, beginnt ein Kapitel mit dem Satz: „Ich selbst bin aber, um zu schaffen"; und ein anderes mit den Sätzen: „Wer aber nichts ist, trifft auch draußen nichts mehr an. Erst recht nicht können wir, was sein soll, ohne uns noch sehen."
Der erste Satz ist ein Behauptungs-Satz im Sinne des Wortes und enthält eine positive Behauptung: Ich bin ... Was sage ich: positiv? – Es ist die einschneidendste, die unüberholbarste aller Behauptungen; es ist die Selbst-Behauptung. Und in dieser Abkürzung die einzige, die wir Menschen teilen mit Gottes Sohn: dieses „Ich bin".
Die beiden anderen Sätze Blochs enthalten eine negative Feststellung: Wer aber nichts ist, trifft nichts mehr an, schon gar nicht das, was sein soll. Was sein soll, setzt das „Ich bin" voraus.
Vielleicht ahnen Sie schon, worauf ich hinaus will. Doch ich will es noch deutlicher machen, indem ich beide Feststellungen an zweierlei

Wirklichkeit messe, und zwar da, wo sie über ein Jahrzehnt hin, und noch länger, konstant geblieben ist.

Die erste: Umfrage in Palermo/Sizilien, 1956. Aus der Antwort eines Hirten.

„Ich bete zu Gott und sage: ‚O Herr, mache kein schlechtes Wetter.‘ Das sage ich laut. Es ist der Wind, der die Kälte bringt. Was ist der Wind? Das Gras neigt sich ein wenig hierhin, ein wenig dahin, richtet sich wieder auf. Es windet. Ist es kalt, bittet man die Sonne, sie möge uns wärmen. Denn dann ist es den Tieren behaglicher. Meine Mutter lehrte mich zur Sonne beten, auch mein Vater. Wir Hirten beten alle zur Sonne, damit sie uns wärme; und zum Mond, damit er die Nacht erhelle. Vom Meer habe ich sprechen hören. Wir leben hier im Sommer und im Winter. Die Welt ist ein Meer, aber ich weiß nicht, was das Meer ist: ich habe von den anderen Hirten davon reden hören. (In der Gegend hört man oft sagen: Die Erde ist ein Meer von Unglück.) Die Wolken habe ich gesehen. Aber ich weiß nicht, was sie sind. Sie eilen dahin, wenn der Wind weht. Auf der Welt sind wir, weil wir hier wohnen und arbeiten. Man ißt. Um zu arbeiten, sind wir auf der Welt. Um zu essen. Ich weiß es nicht. – Der Mensch wird alt, alles altert. Menschen und Tiere. Nur die Sonne altert nie.“

Dieser Bericht eines sizilianischen Hirten ist eine der beiden Wirklichkeiten, die ich vor Sie hinstellen möchte in ihrer großartigen, scheinbar armen und doch zutiefst poetischen Sprache.

Die andere Wirklichkeit kommt so zur Sprache im selben Jahr 1956/57: Erstes Beispiel: „Fremd ist die Erde / fremd der Himmel / fremd sind die Reden / fremd die Lieder / fremd sind die Herzen / und keines schlägt für ihn. – Immer nur träumt er von den Wäldern / träumt von den Wiesen, von den Feldern / träumt von den Sternen, die in der Heimat glühn.“

Ein zweites Beispiel: „Sieht man die Menschen sich sehnen / und sieht ihren Schmerz, ihre Tränen / dann fragt man immer nur: muß das so sein? / Immer nur Scheiden und Meiden / und immer nur Warten und Leiden / und hier wie dort ist ein jeder allein.“

Das waren, das sind zwei deutsche Wohlstandsschnulzen, die nach wie vor ein wahres Massen-Publikum haben, zwei der Schnulzen, die Tag für Tag, so oder ähnlich, im deutschen Familienheim ‚erklingen‘, wie man so sagt. Wir alle wissen das. Und sagen, wenn wir es uns für einen Augenblick bewußt machen: Das darf doch nicht wahr sein! Es ist aber wahr, wenn auch pervers, eine perverse Situation, wie Wilfried Berghahn

analysiert, „daß Menschen zwischen ihren eigenen vier Wänden sich als in der Fremde lebend empfinden und doch gleichzeitig aus dem Versprechen – einem vollkommen leeren Versprechen –, nach Hause geführt zu werden, Trost schöpfen können."
Sie tun das nicht von ungefähr, so darf ich ergänzen. In dieser perversen Situation, hinter den Erwartungen, die sich in den Schnulzen ausdrücken, hockt die Verzweiflung, die man sich so wenig eingesteht, wie man das Trugbild vernichten wird, daß da jemand käme und einen an der Hand nähme und endlich nach Hause führe.
„Wer aber nichts ist, trifft auch draußen nichts mehr an. Erst recht nicht können wir, was sein soll, ohne uns noch sehen."
„Dies wenigstens ist", so fährt Ernst Bloch fort, „wie bei Kierkegaard, so erst recht bei Kant vorgedacht: er gibt der ‚subjektiven' Spontaneität, unserem einzigen Heil und Farbebekenntnis, nachdem sonst nichts mehr Farbe, Substanz zu geben vermag, das ihre." Und „… darum, weil das, was ist, nicht mehr zu denken, sondern nur noch umzudenken, auf Seelisches hingebracht werden kann, weil die guten Wünsche wie die Väter des Gedankens, so auch (die Väter) der Dinge werden können, die allein wahrhaft sind … so definiert sich das Ding an sich genauer als *Wille zu unserem Gesicht* und schließlich als *Gesicht unseres Willens*."
Nietzsche, Denker des Umbruchs, hat, wenn ich es recht verstehe, ein Gleiches proklamiert: „‚Subjekt' ist die Fiktion … das Gleichsetzen und Zurecht-machen ist der Tatbestand", so daß „das, was ‚Dinge setzt', allein real ist." Und das ist in Nietzsches Sicht der Mensch als „schaffendes Selbst". Das Sein ist ihm ein „Auslegen" – das Subjekt verwirklicht sich im Vollzug des Auslegens."
Bloch sagt: „Ich selbst bin aber, um zu schaffen."
Der sizilianische Hirt sagt: „Um zu arbeiten, sind wir auf der Welt."
Aber er sagt mehr. „Von mir lassen sich alle festhalten", sagt er. „Zählen kann ich sie nicht, aber ich merke es schon von weitem, wenn ein Tier fehlt. Ich kenne jedes einzelne. Wieviel sie auch sind, ich kenne sie alle. Ich hütete hundert, zweihundert Schafe. Ihr Eigentümer zählte sie, er wußte, wie viele es waren. Ich aber hüte sie, folge ihnen ununterbrochen, pflege sie, liebkose sie, suche ihnen Kräuter, die sie lieben, und sie kommen alle zu mir. Ich liebe sie; und so lieben sie mich."
Das ist nicht, meine Damen und Herren, die Verschnulzung des „Lasset die Kindlein zu mir kommen …" Und das ist auch nicht der Bielefelder Knabenchor mit „Gott der Herr hat sie gezählet, daß ihm auch nicht eines fehelet an der gahanzen großen Schar". Sondern das ist, nahezu, die

Sprache des Gleichnisses in Johannes 10: „Ich bin ein guter Hirte und erkenne die meinen …"

Noch einmal: „Wer aber nichts ist, trifft auch draußen nichts mehr an. Erst recht nicht können wir, was sein soll, ohne uns noch sehen." Schon aber ist das ja unsere Wirklichkeit, jedenfalls das weiteste Feld dieser Wirklichkeit. Was sein soll, wollen wir ohne uns sehen. Und dafür steht nicht nur die Massenkonfektion Schnulze, die – Sie haben es gewiß bemerkt – weder ein Subjekt noch ein Objekt hat und sich so vor dem drückt, was wir Sprache nennen; oder auch: die objektivste Erscheinungsform des Geistes. Ja selbst das Spiel, dieses geheimnisvolle Äquivalent zum Schöpferischen, wie immer sich das auch ausdrücken möge – selbst das Spiel ist in der Schnulze ausgelöscht; denn das Spiel, so unvernünftig es manchmal auch erscheinen mag, ist nie töricht.

Für meine These, daß wir das, was sein soll, heute ohne uns sehen wollen, steht die durchgängige Diffamierung des Subjektiven überhaupt, die sich, ganz grundsätzlich, darin ausdrückt, daß man ‚subjektiv' sagt und ‚unverbindlich' meint. Für diese Gleichsetzung von subjektiv und unverbindlich oder subjektiv und willkürlich gibt es allerdings viel Anlaß. Wir sind auf einem Kirchenbautag, und da bin ich nicht genötigt, deutlicher zu werden. Die Willkür, schauen Sie sich nur um draußen, grassiert. Willkür, so wie wir den Begriff heute verstehen, ist der Mißbrauch der Fähigkeit, unter mehreren Willensmotiven wählen zu können, wohlgemerkt: ist der *Miß*brauch dieser Fähigkeit. Wenn wir aber von Willkür reden, sprechen wir durchweg von ‚subjektiver' Willkür. Denn objektive Willkür. Da sei Gott vor! oder der Staat, oder das BGB, oder das Programm. Dem Subjekt allein wird angelastet, was unverbindlich erscheint, was Willkür verrät. Und, ich sagte es, gewiß nicht ohne Grund.

Doch kann es angehen, das Subjektive nur von seinem Versagen, seiner Unzulänglichkeit, seiner Karikatur her zu sehen und zu werten? Und also in Bausch und Bogen abzutun?

Haben wir uns wirklich schon entschlossen, das, was sein soll, ohne uns zu sehen? Schon haben wir doch erfahren, was uns – ohne uns – bleibt: eine Wirklichkeit aus Stoffen, Funktionen, Zwecken und Menschen*material*. Wir erleben es doch tagtäglich, wie eine positivistische Wirklichkeitsauffassung, die wir, nicht mehr mit uns rechnend, fast widerstandslos auswendig gelernt haben – wie diese Auffassung die Welt – sagen wir ruhig: Gottes Schöpfung dezimiert. Aus dem unerschöpflichen Reichtum werden bestimmte brauchbare, verbrauchbare, Gebiete, Aspekte, Sphären ausgesondert und isoliert. Was sich dieser konstruierten, dieser ‚handlich' gemachten, dieser additiv zusammengefügten Schein-Wirklichkeit nicht fügt, „der ‚Rest', wird als reine Subjektivität unterdrückt. Die daraus folgende Verarmung und Deformierung der Wirklichkeit, ihre Reduktion auf möglichst nur eine Dimension erzeugen eine Fiktion, ein Bild der Wirklichkeit, das für die Wirklichkeit selbst gehalten wird. Vereinfachungen, quantitative Beziehungen, Meßbarkeit – mit anderen Worten: nur Effizienz und Ökonomie – Vorzüge rationaler Verfahrensweisen – sind im Rahmen des heute bestehenden Systems gesellschaftlicher Arbeit noch zu diskutieren und daher real." (Schumpp/Throll)

Dieser Befund, ausgedrückt in der Sprache der Soziologen, stellt uns die Frage, ob wir uns nicht besser vertagen sollten, um dem hier zur Diskussion stehenden ‚Rest' – heiße er Kirche, heiße er Evangelium – den Rest zu geben und uns dann wiederzutreffen und über die rationelle Einrichtung von Freizeitzentren zu reden.

„Ich bin der Weinstock, ihr seid die Reben. Wer in mir bleibt und ich in ihm, der bringt viele Frucht, denn ohne mich könnt ihr nichts tun." (Joh. 15, 5)

Was soll uns noch dieses immer wiederholte ‚Ich bin ...'? Feststeht, so die Prognos AG Basel in einem Gutachten, daß 3 bis 5 % der protestantischen Christen in der Basler Region noch an Gottesdiensten teilnehmen. Feststeht, daß diese 3 bis 5 Prozent den teuren Kirchbau an zwei, drei Stunden in der Woche benutzen. Sonst steht er leer, ein Ärgernis; für Ökonomen nicht zu fassen: ein *leerer Raum* in der vollgestopften, überfüllten Barackei unserer Wohnsiedlungen. (Rudolf Steinbach nannte sie so: Barackei.)

„Wer nichts ist, trifft auch draußen nichts mehr an" – „Ohne mich könnt ihr nichts tun": Menschenwort und Gotteswort, sollen wir, müssen wir es weiter durchstehen, meine Damen und Herren?

Die Kirchen der Christenheit waren lange Zeit leere Räume zwischen gefüllten, gebrauchten, gestauten Räumen. Und diese leeren Räume – sie sangen, oder sie schrien. Und die Menschen gingen hinein, um zu sehen, wie sie sangen und schrien in das Unräumliche des Geistes.

Die Kirche im Gemeindezentrum aber kann nicht mehr Kirche sein, stellt die Prognos AG in ihrem Gutachten fest. Die Seelsorge, will sie effizient, rationell und ökonomisch sein, muß sich heute anderer Transportmittel bedienen. Vor allem muß sie den kulturellen, bildungsmäßigen und Freizeit-Bedürfnissen der umwohnenden Gemeinde entsprechen und alle jene Lücken füllen, die die kommunalen Institutionen gleicher Zweckbestimmung dort gelassen haben.

Die Kirchen der Christenheit waren lange Zeit die schützende Hülle der Geburt und die Höhle des Grabes, waren aber auch Ostern, waren Pfingsten, waren die räumlichen Bezeichnungen für das zeitlose Jahr Gottes. Voll jubelndem Licht, so daß man vor lauter Anschauung nicht lesen mochte, voll tiefer Dunkelheit, daß man nicht lesen konnte, was uns heute per Saugpost an Gebets- und Liedtexten in die Hand gedrückt wird, damit, was leer ist in uns und ohne Gedächtnis, sich fülle mit fetten Buchstaben; damit wir nicht schweigen müssen in der Gemeinde; damit wir nicht hören können, weil wir lesen.

Der leere, unausgenutzte Raum – das schöne Geld – Anpassung: – der Kirchbau ist zum Luxusgegenstand geworden. Wir können uns ihn nicht mehr leisten, sagt das Gutachten. Ein Abraham a Santa Clara hat die gläubigen Sünder nie so beschimpft, wie diese beredten Buchhalter eine christliche Gemeinde. Die Sünder haben vermutlich reagiert; das kirchliche Management aber, fürchte ich, merkt es nicht einmal, obschon es sich doch etwas auskennen sollte. „Gott gibt den Geist nicht nach dem Maß", so steht es geschrieben.

Der leere Raum – wer wagt, ihn noch und immer wieder zu denken; wer, ihn weiter zu bauen? Jenen Raum, der die Unräumlichkeit zum Bauherrn hat; einen Raum, der Bild, Zeichen, Gleichnis – und Auslegung zugleich ist und den Menschen herausreißt aus seinem von dauernden analysierenden Eingriffen zerfällten, zersetzten Leben, auf daß er an einem Ort, in einem Bezirk des Einen, des Heilen noch innewerde. Und zwar nicht als Zuschauer, Teilnehmer, Mitglied, sondern ergriffen von der Leidenschaft des Raumes, der auf das Unräumliche hin transparent ist, weil er der scheinbar unvermeidlichen Erstarrung der Welt in Absichten und Zwecke nicht unterworfen ist.

Wer also wagt, ihn wieder zu denken und zu bauen, den leeren Raum, diesen Spielraum des Raumes zum Unräumlichen Gottes hin. Wer wagt, solch – ich finde kein anderes Wort – „heiligen Unernst" zu treiben; Unernst insofern, als wir uns ja angewöhnt haben, als ‚ernst' nur das zu nehmen, was, wie Gerhard von Kujawa sagt, „fast ausnahmslos die Sphäre des in einer unerkannten Weltangst aufgewachsenen Ich kennzeichnet".

Ernst – verstehen wir unter ihm heute noch anderes als den nackten „Egoismus einer auf reine Ausnutzung bedachten Zweckwelt, die keine andere Absicht mehr erfahren kann als das Böse am anderen"? Ernst – das ist derjenige Bezirk der Welt, der arm geworden ist in unserem Reichtum, entblößt von Kult, von Religion, von Kunst, von Spiel. Die absolute Bewertung des ‚ernsten' Verstandes, der Glaube, daß der Verstand die oberste

Instanz des Menschen sei und daß alles, was sich diesem Bereich des Verstandes entzieht, „unwesentlich" – ohne Wesen – sei, haben uns die „grotesken, gleichwohl aber streng vernunftmäßigen Greuel" beschert, die uns als Umwelt – gleich: Nutzwelt – umgeben, angefangen von den kaninchenstall-artigen Behausungen, die wir uns unter der bezeichnenden Wertmarke ‚sozial' als Wohnungen anweisen, bis hin zum sogenannten Pfingst-Verkehr.

Daß da noch ein anderes sein könnte, ausgespart aus den Bezirken des ernsten Verstandes, ein Ort von anderem Ernst, ein Ort, der nicht der Nutz- und Verbrauchswelt zugehört, das kommt uns kaum mehr in den Sinn, und wenn, so wird es diffamiert als ‚subjektiv', als ‚unwesentlich', als ‚idealistisch', ‚romantisch', ‚verstiegen', ‚weltfremd'.

Sollten wir ihn nicht wieder bedenken, den ‚weltfremden', den der Nutzwelt fremden Raum?

Den Raum für das, wie Hölderlin es nennt, „antiquarische Fest", das nicht auf Sitzplätze zählt, nicht auf fader Gemeinde-Symbolik gründet, nicht im ‚gleichmäßigen Rahmen' sitzt.

Der Raum, der sich als ‚Raum an sich' definiert oder, wie Bloch sagt, als „Wille zu unserem Gesicht und schließlich als Gesicht unseres Willens"; den Raum als ‚schöpferischen Begriff', der das „phantastisch Konstitutive" aus sich entläßt und stiftet, in dem Sinn, „daß plötzlich, mit unsäglicher Sicherheit und Feinheit etwas sichtbar, hörbar wird … mit Notwendigkeit, in der Form ohne Zögern … im höchsten Grade unfreiwillig, aber wie in einem Sturm von Freiheitsgefühl, von Unbedingtsein. … man hat keinen Begriff mehr, was Bild, was Gleichnis ist … Es scheint wirklich … als ob die Dinge selber herankämen und sich zum Gleichnis anböten." (Nietzsche, Ecce Homo)

Und nun kann ich den Begriff, von dem ich ausging, wegtun, den Begriff „leerer Raum". Wir bedürfen dieser Fiktion nicht mehr, weil das, was leer zu stehen scheint, voll von Sprache ist; und der Bau, durch den der Raum bewirkt wird, in dem inmitten drohender Sprachlosigkeit Sprache sein kann, dieser Bau, der Kirchbau, erscheint als Ort der Anamnese, des Gewahrwerdens, Wieder-Gewahrwerdens der unverkürzten, unbeschnittenen Wirklichkeit, als des offenbaren Geheimnisses.

Man mag das als anachronistisch schelten, als der Zeit zuwider. Dann bezeichnet man ganz genau das, was ich meine in seiner Versöhnung mit der Zeit. Denn die Sache der christlichen Verkündigung ist ja au fond anachronistisch, wie uns letzthin Gerhard Ebeling in seinem großartigen Vortrag über „Profanität und Geheimnis" gesagt hat. „Es ist die Sache der

christlichen Verkündigung", sagte er, „den Menschen in der Profanität aus dem verzweifelten Versuch herauszuholen, sich in der Eigenmächtigkeit seiner Profanität – in seinem Aberglauben, nichts als Täter zu sein – dem Geheimnis der Wirklichkeit zu entziehen."
Aber ist nicht gerade der, der baut, der Architekt, ‚Täter' par excellence, gläubig seinen Taten verschworen, die seine Taten ja auch dann bleiben, wenn ihm Baustoffe und Maschinen, Verfahren und Geld den Spielraum des Handelns begrenzen. ‚Nichts als Täter' ist der Architekt ganz gewiß, solange er Zwecke erfüllt und Funktionen umbaut, eingespannt in den Gang der Nutzwelt.
‚Nichts als Täter' ist er, solange ihm die Erfahrung, die heute schon kaum mehr mögliche und aussprechbare Erfahrung abgeht von der – wie Christa Reinig sagt – einen Gnade der rechten Lösung: nämlich „an der Stelle, die nicht gekannt sein wird, vom Gesetz abzuweichen und den Fehler zu machen, der nicht gewollt war".
Der vielleicht reinste Bau des 20. Jahrhunderts, keine Kirche, sondern Mies van der Rohes Pavillon für die Ausstellung in Barcelona 1929 verdankt sich dem einen Fehler, der nicht gewollt war, an einer Stelle, die Mies nicht kennen konnte. Er machte ihn in dem Augenblick, als er auf dem Lagerplatz einer Werft stehenden Fußes den Onyxblock zu kaufen sich entschloß, aus dem eigentlich Vasen für die Ausstattung eines Ozeanschiffes hatten hergestellt werden sollen. Mies van der Rohe kaufte den Stein für die Verkleidung der Hauptwand seines erst projektierten Pavillons. Die Abmessungen des Steins legten nun fest, was da Wand werden konnte. War das etwa ein Fehler: die Schönheit eines Steins zu sehen und dieser Schönheit zuliebe die Maße des Werks festzulegen? Es brachte Mies van der Rohe die Gnade der rechten Lösung.
Gnade – das Wort ist außer Kurs, nicht nur in der Sprache der Architekten. Es ist so außer Kurs wie die Worte ‚Baukunst' und „Frömmigkeit". Redet man nur nicht mehr davon? Oder sind die Inhalte tot? Ich glaube nicht, daß sie tot sind. Aber – und das ist fast schlimmer – man redet nicht mehr davon, weil man verzichtet. Etwa aus dem Anspruch heraus, man sei Manns genug, ein Werk vollständig zu konstruieren. Dafür zahlt man den Preis eines nahezu totalen Verzichts. Denn soll ein Werk – so etwa hat es Albrecht Fabri formuliert, – vollständig konstruiert sein, so läßt es sich nur beginnen als ein schon fertiges, als etwas, in dem nichts wird erscheinen können, was im vorgängigen Plan nicht schon zu Ende gebracht ist. Warum dann überhaupt noch beginnen? „Das spezifische Abenteuer der Kunst – und ergänzen wir ruhig: der Baukunst –: etwas zu

Ohne Gemeinde! Blick durch die Hallenschiffe von St. Petri zu Lübeck, 1986 als letzte der fünf großen Kirchen Lübecks wiedererstanden.
Planung und Bauleitung Kirchenbaurat Zimmermann

sagen, das man, bevor man's gesagt hat, keineswegs schon wußte, wird im vollständig konstruierten Werk geopfert." Indessen der lausige Volksmund sagt: Nur ein Schelm gibt mehr, als er hat. Sind wir also Schelme? Doch was haben wir denn? Wissen wir, was wir haben? Wissen wir das, ehe wir's geben?

Es gibt für den schöpferischen Menschen – ich weiß: man hört auch das nicht mehr gern – ein einziges Vorrecht, nämlich entweder ganz zu gewinnen oder ganz zu verlieren. Was dazwischen liegt, zählt nicht. Gewinn und Verlust sind in seine Kraft gegeben, nicht aber in seine Macht. Hier trifft ein anderes ein, nicht von außen, sondern durch das schöpferische Selbst hindurch, durch dessen Sich-aufs-Spiel-setzen, im Prozeß der äußersten Waghalsigkeit: die Gnade des Gelingens. Wer sie aber hat erfahren dürfen, der weiß wohl auch zu berichten von den Plagen, die ihr vorausgingen oder sie begleiteten: Unzufriedenheit, Rastlosigkeit, Unsicherheit, Zweifel, marternde Selbstkritik. Da werden die echten Preise gezahlt, Preise, die – Sie alle wissen das oder ahnen es wenigstens – in keiner Bauabrechnung auftauchen, sondern an die erste und letzte Substanz gehen, die wir aufbringen, nämlich an unsere persönliche.

Doch auch dies ist ja zutiefst anachronistisch in einer Zeit, die keinen Gewinn und keinen Verlust zulassen will, der nicht zuvor gewogen werden kann. Da werden die ‚tragbaren' Verluste kalkuliert und die Gewinnmargen eingesetzt, und nicht nur die Gewinne und Verluste an Geld. Vielmehr wird da das Feld des Bauens selbst abgesichert mittels des vollständig konstruierten Plans. Aus Vorsicht wird der Prozeß des Bauens abgebrochen, noch ehe er eigentlich begonnen. Was dem Philosophen, dem Poeten, dem Musiker, dem Maler noch erlaubt ist – dem Architekten ist's verboten, denn er hat ja ein technisches Werk in Gang zu setzen und ist im Unterschied zu jenen anderen ‚sprachlos'. So jedenfalls wird sein Beruf heute verstanden. Er darf nicht sagen: „Mein Werk ist nie fertig und macht mir, wenn es fertig ist, Verdruß. Bis es unabänderlich wurde, hielt es seine Mängel verborgen, und weil es unabänderlich ist, entblößt es sie. Seine Fehler und was ihm fehlt …" Der Architekt wird zunehmend ausgeschlossen heute aus dem Prozeß, den Nietzsche das ‚schaffende Selbst' nennt. Er soll nicht mehr zu denen gehören, die Zeit ihres Lebens mit Binnenkorrekturen beschäftigt sind, mit Korrekturen – ich zitiere wieder Karl Kraus –, „deren Leid sich erst wieder in Lust am nächsten Werk verwandelt, oder sich im Troste beruhigt, daß die menschliche Natur fast so unvollkommen sei wie die menschliche Einrichtung."

Denn „es galt – und gilt – ja das Chaos abzubinden und den bewegten Inhalt so zu umfassen, daß er sich bewegend stehe. Wo aber auf dem Wege zur Endgiltigkeit wäre ein Ende ..."
Dieser wunderbare Satz von Kraus, umreißt er nicht in einem Zug den Sinn des Architektenberufs genauer, als es jene vielen paragraphierten Sätze vom heutigen Selbstverständnis des Architekten tun, die wir in den Präambeln zu den Satzungen der Architektenkammern und -bünde lesen?: „Denn es gilt ja das Chaos abzubinden und den bewegten Inhalt so zu umfassen, daß er sich bewegend stehe."
Was könnten wir anders tun? Welch anderen Sinn könnte unsere Arbeit haben? Nun, selbstverständlich können wir auch anderes tun. Wir können uns einfangen lassen von der Endlichkeit dessen, „was uns als Gegenstand und Zweck zugänglich ist" (Jaspers).
Wir können uns einfangen lassen von einer banalen Abschreibe wie der, die die Berliner Arbeitsgemeinschaft für Publizistik in ihrem Informationsheft vom April dieses Jahres zu drucken für nötig befand. Da ich weiter dazu gar nichts sagen muß, erlauben Sie mir bitte, einen Absatz daraus vorzulesen:
„Das Gemeindehaus" – heißt es da – „muß zu einer echten Stätte der Begegnung der Menschen werden."
Ich darf einflechten: schon die Einfügung des Wörtchens ‚echt' verbürgt die Unglaubwürdigkeit des folgenden.
„Das heißt, es muß die Möglichkeit vorhanden sein, durch ein differenziertes Angebot an Räumen mit ihren verschieden ausgelegten Funktionen jedes Gemeindemitglied anzuregen, an dieser Gemeinschaft teilzunehmen. Das bedeutet: Es müssen Räume zum Diskutieren genauso wie Räume der Besinnung oder Räume für Sport und Spiel, für Vergnügen und für Arbeit vorhanden sein. Natürlich können die Räume allein nicht ein Gemeindeleben hervorbringen. Das muß aus der christlichen Gemeinschaft kommen. Der Pfarrer der Gemeinde hat die Aufgabe, die Glieder seiner Gemeinde davon zu überzeugen, daß das ‚Gemeindehaus' nicht Selbstzweck ist, sondern daß es dazu dient, christlichen Gemeinschaftssinn zu fördern." ... „Es ist notwendig", so schließt die geschäftstüchtige Autorin, „daß die heutigen Gemeindezentren flexibel sind, flexibel gebaut werden, um den Anforderungen, die die Gesellschaft an die Kirche stellt, gewachsen zu sein."
Da bleibt einem doch die Polemik im Halse stecken, wenn man so etwas hört: ... um den Anforderungen, die die Gesellschaft an die Kirche stellt, gewachsen zu sein. Wollen wir nicht auch die Evangelien fix umschrei-

ben, flexibel machen, damit sie den Ansprüchen der Gesellschaft entsprechen? Ich weiß, flexibel sollen die Gemeinderäume sein. Ich habe nichts, gar nichts dagegen. Denn das ist ja nachgerade ein Gemeinplatz; über den ja auch wir gleichwohl morgen und übermorgen noch reden werden und reden müssen. Aber die Begründung, die uns da gegeben wird, zeugt wenn nicht von Dummheit, so doch von einer unglaublichen Gedankenlosigkeit; ja, wir sollten sagen: Glaubenslosigkeit, wenn wir Kirche (noch immer) verstehen als ‚Corpus mysticum‘, wenn Kirche uns – noch immer – das Wunder bedeutet, als das sie gestiftet wurde: als gleichsam die Fortsetzung der Menschwerdung Gottes in Christus. Oder wie immer auch Theologen sagen und sagen werden. Kirche, so jedenfalls verstehe ich sie, ist ein Aktivum, ganz gleich, ob man sie als Stiftung oder als konkrete Gemeinde begreift. Sie ist das, was sich nicht anpassen kann und anpassen darf, was der Gesellschaft nicht schmecken darf als eine ihrer pluralistischen Portionen. Aber wir stehen in der Tat da, wo die Gesellschaft sich die Kirche einverleibt als eine zwar weltanschaulich fixierte, aber doch keineswegs störrische kulturelle und soziale Institution. Und sie kommt also solche gerade recht, da, wo der Staat Vorsorge versäumte und seinen sozialen Unterbau verkümmern ließ, Nachsorge auf sich zu nehmen.

Da es dahin gekommen ist – nicht zuletzt unsere Ratlosigkeit gibt davon Zeugnis –, ergreift man dies Einverleibtsein, wenn schon, nun schon als Chance: „Weltheiligung als Grundthema des gottesdienstlichen Lebens verlangt … eine Verlagerung des Schwergewichts im kirchlichen Leben und im kirchlichen Bauen von der Öffentlichkeits- und Lehrkirche zur Dienstkirche." Werner Simpfendörfer, für den die „nachsakrale Zeit" längst angebrochen ist, würde an die Stelle des Kirchbaus und des Gemeindehauses das ‚Sozialzentrum‘ treten lassen.

Da wird also bereits die Konsequenz gezogen. Aber abgesehen von dem Mißtrauen, das solch einhellige Konsequenzen, meine eingeschlossen, auslösen mögen – ich möchte zu bedenken geben, ob da nicht die vielbeschriene Weltflucht der Kirche einfach, allzu einfach umgemünzt ist in eine Flucht in die Welt, um dieser Welt nicht weiter ausgesetzt zu sein; dieser Welt, die ich die Nutzwelt, die Profitwelt, die Verbrauchswelt nenne. Ich nehme an, daß auch diese Frage uns noch intensiv beschäftigen wird.

Meine Damen und Herren, ich habe versucht, Ihnen eine Vorstellung zu geben: meine Vorstellung vom sakralen Bau. Aber indem wir eine Vorstellung errichten – und hier folge ich Jürgen Becker, denn was soll ich's noch einmal mit anderen, unzulänglicheren Worten sagen: „Indem wir eine Vorstellung errichten, veranschaulichen wir eine Vorstellung vom Äußeren in unser Inneres. Unsere Vorstellung stellt kein Modell her, das über Selbständigkeit verfügte und entweder autonom oder nach Maßgabe des Wirklichen funktionierte. Nichtsdestoweniger bestreiten wir nicht die Anwesenheit des Fiktiven. Es ist ja immer da", sagt Jürgen Becker, „es umgibt uns und zeigt sich als Welt, in der wir leben, als sei sie übersehbar wie diese Fläche Papier. Der Umgang mit solcher Fiktivität ist notwendig kritisch; nur die Zerstörung des Fiktiven setzt frei, was nun wirklich ist, was nun wirklich gewesen ist, oder was sein könnte ... Es ist nicht unsere Aufgabe und Absicht, vorgefundene Fiktionen zu reproduzieren. Wir demonstrieren aber, wie sie auf uns einwirken; und wir gestehen, daß wir nicht immun sind. Wir glauben die Verstörungen zu kennen, die sie in uns hinterlassen haben. Indem wir diese Hinterlassenschaft wörtlich zu kennen geben, geben wir jedermann Gelegenheit, den eigenen Bewußtseinsstand daran zu messen. Wir sind nicht allein unter Verschüttungen verschwunden. Die Notwendigkeit des Veränderns", so fügt er hinzu, „ergibt sich dann von selbst."

Hier könnte ich Schluß machen. Denn genau bis hierher wollte ich gehen: Ihnen meine Vorstellung errichten und die Fiktion zerstören, der Raum sei übersehbar, da bereits vom Nutzen überwältigt; womit ich, vielleicht, eine neue Fiktion hergestellt habe. Die nämlich, daß sich ein geistiges Wirken fortsetzen läßt in der Sprache des Raumes. Und das will sagen: in der Sprache des je Einzelnen, dessen Leidenschaft allein, um mit Hamann zu sprechen, Bildern und Zeichen „Geist, Leben und Zunge" gibt; in der Sprache einer Architektur, die erfahren werden kann als Gleichnis und Auslegung ineins, oder, was dasselbe besagt, als „Wille zu unserem Gesicht".

Ich benannte den Raum inmitten der ‚Barackei', in dem Sprache noch sein, in dem Sprache sich noch ereignen kann. Das Wort. Das „Ich bin ..." Ich beschwor die Gestalt des Prometheus in der Meinung, daß seine Nachfahren, die wie er in der Architektur unterwiesen worden sind, nun aufs Neue auf Raub ausgehen müßten, um den Menschen jenen Raum zu bewahren, der nicht mit Stundenkilometern und Kubikmeterpreisen zu messen ist.

Ich verwies auf das ‚schaffende Selbst' als auf das eigentlich reale. Ich sagte Ihnen den Satz von Bloch, daß, wer nichts sei, auch draußen nichts mehr antreffe und daß wir erst recht nicht, was sein soll, ohne uns noch sehen können.

Ich nannte Ihnen Karl Kraus und dessen Definition auch des Architektenberufes:

„... das Chaos abzubinden und den bewegten Inhalt so zu umfassen, daß er sich bewegend stehe".

All dies habe ich Ihnen zugemutet in einer etwas schwierigen, sprunghaften, aphoristischen Form, damit ich die mir gestellte Frage mit einer einzigen These beantworten kann und Sie diese These verstehen. Ich habe dieser nackten These also sozusagen zuvor ein Kleid zusammengestückt.

Meine These lautet: Die Krise des Sakralbaus, wo und wie wir sie auch antreffen, ist Zeichen dafür, daß wir dabei sind, Gott, Welt und Menschen hinter die Gitter des positivistischen Denkens zu sperren und also abermals zu verleugnen und zu verraten. Der Nutzen ist es, der nun auch der Kirche zu frommen beginnt. Die Zwecke haben die Kirche usurpiert. Sie ist dabei, mit ihren Räumen auch ihren Atemraum zu verspielen.

St. Wendel in Frankfurt am Main. Blick in den ungeteilten durchlichteten Raum.
Architekt: Johannes Krahn, 1958

Heinrich Zille: Exlibris Adolf Behne.
Von der Secession zur Freien Secession mit dem Arbeitsrat für Kunst
und Paul Scheerbarts „Glasarchitektur"

Neuer Begriff *Neues Bauen.*
Stimmen aus der „Frühlicht"-Zeit der Moderne
1994

ℳ Als Hans-Günther Sperlich und ich im Frühjahr 1957 an dem „Erinnerungs-buch" *Phantastische Architektur* arbeiteten, waren wir uns beide einig: Dieses Buch hätte Adolf Behne schreiben müssen. Er steht nach dem ersten Großen Krieg, selbst außerordentlich engagiert und dennoch ebenso kritisch, mitten in der Bewe-gung, die in der *Novembergruppe,* im *Arbeitsrat für Kunst,* in dem *Gläserne Kette* benannten Architekten-Briefwechsel und in Bruno Tauts „Frühlicht"-Heften ein neues Bauen heraufzuführen versuchte. Und auch später, im Baubetrieb der zwan-ziger Jahre, ist Behne der unentwegte Mitstreiter und zugleich der kritische Wortfüh-rer des Kommenden, des Neuen. Er sieht auch die Entwicklungen abseits des *Bau-hauses.* Das er politisch bis aufs Messer verteidigt, ohne doch seine Kritik an der Institution selbst hintanzustellen. Kurz, Behne lebte uns die Liberalität vor, die wir in der Architekturdiskussion der fünfziger Jahre schmerzlich vermissten. Kräftiger als wir hat sicher Rudolf Schwarz mit seinem Pamphlet wider den „Alleinvertretungs-anspruch" des Bauhauses die Fronten geklärt. (Nachzuprüfen in Band 100 dieser Reihe.) Ich verdanke Adolf Behne – er starb schon kurz nach dem letzten Krieg – den Zugang zu den zwanziger Jahren; ich verdanke ihn ebenso seiner Frau, Elfriede Behne, die mich zu Aenne Scharoun und Hannah Hoech begleitete. Direk-ter, dichter konnte man mit den legendären zwanziger Jahren nicht in Berührung kommen. Doch gar nicht weit hergeholt: Wenn ich an Adolf Behnes Schriften *Die Wiederkehr der Kunst* oder *Der moderne Zweckbau* erinnere, denke ich gleich auch an Erich Mendelsohn. Sie beide waren zu ihrer Zeit die Weitsichtigen. ℳ

„Wir müssen *gleichzeitig* vom Menschen aus das Bauen und vom Bauen aus den Menschen angreifen." Dieser Satz ist im Herbst 1923 niederge-schrieben. Noch siebzig Jahre später liest man ihn mit Verwunderung. Es läßt sich so leicht nicht ein ähnlich aggressives Kürzel für die Zielsetzung dessen entdecken, was nun – jedenfalls in Deutschland – nicht mehr ein-fach nur *neue* Architektur genannt, sondern als *Neues Bauen* vorgetragen wird. Woraus sich gegen Ende der zwanziger Jahre ein seltsamer Streit entwickelt: Hugo Häring, Sekretär der Berliner Architektenvereinigung

Die grosse KIRCHE
mit exzentrischem Turm
Gebet u. wachsendes Empfangen

Dank der Gemeinschaften
im Auftürmen von Hallen
zu einer grossen vielgliedrigen
von Generation
zu Generation

Bruno Taut: Die große Kirche. Aus „Die Auflösung der Städte oder
Die Erde eine gute Wohnung oder auch Der Weg zur Alpinen Architektur", 1920

„Der Ring", verteidigt den neuen Begriff vehement gegen Le Corbusier, der ihn auf den Internationalen Kongressen für Moderne Architektur, CIAM genannt, nicht hören und also auch nicht eingeführt haben will. In der Tat ist keine Übersetzung kräftig genug, den mit dem *Neuen Bauen* gemeinten Inhalt sinngemäß zu transportieren: Vom – neuen – Menschen ausgehend neu bauen und zugleich für einen neuen Menschen bauen. Das oben zitierte Kürzel stammt von Adolf Behne. Es findet sich in einer bescheidenen Jubel-Broschüre zum 10jährigen Bestehen der Siedlung „Am Falkenberg" in Berlin-Grünau. Zufall oder nicht: ein Brückenschlag zurück über den Großen Krieg zu den schon zuvor erkennbar gewordenen Manifestationen eines neuen Bauwillens. Sozusagen blind lief dieser Wille in die ihm hart entgegenstehenden politischen Katastrophen des Jahres 1914. Das betraf in gleicher Weise das eben erst genossenschaftlich neu organisierte Leben in den Reformsiedlungen, wie Falkenberg oder auch Hellerau/Dresden, wie auch die mittlerweile legendäre Ausstellung des Deutschen Werkbundes in Köln mit den Bauten von Theodor Fischer, Peter Behrens, Josef Hoffmann, Henry van de Velde, insbesondere aber den beiden im eigentlichen Sinne zukunftsträchtigen Bauwerken: dem Fabrik- und Bürogebäude von Walter Gropius / Adolf Meyer und Bruno Tauts „Glashaus". Die Ausstellung war am 16. Mai 1914 eröffnet worden; der Krieg, das *Völkermorden*, schloß sie am 4. August. Das „Glashaus", auf ein visionäres Bau-Ziel hin errichtet, stand gerade eben erst vier Wochen dem Publikum offen; ausgerechnet dieser Bau, der, abgesehen von den ironischen Glas-Sprüchen Paul Scheerbarts, die künftige Bestimmung des Hausbaus – sicher hier noch mißverständlich – proklamierte, war zu spät fertig geworden. Es werde, so Bruno Taut, künftig darum gehen, mit jedem Haus „ein Gewand für die Seele zu bauen".
Das sei aber beileibe keine neue Methode. Im Gegenteil, alles Modische habe mit dem „neuen Begriff des Bauens" nichts zu tun. „An Stelle der Oberflächen, deren Schönheit als eine ‚absolute', weil isoliert geschaffen und betrachtet wurde, kommt es jetzt darauf an, das Haus zu einem Instrument von vollendeter Brauchbarkeit zu machen. (…) Architektur wird, pointiert gesagt, nun die Schaffung des schönen Gebrauchs an Stelle des schönen Aussehens." Behne ergänzt: „Schönheit ist vollkommener Sinn." Beide Äußerungen aus dem Spätjahr 1918 belegen, daß die viereinhalb Kriegsjahre die vor 1914 gesäten Keime eines *Neuen Bauens* im Kern nicht haben verletzen können. Die mörderischen Schlachten, die später so heroisierten „Stahlgewitter", das Graue Elend und die Hungerwinter hatten nun erst recht das *Neue Bauen* auf eine, wie es

schien, strahlende Bahn gesetzt. Die Künste, allen voran die Baukunst, haben läuternd die Wunde des europaweiten Versagens je landesherrlicher Politik auszubrennen. „„Die Kunst muß die Gewalt vernichten' – indem wir dieses wunderbare Tolstoj-Wort über unsere Liebe zur Kunst schreiben", ruft Adolf Behne in den *Neuen Blättern für Kunst und Dichtung* mit dem Titel *1918* aus, „können wir wohl kaum anders, als die jetzt so oft mahnend gestellte Frage: ‚Enthielt nicht dieser Krieg auch eine heilsame Lehre für die Kunst?' mit einem klaren und herrischen Nein! beantworten." Der Schönheit abschwören, weil – wie später ein anderer Mit-Denker des *Neuen Bauens*, Josef Frank, in Erinnerung rufen wird – die „Ansichten über alles durch den Krieg erschüttert und zum Teil zerstört worden (sind)"? Weil man einzugestehen hatte, „daß nichts so sein muß, wie es ist, daß alles auch anders sein kann, daß heilige Begriffe von früher auf einmal verschwunden sind?" „Wir sind regellos aus dem Krieg herausgekommen." Das aber schert 1918 noch niemanden. „Wenn es gilt, Häuser zu bauen für Menschen, so sind wir zur Stelle", bekräftigt Adolf Behne mit Emphase die Überzeugung der im *Arbeitsrat für Kunst* zusammengeschlossenen jungen Architekten. Bis das aber wieder möglich sei, politisch wie wirtschaftlich, wären Architekten „doch nur Werkzeuge der Schieber und Ausbeuter. Also mögen diese schon lieber ihre Geschäfte allein treiben. Wir passen nicht mit ihnen zusammen", konstatiert Behne in diesem Text von 1920. Erst müsse die Welt von Einsicht und Güte geleitet werden. „Und bis dahin hüten wir die reine Flamme, damit, wenn es einmal … zum Bauen kommt, die Baukunst da sei. Wir leisten Zukunftsarbeit. […] Soll das neue Haus, das freilich im Augenblick noch nicht aktuell, also ein Luftschloß ist, nicht ebenso fehlerhaft werden wie das alte, so müssen etliche sich der Mitarbeit an den Reparaturen entziehen, um Zeit zu haben für das Haus der Zukunft, damit, wenn dieses gebaut wird, die tiefere Einsicht nicht fehle. (…) Unsere Luftschlösser sind zähere Arbeit als das eilige Tagewerk, das angeblich so fest auf der Erde steht. Aber in Wirklichkeit steht es gar nicht auf der Erde, sondern auf herausgeschnittenen Parzellen, Grundstücken und Terrains. Auf der Erde stehen unsere Luftschlösser – auf dem Sterne, auf der Kugel, auf dem Ganzen." Dem Ganzen, das das Einzelne umfaßt.

Während Berliner Architekten mit solchen Deklarationen und ihren „Luftschlössern" – Kultbauten, Volkshäusern, Formphantasien, Domsternen – in die Arbeiterviertel ziehen, kommt aus dem fernen Ostpreußen die hymnische Überhöhung: „Tausend Möglichkeiten entströmen unserer

Hans Scharoun: „Volkshausgedanke", Federzeichnung, 1920

Pavillon der Deutschen Glasindustrie auf der Werkbund-Ausstellung 1914 in Köln.
„Schriftband" mit Glas-Sprüchen von Paul Scheerbart. Architekt Bruno Taut

Phantasie. Die eine bleibende wird sein über Nacht. Unser heißer Wille soll dieser Nacht der Vereinigung mit dem Urdrang eines Volkes entgegenfiebern. Dann wieder wird Bauen Fundament in der Sinnlichkeit einer Menschheit und Krone in der Reinheit des Jenseits haben und wir sind wieder wahr." Hat der 27jährige Scharoun, der von Insterburg aus auf den Flügeln des von Bruno Taut initiierten Gedankenaustauschs mit Namen *Gläserne Kette* solche Texte in Umlauf bringt, August Stramm gelesen? Oder Ernst Toller? Es ist zu vermuten. Der literarische Expressionismus bricht sich auch zu den anderen Künsten Bahn; vor allem: in gleicher Richtung. Am 20. Oktober 1919 sieht Berlin in der Tribüne Fritz Kortner als Helden von Tollers erstem Drama, niedergeschrieben März 1918 im Militärgefängnis: Der Jude Friedrich wandelt sich vom Kriegsfreiwilligen zum Verkünder einer Wiedergeburt des Menschen. Auch hier, im Drama *Die Wandlung*, Visionen, ekstatische Appelle: „Geht hin zu den Soldaten, sie sollen ihre Schwerter zu Pflugscharen schmieden. Geht hin zu den Reichen und zeigt ihnen ihr Herz, das ein Schutthaufen ward ...!" Und hatte nicht auch Georg Kaiser 1917 schon in seinen *Bürgern von Calais* den „Neuen Menschen" proklamiert: „Vielgestaltig gestaltet der Dichter eines: die Vision, die von Anfang ist." Sich selbst fragend, von welcher Art die Vision sei, kommt die Antwort: „Es gibt nur eine: die von der Erneuerung des Menschen."

Auflösung, Ablösung, Wandlung, Wachsen und Werden – Energie, Dynamik, Tempo schließlich: Worte, die etwas meinen, für eine Grundstimmung stehen. Das Zerschlagen der Konventionen läßt neues Leben aufblühen. Je mehr Mangel an allem und jedem zum Einzigen wird, das im Überfluß vorhanden ist, desto expressiver setzt sich das Lebensgefühl darüber hinweg. Selbst die Vätergeneration findet zu erstaunlichen, sagen wir ruhig: Ausschweifungen. Peter Behrens, zum Beispiel, im September 1920: „Nicht der Mangel, den wir leiden, nicht die Teuerung, nicht die Vernachlässigung der Straße und der Verkehrsmittel ist das am meisten Betrübende, sondern die Demoralisation breiter Volksschichten. Das Stehlen, Lügen, Trügen, das überhand nimmt, das gewissenlose Sichbereichern Einzelner auf Kosten der Allgemeinheit müssen jedem das Herz zerreißen, der einst an deutsche Ehre glaubte. Eine Wandlung aus dieser Tragik muß kommen. Eine Revolution, nicht mehr im Sinne des Marxschen Materialismus, sondern für die soziale Idee im Geistigen. Eine leidenschaftliche sittliche Erneuerung von puritanischer Strenge. Durch Offenheit, Kühnheit und Beharrlichkeit zu einer neuen Sittlichkeit zu gelangen, ist mehr als eine pflichtvolle Aufgabe, ist ein Ziel, das

Begeisterung entfachen und den Glauben an die Schönheit eines neuen Lebens erwecken könnte. (...) der Ausweg ist nicht durch eine arithmetische Rechnung, sondern nur durch die Phantasie des Geistes und die Kraft der Idee zu erhoffen."

Die Jungen sagen es kürzer und bleiben ihren Bauträumen nichts schuldig, einstweilen jedenfalls.

Bruno Taut im Dezember 1918: „Ein neues Menschentum muß der neue Baumeister in sich tragen."

Hans Scharoun 1919: „Ahnst du wohl, (...), daß Architektsein heute mehr heißt als Häuschenbauen. Daß es vielleicht *den* Dienst am Volke umfaßt?"

Und im Januar 1920: Die Kunst dieser Tage scheint „bereit, letzte Krönung durch Architektur zu empfangen. Nach der Herrschaft der Farbe und der Linie die des Raumes. Nicht so, daß der Raum als Gegenstand alles sich unterordnet, sondern so, daß Gegenstand (Raum als *Gegenstand*) im Rhythmischen des Gesamtorganismus bewußt eingeordnet wird." Es geht um das „Gefühl für Absolutismus des Räumlichen, dem alles, Gegenstand, Farbe – Mensch? – eingefügt wird".

Ein erstes verstecktes Fragezeichen hinter dem *Neuen Menschen*, den es zu behausen gilt. Im Überschwang dieser Huxleys Erfindung um gut ein Jahrzehnt vorauslaufenden *Sonnenaufgangswelt* (die erste Ausgabe der deutschen Übersetzung von *Brave New World* war 1932 noch mit *Welt – wohin?* betitelt!) erste Anzeichen von Skepsis? Sicher auch.

Doch es äußert sich darin vor allem wohl ein langsames Begreifen der neuen Aufgabe, ein wachsendes Bewußtsein, welch riesiges komplexes Pensum dem Jahrhundert mit diesem *Neuen Bauen* aufgegeben ist. Es dämmerte den Wortführern wie den Protagonisten, welche Anstrengungen es kosten wird, das als *neu* Begriffene auch zu *neu erscheinenden* Baugestalten auszuformen: Dem neuen Menschen das neue Haus zu bauen, mit dem neuen Haus einen neuen Menschen als dessen Bewohner und Nutzer zu formen. Das erste Nachkriegsjahrzehnt ist gerade eben zu Ende, da melden sich mehr und mehr wachsame Kombattanten des *Neuen Bauens* mit nachdenklichen Einlassungen zu Wort.

„Die meisten Leute sind mit ihrer Definition des ‚Neuen Bauens' schnell fertig", ärgert sich Rudolf Schwarz 1929. „Nichts wäre verkehrter als anzunehmen, daß wir heute jenseits von allem Historismus ständen. Im Gegenteil, wir stehen mitten darin, mehr vielleicht als je zuvor." Nur sei uns die Geschichte, meint Schwarz weiter, „innerlicher" geworden, „und so ist an die Stelle des kopierenden der immanente Historismus getreten. (...) Das „neu" meint also hier: erneuert, wiederwacht, und wiederwacht

Einsteinturm in Potsdam. Werkblatt (Ausschnitt), Zeichnung von Kosina.
Architekt Erich Mendelsohn 1919/20

war nicht nur die Vergangenheit, sondern auch ihre Kunst, große Bauten aufzurichten. Dieser Historismus ist nicht leicht abgelehnt, gehört zu ihm doch fast alles, was die letzte Zeit an guten Gedanken hatte. Poelzig gehört ihm an mit seinen besten Arbeiten, die ja barock sind, und Tauts gotischer Expressionismus gehört ihm an."

Schärfer geht Ernst Kallai im selben Jahr mit der *neuen Baukunst* ins Gericht. „gewiß, wir haben ein reichlich desillusioniertes neues bauen, ein bauen, das sich keine fassaden vormacht, sondern sein innerstes ohne ressentiments für überlebte pracht nach außen kehrt, das auch in seinem äußern vorbehaltlos sein inneres lebt, seinen grundriß und seine konstruktion nämlich, und zwar einen schlichten, praktischen grundriß und eine strenge konstruktion. aber (…) ist denn diese ganze schlichte, praktisch-zweckbestimmte ökonomie unseres bauens nicht auch eine ‚selbstquälerische askese, eine schwächung des lebens von unschuld und fülle zu schlechtem gewissen und kargheit' (Prinzhorn)?" Dieses Bauen mit seinen materiellen Möglichkeiten und psychischen Grenzen bleibe, so behauptet Kallai, hinter der notwendigen leib-seelischen Läuterung und Befriedung des Menschen zurück. Wenn man die komplizierte Tiefe einer *neuen Lebenslehre*, die sich ja mit dem *Neuen Bauen* verbinden soll, ins Auge fasse, müsse man erkennen, „daß auch die kühnsten wege unseres bauens zerbrechliche, dünne sicherungen sind, unterspült und umgeben von strömungen der finsternis und zerstörung (…) –: man baut sich praktisch fiktionen der ordnung und übersichtlichkeit vor, während das leben in unberechenbaren wucherungen gegen unsere konstruktionen antreibt. – wir haben allen grund", so Kallais Fazit, „überaus still und bescheiden zu sein." Es entbehrt nicht der Delikatesse, daß er solches Verdikt in der 1. Nummer des 3. Jahrgangs der Zeitschrift *bauhaus* ausspricht, aussprechen darf.

War also – unsere eigene Frage von heute her – das nach dem Ersten Weltkrieg ins Auge gefaßte *Neue*, das *Neue Bauen für einen neuen Menschen*, als Pensum verfrüht? Indem Ernst Bloch diese Frage bejaht, setzt er das *neue Pensum aufs neue in Kraft*. Wörtlich: „Der begonnene Grundzug der neuen Baukunst war Offenheit; sie brach die dunklen Steinhöhlen, sie öffnete Blickfelder durch leichte Glaswände, doch dieser Ausgleichswille mit der äußeren Welt war zweifellos verfrüht. Die Ent-Innerlichung wurde Hohlheit, die südliche Lust zur Außenwelt wurde, beim gegenwärtigen Anblick der kapitalistischen Außenwelt, kein Glück. Denn nichts Gutes geschieht hier auf der Straße, an der Sonne …" – „Wo ein Lebenszuschnitt so verworfen ist wie der spät-

bürgerliche, kann eine bloße Baureform nur erreichen, nicht mehr verhüllt-, sondern dezidiert-seelenlos zu sein."
Das ist sicher richtig. Tauts *Haus als ein Gewand für die Seele* ist nicht gelungen. Nur – und hier irrte der große Ernst Bloch –: Die *neue Baukunst*, das *Neue Bauen*, war alles andere als eine „bloße Baureform". Es gab da nämlich die Tautsche Überschrift
Die Erde eine gute Wohnung.
Und es gab – nur etwas schwerer auffindbar – darunter die eigenartige Widmung
Allen Kindern, den Schneeflocken, Blumen und Sternen.
Weder Motto noch Widmung waren auch nur entfernt ähnlich vor dem Jahr 1920 zu vernehmen.

Die im vorstehenden Beitrag angeführten Zitate sind durchweg der von Kristiana Hartmann zusammengestellten und kommentierten Anthologie „*trotzdem modern* – Die wichtigsten Texte zur Architektur in Deutschland 1919–1933" entnommen, erschienen im Frühjahr 1994 als Band 99 der *Bauwelt Fundamente* im Verlag Vieweg. Dank des ausführlichen Registers sind dort die Textstellen leicht aufzufinden.

Außerdem wird verwiesen auf den Neudruck der von Bruno Taut 1920–1922 herausgegebenen „Folge für die Verwirklichung des neuen Baugedankens", *Frühlicht* betitelt, in der gleichen Buchreihe, Band 8. Eine wertvolle Ergänzung ist der Katalog zur Ausstellung *Kristallisationen, Splitterungen: Bruno Tauts Glashaus*, veranstaltet vom Werkbund-Archiv – Museum für Alltagskultur des 20. Jahrhunderts – Berlin, 1993.

Hans Scharoun: Entwurfsskizze zum Wettbewerb New York Tribune, 1922

Konzerthaus der Berliner Philharmoniker. Haupteingang an der Westseite.
Architekt: Hans Scharoun.
Das Foto aus den Tagen der Eröffnung Ende September 1963 zeigt noch den Anstrich der
Betonfassaden im Gelb der Preußischen Herrenhäuser, für das sich Scharoun entschieden
hatte, als ihm inmitten der Bauarbeiten die Mittel für die vorgesehene Fassadenverkleidung
plötzlich gestrichen wurden.

Wandlung vom Menschlichen her.
Hans Scharoun zum Hundertsten
1993

ℳ Über Scharoun habe ich öfter geschrieben als über andere Architekten. In Berlin lag das nahe; es gab dort keinen vergleichbar bedeutenden Architekten. Indessen, als ich nach Berlin kam, 1957, gab es von ihm hier noch keinen Neubau von größerem Belang. Die Erweiterung der Siedlung Charlottenburg Nord war nur wenig Anreiz, wenn ich das großartige Entree, darf man wohl sagen, seiner Planung zur Siemensstadt von 1929 in Betracht zog. Noch in Darmstadt, hatte ich Scharoun mit seinem preisgekrönten Wettbewerbsentwurf für das Staatstheater Kassel scheitern sehen: Das mit der Ausführung betraute hessische Wohnbau-Unternehmen konnte, vereinfacht gesagt, Scharouns Planzeichnungen nicht lesen. Dem Bau des Konzerthauses der Berliner Philharmoniker wäre fast Ähnliches widerfahren: Die Behörde kam mit der Statik nicht zurecht. Und noch heute höre ich einen leitenden Baudirektor ausrufen, so lange er im Amt sei, werde dieses Projekt nicht gebaut. Es wurde dennoch gebaut – dank Herbert von Karajan und des – für dieses eine Mal – geschlossenen Engagements der Medien. Doch Scharouns Wirken in Berlin ist eine Geschichte für sich. Ich selbst, für meine Person, habe von Scharoun viel gelernt. So zum Beispiel, dass die Energie für neun normale Treppenstufen schon in den Muskeln drinsitzt; und dass man sehr wohl nach Norden wohnen kann, wenn nur die Fenster zur besonnten Landschaft groß genug entworfen sind; dass aber Kleinkinder und Schulanfänger der Sonne bedürfen, sozusagen mütterlich in einen Sonnennebel eingehüllt sein wollen. Derlei erfuhr man in Architektenkreisen damals sonst nirgends, es sei denn von Hugo Kückelhaus, dem zuständigen Guru für Sinnesfreuden und Sinnesleiden. Es lohnt sehr, Scharouns Bau- und Projektbeschreibungen nachzulesen. Ich wollte sie in einem Fundamente-Band gesammelt publizieren. Es scheiterte an der Forderung der Erbin, der Verlag möge zuvor an die vierzig Modelle nicht realisierter Entwürfe Scharouns anfertigen lassen. ℳ

Als Siebzehnjähriger schrieb er 1910 über eine Zeichnung: „Der selbständige Architekt soll sich nicht von Sensationen, sondern von Reflexionen leiten lassen."

147

Hans Scharoun hätte diesen Satz auch im Alter sagen können. Er ist ein Schlüsselsatz, der allerdings voraussetzt, daß man sich allen Ernstes einläßt auf die Art seines Nachdenkens über Mensch, Haus, Stadt und Landschaft, auf die Art und Weise, wie er sich hineindachte in die jeweilige Bauaufgabe. Dieses *gestalterische Denken* haben viele nie recht verstanden. Es erschien ihnen romantisch, irrational, wenn nicht gar suspekt. So suspekt wie das aus der reinen Anschauung gewonnene Urteil, dessen Genauigkeit und Richtigkeit nachzuprüfen es eben keinen anderen Weg gibt als den des Nachvollzuges. Goethe und Paul Klee haben uns, jeder auf seine Weise, gezeigt, wie Selbsterfahrung zur vollkommenen Deckung kommen kann mit der dank anschauender Urteilskraft gewonnenen äußeren Erfahrung. Wir werden noch sehen, wie diese Art des Erkennens die Entwürfe Hans Scharouns bestimmt hat und schließlich auch seine Bauten prägte. Hier war für's erste nur eine geistige Heimat anzudeuten, über die er selbst übrigens sich nie klar geäußert hat. Diese Bezüge seien Geheimnis, man solle darüber nicht sprechen.

Die andere Heimat, der Ort der Spiel- und Schuljahre, war nicht Bremen, wo Hans Scharoun am 20. September 1893 geboren wurde, sondern Bremerhaven, ,die kleine Stadt am Strom mit dem großen Hafen', wie sein späterer Weggefährte Heinrich Lauterbach anmerkt: „Der ständig erlebte Bezug zwischen Wohnen und Arbeit, zwischen Hafen und Stadt war ,das entscheidende Stück Lebenswirklichkeit', in dem Scharoun aufwuchs. Besonders die Schiffe regten immer wieder Beobachtung und Phantasie an. Er wurde früh aufmerksam auf die reinen Leistungsformen der Schiffe: die Decks verschiedener Ebenen, Brücken und Treppen, Kajütenaufbauten, Bullaugen, die Stromlinien der Schiffskörper. Spuren dieses Erlebens kann man in allen seinen Arbeiten finden." Bremerhaven – Scharoun selbst hat es gesagt – war der Ursprungsort jener gestalterischen Absichten, die ihn sein Leben lang bewegt haben: Vielfalt ist das Wesen der Hafenstadt. Sie ist, sagt Scharoun, „ein Abbild jener besonderen Aktivität, welche immer wieder dem Menschen abverlangt wird zwecks Erreichung und Sicherung der sich stets wandelnden Ziele".

Als Hans Scharoun als 76jähriger wieder in Bremerhaven zwischen Stadt und Weserdeich steht, um dort den Grundstein für das Deutsche Schiffahrtsmuseum zu legen, steht er am Rande des alten Hafens, in dessen Becken Museumsschiffe zum letzten Mal Anker geworfen haben, weitab vom neuen Hafenbetrieb des Container-Umschlagplatzes, weitab nun auch, kann man sagen, von den ehedem für ihn so abenteuerlichen

Plätzen des Schiffbaus und der Fischerei, die in seiner Jugend die Hafenlandschaft zwischen Stadt und meerweitem Strom bestimmten. Und was macht er nun? Er nimmt die Gedanken aus seiner Jugend wieder auf: Die enge Verbindung zwischen Stadt und Meer, die Stadt am Wasser. Er sieht die neue Chance, die jetzt, nach der Außerbetriebsetzung des Alten Hafens, der noch relativ jungen Stadt zum ersten Mal gegeben ist: einen Stadtmittelpunkt zu bilden. Mit dem Schiffahrtsmuseum macht er den Anfang dieser städtebaulichen Neuordnung: Einem trockengefallenen Schiff gleich setzt er den Bau zwischen Hafenbecken und Deich, im ersten Obergeschoß mit einer Brücke an die Deichkrone angebunden, an der Landseite auf den Alten Hafen mit den Museumsschiffen bezogen, ein Bau mit zwei Achsen, stark gegliedert und transparent. Trocken vermerkt der Erläuterungsbericht: „Intimität wechselt mit Sichtbezügen, mit Ein- und Ausblicken."

Hans Scharoun hat die Fertigstellung dieses Baus nicht mehr erlebt. Nur im Entwurf dieses späten Werks hat sich für ihn der Kreis noch geschlossen: Erkennen und Wiedererkennen, Begegnen und Wiederbegegnen.

Von 1912 bis 1914 studierte Hans Scharoun an der Technischen Hochschule in Berlin-Charlottenburg. Doch da war kein Lehrer, der ihn zu fesseln verstand. Trotzdem bringt er es zu Auszeichnungen. Bei einem der Hochschulassistenten, Paul Kruchen, arbeitet er ein erstes Mal praktisch in einem Architekturbüro. Derselbe Paul Kruchen reklamiert den Kriegsfreiwilligen Scharoun 1915 für Wiederaufbauarbeiten in Ostpreußen, für die Bauberatungsämter in Gumbinnen und Insterburg.

Scharoun kehrt nach Kriegsende nicht wieder nach Berlin an die Hochschule zurück, sondern bleibt als freier Architekt in Insterburg. Bis 1925. Kriegsende: Revolution, Friedenssehnsucht, Neuorientierung, expressives Engagement am Werden der, wie man meinte, Neuen Welt. Da war es ganz gleich, ob einer in Berlin oder Ostpreußen arbeitet. Der Expressionist Scharoun träumt und entwirft. Er baut wenig. Seine Wettbewerbsarbeiten vor allem fallen auf. Er gewinnt Kontakte, aus denen bald Freundschaften werden. Mit Bruno Taut, mit Max Taut, mit den Brüdern Luckhardt, mit Walter Gropius. Er schickt ekstatische Texte und Zeichnungen an die Freunde:

„Tausend Möglichkeiten entströmen unserer Phantasie. Die eine, bleibende wird sein über Nacht. Unser heißer Wille soll dieser Nacht der Vereinigung mit dem Urdrang eines Volkes entgegenfiebern. Dann wieder wird Bauen Fundament in der Sinnlichkeit einer Menschheit und Krone in der Reinheit des Jenseits haben. Und wir sind wieder wahr."

Das steht über der Skizze für ein tempelartiges Volkshaus aus dem Jahr 1920. ‚Ananas'-Entwürfe sagte Scharoun später selbstspöttisch dazu, weil diese Skizzen so ähnlich aussahen.

In einem dieser Briefe an die Freunde der ‚Gläsernen Kette' – wie Bruno Taut die Briefwechsel-Runde getauft hatte – steht aber auch der folgende Satz, und wieder ist er ein Schlüssel: „Nicht von Wegen wollen wir reden, sondern, buntfarbenen Möglichkeiten hingegeben, Phantasie – in Askese – ausstrahlen lassen." Phantasie in Askese – das ist fortan ein Wesenszug seiner Architektur.

Gleichzeitig fast bittet Scharoun – in einem Brief an den Kritiker Adolf Behne – aus einer „Skizze nicht auf ‚Literarisches' zu schließen, sondern auf eine der möglichen Formeln, die bei der Gestaltung selbst nicht diese einseitige Bewußtheit erlangen. Die Skizze wäre durch noch klarere Fassungen ... zu überholen", schreibt er, „ aber sie genügt mir, das Wesentliche des führenden Gedankens ... auszudrücken." Dieses Wesentliche, das Wesenhafte eines Entwurfs, so ist seine Überzeugung, „wird sich immer als Gestaltinhalt erweisen". „Inbegriff des Wesens aller Dinge", so lehrt er später seine Studenten, „nicht Symbol, sondern schaffende Ursache aller von der Substanz getragenen Wirkungen ist die Gestalt."

Daß Scharoun – schon damals, nach dem Ersten Weltkrieg – mit Gestalt mehr meint als nur Erscheinung, verraten die Kennworte, unter denen er seine Wettbewerbsarbeiten einreicht:

1921 – Post am Bahnhof Bremen: ‚Betrieb, nicht Repräsentation';
1922 – Büro- und Geschäftshaus in Königsberg: ‚Zeittakt';
1924 – Münsterplatz Ulm: ‚Umfassen und Scheiden';
1925 – Rathaus Bochum: ‚Kopf und Bauch der Stadt';

und so geht es weiter mit ‚Balance', ‚Weite', ‚Schwebe', aber dann auch mit Witz: Seinen Entwurf für die Bebauung der Prinz-Albrecht-Gärten in Berlin deklariert Scharoun 1924, ein Jahr bevor sich gegen den amtierenden Stadtbaurat Ludwig Hoffmann die Architektenvereinigung ‚Der Ring' bildete, mit der Tarnbezeichnung ‚Ho Tro' – Hoffmanns-Tropfen. Was Wunder, daß vielen Zeitgenossen, auch Kollegen und Bauherren, der Mensch Scharoun ein Rätsel blieb. Lauter schwer vereinbare Lebensäußerungen, eine Mischung aus Gelassenheit und plötzlichem Zugreifen, von Selbstironie und empfindsamem Reagieren; von Sarkasmus und Liebenswürdigkeit; von Schweigsamkeit und spontaner, druckreif formulierter Rede; von Zuhörenkönnen und Weghören; von Genau-wissen und Nur-skizzieren. Genießer und Asket, Helfer und Hilfesuchender, ein Mensch mit Herz, ein Mensch auf Distanz.

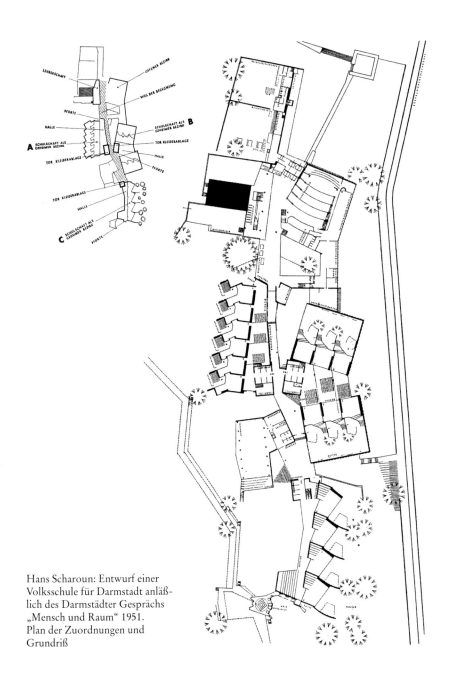

Hans Scharoun: Entwurf einer
Volksschule für Darmstadt anläß-
lich des Darmstädter Gesprächs
„Mensch und Raum" 1951.
Plan der Zuordnungen und
Grundriß

1925 wird Hans Scharoun als Leiter der Bauklasse an die Akademie in Breslau berufen. Er übernimmt dort auch die künstlerische Leitung der Werkstätten, die Hans Poelzig zwanzig Jahre zuvor eingerichtet hatte. In Breslau arbeitet Scharoun mit Rading, Moll, Molzahn, Schlemmer und Muche zusammen. Die bedeutendste Arbeit aus dieser Zeit ist das Wohnheim auf der Breslauer Werkbundausstellung ‚Wohnen und Werkraum' 1929.

In Breslau fällt ein dritter Schlüsselsatz. Er steht in dem von Adolf Rading und Hans Scharoun zusammen verfaßten Lehrplan: „Die Kunst – (womit auch die Baukunst gemeint ist) – ist nicht nur schmückendes – und daher vielleicht überflüssiges Beiwerk des Lebens, sondern die Sinndeutung des Lebens der Menschheit, dessen gestaltgewordenes Ergebnis."

Vierzig Jahre später hat Scharoun diesen Satz fast wortwörtlich in seiner Dankansprache anläßlich der Verleihung der Ehrendoktorwürde an ihn in Rom wiederholt: Bauen ist eine Sinndeutung des Lebens.

Was das, in nüchterne Baupraxis übertragen, für ihn hieß, ist, um in der Breslauer Zeit zu bleiben, ablesbar am Bebauungsplan für Siemensstadt, jener Siedlung im Nordwesten Berlins, die heute als einer der Kulminationspunkte des Berliner Neuen Bauens gegen Ende der zwanziger Jahre gilt. Noch einmal arbeiteten dort Architekten des ‚Rings' zusammen. 1928 schreibt Martin Wagner, der Ludwig Hoffmann als Stadtbaurat abgelöst hatte, nach Breslau und gibt Scharoun den Planungsauftrag, an den sich dann der Bauauftrag für die Eingangsbauten der Siedlung anschließt, jene trichterförmige Baufigur gegenüber dem Werk, durch die der S-Bahndamm, der das Siedlungsgelände trennend durchschneidet, auf – man muß schon sagen – geniale Weise überspielt wird.

Bauen ist Sinndeutung des Lebens. In seiner Erläuterung zur Planung von Siemensstadt heißt es: „Nachbarschaft ist eine geistige Energie – eine Qualität, nicht nur eine Quantität. Sie ist ein Raum …, der der Erlebnisfreudigkeit des Kindes entspricht, groß genug, um Abenteuer darin anzusiedeln, klein genug, um das Gefühl der Heimat aufkommen zu lassen."

1930 bezieht er selbst eine der Wohnungen in Siemensstadt. Es war und blieb für ihn selbstverständlich, so zu wohnen wie die Menschen, für die er seine Wohnbauten konzipierte. Als ihr Nachbar wohnte er in den von ihm erbauten Mietwohnungen; bis zu seinem Tod, am 25. November 1972.

Heinrich Lauterbach berichtet: Als Scharoun im Mai 1945 mit seinem geretteten Fahrrad von Siemensstadt über die Trümmer 12 km weit zum

Stadthaus in der Parochialstraße gefahren war, las er, dort angekommen, an der Tür des Amtszimmers des Stadtbaurates seinen Namen. Die Frage, die er stellen wollte, nämlich was er jetzt tun könne, war damit beantwortet. Als erster Berliner Stadtbaurat nach dem Krieg bildet er das Berliner Planungskollektiv, dessen ersten Bericht über die Neuplanung Berlins er im August 1946 mit einer programmatischen Rede vorstellte. Im April des gleichen Jahres wird er an das Institut und auf den Lehrstuhl für Städtebau der Technischen Universität berufen. 1947 ist er auch Leiter des Instituts für Bauwesen an der Ost-Berliner Akademie der Wissenschaften. Diese Tätigkeit endet 1950. Er setzt sie – weiter gespannt – sechs Jahre später als Präsident der West-Berliner Akademie der Künste fort. 1958 zieht er sich aus der Lehrtätigkeit an der TU zurück. Wichtigste Entwürfe in all diesen Jahren: das Volksschul-Projekt für Darmstadt, der Wettbewerbsentwurf für die Amerika-Gedenkbibliothek; der große Entwurf für das Staatstheater Kassel; ein Bebauungsplan für Helgoland; der Entwurf für das Nationaltheater Mannheim, der Entwurf für den Wettbewerb ‚Hauptstadt Berlin'. Nichts von alledem wird realisiert. Erst die Wohnhausgruppe ‚Romeo und Julia' in Stuttgart und der Weiterbau von Siemensstadt bringen den Anschluß an die Arbeiten der späten zwanziger Jahre. Es folgt das Mädchengymnasium in Lünen.

Und es folgt der Planungs- und Bauauftrag für die Philharmonie, die wenige Wochen nach seinem 70. Geburtstag, genau: am 15. Oktober 1963 feierlich eröffnet wird.

Mit diesem Bau erst, so kann man sagen, ist Hans Scharoun *ganz* sichtbar, hörbar, trotz des genialen Plans für Siemensstadt von 1928, trotz der wundervollen Einzelwohnhäuser aus den späten zwanziger und frühen dreißiger Jahren; trotz der unausgeführten Meisterentwürfe nach dem Krieg.

Mit dem Bau der Philharmonie schließt sich nicht, wie in Bremerhaven, sein biographischer Lebenskreis, es schließt sich mit diesem Bau das Gesamtwerk – angefangen bei den utopischen Skizzen vom Beginn der zwanziger Jahre. Denn mit der Philharmonie ist der Kerngedanke seines Bauens ein erstes Mal ganz und bruchlos übersetzt in gebaute Wirklichkeit: die Idee, daß ein Neues Bauen durch Gliedern in Raum und Zeit Lebensvorgänge sichtbar machen müsse; die Überzeugung, daß das Bauen Sinndeutungen des Lebens versuchen müsse; der Gedanke, daß in einem Neuen Bauen – so hat es Adolf Arndt bei der Eröffnung der Philharmonie formuliert – „das Geistige im Sinnlichen leibhaft wird und der gemeisterte Raum als Ebenbild des Mitmenschlichen Gestalt annimmt".

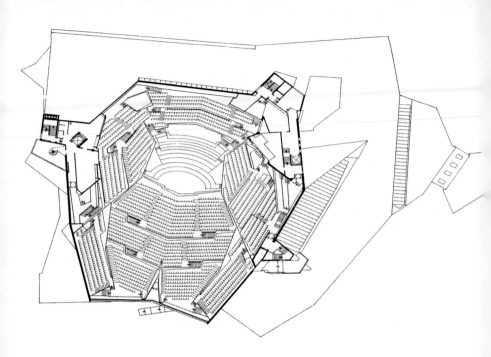

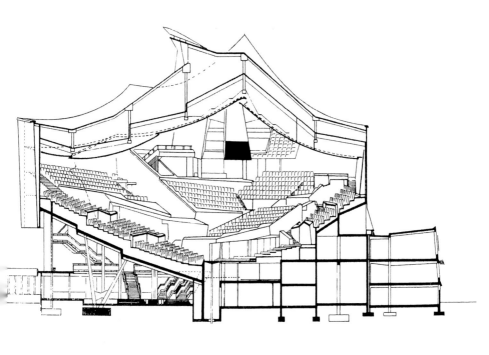

Konzerthaus der Berliner Philharmoniker.
Schnitt und Grundriß (Saal mit allen Ebenen und Umriß des Gebäudes).
Architekt Hans Scharoun, 1957-1963

Was die früheren Skizzen ahnen ließen, ist nun bestätigt. Die Bauaufgabe ist übersetzt in Architekturräume, die zu ersinnen, ja, auch nur sich vorzustellen, und zwar als ganz konkrete Anweisung für die Ausführenden, niemand Scharoun gleichkommt. Die ausstrahlende Phantasie, von der er sprach, erweist sich als ein beispielloses räumliches Vorstellungsvermögen. Und die Askese, die Scharoun forderte, entdecken wir nun in der rigiden Beschränkung räumlichen Gestaltens auf das je Sinnvolle. Nun endlich hat Scharouns Stimme Gewicht im Gespräch der Baumeister über Zeiten und Grenzen hinweg. Eine gleichwohl gefährdete, weil fast einsame Stimme. Die Antworten auf sein Werk kamen dann auch nur zögernd. Und etwas zögernd kamen auch seine eigenen Antworten auf unsere Fragen. Etwa nach der Kontinuität seiner gestalterischen Vorstellungen; ob sich für ihn die Architekturideen, die er um 1920 den Freunden der ‚Gläsernen Kette' mitteilte, verbinden mit dem Baugedanken, den er in der Philharmonie verwirklichte. „Ich denke", sagte er, „daß das, was unsere Überlegungen, die wir mit Bruno Taut zusammen getätigt haben in den Jahren 1919 und 1920 – daß in *der Zeit* das, was heute mehr von der Erfahrung und vom Verstandesmäßigen und vom Geistigen her gesehen wird, noch vom Emotionellen her gesehen wurde; und gesehen werden mußte, weil es eben darum ging, einer Wandlung, die wir alle in uns fühlten, zu begegnen, einer Wandlung auf künstlerischem, auf gesellschaftlichem Gebiete und einer Wandlung überhaupt vom Menschlichen her."
Im Juni 1970 wurde Hans Scharoun in Rotterdam der ‚Erasmus-Preis' verliehen, der jährlich an Menschen vergeben wird, die sich um Europa und um die Europäische Kultur verdient gemacht haben. Scharoun, schon von nachlassenden physischen Kräften gezeichnet, zog in seiner Dankesrede die Summe der Lebenswirklichkeit, die seinen Weg bestimmte:
„Meine Generation erlebte den Übergang, welcher mit der Wende vom 19. zum 20. Jahrhundert begann – jene Wandlung mutativen Charakters, die eine Reihe neuer Ordnungen setzt, zu der auch die neue Ordnung der Bezüge des Ganzheitlichen zu den Teilinhalten im europäischen Raum gehört. Das Humane, der Humanismus – das Anliegen von Erasmus – ist heute noch unser Anliegen. So ist es heute unser Wunsch, daß es zu keiner frühen Erstarrung der lebenskräftigen Bewegung, der lebendigen Wandlung kommen möge, zu keiner voreiligen Perfektion – auch nicht im Bereich des Technischen. Daß vielmehr statt Perfektion Improvisation gelten möge, die den Weg der Entwicklung offenhält."

Konzerthaus der Berliner Philharmoniker. Saalseite links.
Architekt Hans Scharoun, 1963

Im Berlin des Jahres 1993, fast schon ein Vierteljahrhundert später, muß man diesen Wunsch und Vorsatz mit Nachdruck wiederholen: „daß es zu keiner frühen Erstarrung der lebendigen Wandlung kommen möge, zu keiner voreiligen Perfektion ... Daß vielmehr statt Perfektion Improvisation gelten möge, die den Weg der Entwicklung offenhält." In dem kulturellen Desaster, das eine mit intellektueller Unwahrhaftigkeit taktierende, nahezu gänzlich verbeamtete Politik mittlerweile auch für Städtebau und Architektur heraufgeführt hat, gibt es für das gestalterische Denken eines Scharoun weder Ohr noch Auge. Die Architekten: ehrgeizig angepaßt die einen, ins Abseits gedrängt die anderen. Gäbe nicht Scharouns hundertster Geburtstag Anlaß und hätte sich nicht die (ehemals West-) Berliner Akademie der Künste sich ihres langjährigen ersten Präsidenten erinnert, er wäre heute, was er seit Jahren schon ist: fast vergessen. Von Baublock-Fetischisten ist wegweisendes strukturelles Denken über Bau und Stadt, Raum und Landschaft füglich nicht zu erwarten. Nicht einmal ein Nachdenken, geschweige denn ein Mit-denken. So geriet die so genügsame wie erhellende Akademie-Ausstellung zu Scharouns Leben und Werk am Tage der Eröffnung zu einem zeitfremden Wiedersehensfest. Die Berliner Tagesordnung wird es als *Alibi* vermerken.

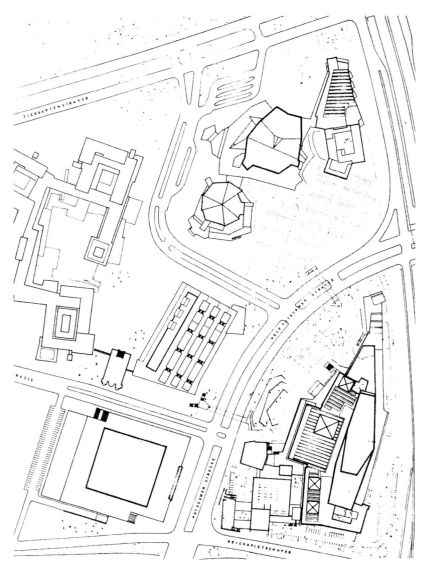

Hans Scharoun: Vorschlag für das Berliner Kulturforum mit Kunstbibliothek, Kupferstich-kabinett, Gemäldegalerie, Kunstgewerbemuseum, Philharmonie mit Kammermusiksaal, Musikinstrumenten-Museum, Staatsbibliothek, Kunstvereins- und Gästehaus, Neue Nationalgalerie (Mies van der Rohe), Matthäikirche. Zustand und Bauabsichten 1971

Längst vergessen. Mehr noch: Einfach nicht mehr für möglich gehalten.

Öffentlich planen – eine schöne Fiktion
1977

ℳ Planungen verschweigen ist dem Niederreißen und Abräumen von Bauten verschwistert. Und zwar nicht nur in dem Sinn, dass das Geplante möglicherweise das Beseitigte ersetzen wird. Es lässt sich auch behaupten, dass die Stadt – ich personifiziere – im einen wie im anderen Zustand ohne Bewusstsein ist. Das Geplante ist noch ganz im Zustand eines Nicht-Vorzustellenden. Das Abgeräumte ist schneller, als man denkt, dem Vergessen anheim gefallen. Das hat mich zu der Feststellung gebracht, dass die Stadt als ein sich änderndes Wesen Vergangenes, Abgelebtes je schneller vergisst, je langsamer sie – manipuliert oder nicht – Zukünftiges ins Auge zu fassen vermag. Und fast jede Stadt ist ungeheuer vergesslich. Sich das Neue, das Kommende vorzustellen, fällt leichter, als nach ein, zwei Jahren den ehemaligen Zustand dieses Ortes ins Bild-Gedächtnis zu rufen. Schon melden sich ob des Zitats Zweifel an seiner Richtigkeit. Doch um diesen (und den nachstehenden) Überlegungen noch einen leichten Drall nach Berlin zu geben, wo man über einer unbedingt plötzlich sechsspurig auszubauenden Hauptverkehrsstraße ganz vergaß, dass man hier ursprünglich ein *Kultur*forum hatte bauen wollen – um also auf ein Pläne-Verschweigen anderer Art zu kommen, eine wahre Begebenheit; und nicht einmal eine anekdotische: Die Philharmonie war fertig, Karajan hatte schon zweimal die Neunte aufgeführt, das erste Mal für die Bauarbeiter. Wir wollten das Bauwerk, allen anderen voran, gleich ausführlich veröffentlichen. Aber Scharoun bedauerte. Er hatte keinen einzigen stimmenden Grundriss, immer nur räumliche Abwicklungen. Vier Wochen lang, ich schwöre, beschäftigte unser lieber Bertelsmann vier Studenten der Höheren Architektur unter Anleitung unseres mit Röntgenblick begabten Leibzeichners Günter Hähn, um die Grundrisse 1 : 100 aufs Papier zu bringen. Und das in sieben Höhenschichten. Von Geschossen konnte ja die Rede nicht sein. Diese Planzeichnungen samt der beiden großen Schnitte durchs Konzerthaus hat die halbe Welt aus der *Bauwelt* kopiert. Und Scharoun reichte sie der Bauaufsicht ein. ℳ

Ich habe gewußt, daß Städte gebaut wurden.
Ich bin nicht hingefahren.
Das gehört in die Statistik, dachte ich,
Nicht in die Geschichte.
Was sind schon Städte, gebaut
Ohne die Weisheit des Volkes?
Bertolt Brecht (1953)

Leicht ließe sich das, was hier zu bedenken und zu berichten ist, zu einer ähnlich überraschend unterhaltsamen Farce ausspinnen, wie sie Reinhard Lettau vor langen Jahren schon den „Schwierigkeiten beim Häuserbauen" abgewonnen hat. Am Ende sah sich der Architekt selbst für alle Zeit eingemauert. Das kann dem Städteplaner, von dessen Arbeit im Folgenden die Rede sein soll, nicht passieren.

Ein Westberliner Bausenator sah vielmehr in den sechziger Jahren über dem von ihm geplanten Abzweig- und gleichzeitig Umsteigebahnhof zweier neuer U-Bahn-Linien in den unzulänglich erschlossenen Süden der Stadt ein Hochhaus wachsen. Schwarz in der Erscheinung, schwarz auch im Sinne wohlbedachter, vernünftiger Planung. Es handelte sich da um einen Privatbau auf öffentlichem Grund, mit Steuergeldern gefördert, dann mit ebensolchen Geldern vom Stadtbezirk zu einem großen Teil gemietet, schließlich nach Konkurs der Hochhaus-Architektin und zugleich Eigentümerin wiederum auf Kosten der öffentlichen Hand für einen Spottpreis in die Hand eines stadtbekannten Investors übergeführt. Das in jeder Hinsicht scheußliche Hochhausmonstrum wurde, noch ehe es den vom Land Berlin zu bauenden Substruktionen in Gestalt des U-Bahnhofs aufsaß, mit der liebenswürdigen Bezeichnung *Steglitzer Kreisel* versehen. Gedrehter Grundriß, Verkehrsanlage, Kinderspiel?

In der Tat ging ein Spiel voraus. Es war alles andere als harmlos. Die bereits stadtbekannt clevere Inhaberin einer zahlenmäßig potenten Architekturfirma bekam Wind davon, daß der Fiskus still und schweigend Grundstücke für die neuen U-Bahn-Trassen zusammenkaufte, soweit diese nicht unter Straßenland geführt werden konnten. Die Architektin kaufte augenblicks mit leichter Hand zu überhöhtem Preis eines jener Grundstücke, unter dem der Verzweigebahnhof gebaut werden mußte. Der Fiskus konnte sein Vorkaufsrecht nicht wahrnehmen; und schon gar nicht war es ihm erlaubt, nach Abwicklung des Verkaufs von Privat an Privat die Preisvorstellungen der neuen Besitzerin zu akzeptieren. Diese schlug daraufhin einen schlagenden Deal vor: Der Senat möge nach Belieben und Notwendigkeit unterirdisch für seine U-Bahn graben und bauen, falls er es ihr, der Architektin und Bauunternehmerin gestatte, über der Ebene 0,0 ein Warenhaus mit einem daraus aufschießenden Büroturm zu errichten; in dieses Gebäude könnten per Lizenz unten auch Busse der BVG ein- und ausfahren. Der Senat beschloß, sich erpressen zu lassen. Wer wird auch gleich enteignen? Und dazu noch einen, so erschien das damals, potenten Investor! Vor allem aber: das Enteignungsverfahren hätte schätzungsweise zwei Jahre Aufschub des längst begonnenen U-Bahnbaus bedeutet. So wurde denn die Sache planlos nach Plan zu ihrem bitteren Ende gebracht, zum Schaden der Stadtgegend, des Stadtbildes, zum Schaden der Verkehrsführung, insbesondere der Fußgänger, schließlich zum großen Schaden der Stadtkasse. Schlußpointe: der U-Bahnhof, der auf einen Abzweig hin ausgelegt wurde, ist noch heute *End*station der U 9.

Wer nun annimmt, dieser Vorgang sei im entscheidenden Stadium lautlos und schweigend, für die Stadtbürger verdeckt und ohne Öffentlichkeit gelaufen, irrt. Wer nur wollte, der konnte hören und lesen, zuerst vom Erpressungsversuch, dann von dessen vollem Erfolg. Nur sehen konnte man nichts. Es war eben *noch* nichts zu sehen, es sei denn, man sah die Pläne ein: die der U-Bahn-Planer und die der „Kreisel"-Architektin. Wir mußten, und zwar genau zur Zeit des Erwachens von Bürgerinitiativen, die herbe Erfahrung machen: *Was nicht zu sehen ist in Stadtplanung und Städtebau, kann keine Stadtöffentlichkeit gewinnen, kann kein Stadtgespräch provozieren.* Weder die Plan-Lesekundigkeit noch das räumlich-plastische Vorstellungsvermögen der nicht fachlich vorgebildeten Bürger reichen aus, Segnungen und Bedrohungen zu unterscheiden, geschweige denn die Folgen abzuschätzen.

Diese Erfahrung ist so aktuell wie vor Jahrzehnten. Sie ist gerade in Berlin wieder überaus aktuell, wie jüngst das Beispiel des Planungswettbewerbs *Potsdamer Platz* gezeigt hat. Die Wettbewerbssieger kamen mit ihrem sozusagen in Reinkultur dargebotenen Modell der Baumassen und deren Ordnung und Verteilung nicht an, während das bereits auf „Architektur" getrimmte, außer Konkurrenz mit geradezu hochstaplerischen Mitteln dotierte Modell, das einer der Großinvestoren vorführen ließ, sogleich auf Gefallen stieß. Schon war da ja was zu sehen, schon war da „Geschmack" angesprochen. Den hat bekanntlich ein jeder. Auch die Politiker der Stadt wußten nicht recht zu unterscheiden. Auch sie suchten, wo nur ein Schema, ein Rahmen, wo nur Abmessungen und

Grenzen, positive und negative Volumina des hier zu vollziehenden Städtebaus darzustellen waren, nach Baugestaltung und Architektur. Obschon mit dem Wettbewerb noch nicht einmal nach *städtebaulichen* Details gefragt war. Aus diesen Erfahrungen sind nun endlich die Lehren zu ziehen so verbindlich wie allgemein. Wir müssen uns eingestehen, daß ungeachtet aller Versuche, den direkt oder auch indirekt von Planung Betroffenen eine Mitsprache, ein Mitwirken bei den Planungsschritten einzuräumen, es eine schöne Utopie ist und bleibt, wirklich *öffentlich zu planen.* Wenigstens solange, wie wir es nicht fertig bringen, unsere eigenen – subjektiven – Erfahrungen beim Planen unserer individuellen Lebensverhältnisse auf das Ganze, in diesem Fall das Stadtganze zu projizieren. Es geht um die Herstellung von Urteilsfähigkeit in Fragen öffentlicher Belange. Und die sind, je mehr die Fortschritte der Informatik das Leben in eine Folge abstrakter Vorgänge verwandeln – zu verwandeln scheinen –, immer weniger leicht erfaßbar und durchschaubar.

Doch wüßte denn jemand ohne weiteres zu sagen, er durchschaue das komplexe Wesen, das er selbst ist? Kann ich das von mir sagen, obschon ich behaupten kann, noch alle fünf Sinne beisammen zu haben; und ein bißchen auch vom sechsten? Aber ich vertraue den mir innewohnenden Erfahrungen als meinem einzig sicheren Wissen, meinen einzig sicheren Erfahrungen. Ich verlasse mich auf sie. Und weder besondere Umstände, noch neue Einsichten, weder augenblickliche Überzeugungen, noch vernünftiges Räsonnement können, so sehr ich es auch selbst wünschen mag, dieses Wissen und diese Erfahrungen entkräften. Ich weiß, wo ich mich wohlfühle. Ich weiß, was für mich unzuträglich ist. Ich weiß, wie und wo ich leben kann, wo ich auflebe. Und ich weiß, unter welchen Voraussetzungen mich Lähmung überfällt. Ich weiß, was mich angeht und was nicht. Schließlich: ich weiß, daß auch ich ein planendes Wesen bin.

Dauernd formuliere ich Vorsätze und bin dauernd in vorsätzlichem Tun befangen. Fortlaufend setze ich mir Ziele, die ich nur durch planvolles Handeln erreichen kann. Dabei handle ich mir neue Erfahrungen zu den alten ein. Wenn ich mich aus solchen individuellen Erfahrungen indessen selbst zurückziehe, mich sozusagen selbst entferne, nehmen sie möglicherweise oft die Form von Allgemeinplätzen an. Die sind der Öffentlichkeit zugänglich. Aber interessiert das? Interessiert es, daß einer seinen Erfahrungen mit dem Planen auf den Grund geht und feststellt – so, wie es ihm in den Kopf kommt –:

- Je spontaner ein Vorsatz gefaßt ist, umso leichter ist er durchzuhalten. Umgekehrt: Je notwendiger es ist, sich einen Plan zu machen, umso schwerer oder wenigstens lästiger ist er zu befolgen.
- Ein spontan gefaßter Vorsatz setzt voraus, daß man an ihm scheitern kann; er setzt weiter voraus, daß man das Scheitern ertragen kann. Die Risiken der Selbstgefährdung oder gar Selbstvernichtung wiegen gering. Anders die von Notwendigkeiten bestimmte, von Umständen erzwungene Planung: sie muß auf Nummer sicher gehen. Ihr Scheitern kann die Katastrophe herbeiführen.
- Für dieses „ernsthafte" Planen bedeutet Unvorhergesehenes, Nicht-Vorherzusehendes oft die Rettung. Es gibt die Chance, den Plan zu revidieren, ehe er sich totläuft, das heißt, sich in der Erstarrung selbst vernichtet. Ist hingegen ein Ziel spontan ins Auge gefaßt, und kommt etwas Unvorhergesehenes dazwischen, so gibt es in der Regel keine Revision. Der Plan ist kaputt. Man trägt es mit Fassung, doch resigniert für dieses Mal und in diesem Punkt.
- Niemand plant gegen sich selbst. Auch Selbstmord ist eine Planung zu des Selbstmörders Gunsten.
- Jeglicher Plan weicht auf „weiche" Stellen aus, auf das Ungefestigte, das Veränderbare, auf das noch Formbare. Er greift Erstarrtes, Verharztes von den Rändern her an. Planung ist reformatorisch, nicht revolutionär. Sie stellt die Identität nicht in Frage. Revolutionäre planen nicht, es sei denn die Revolution.
- Niemand kann sich selbst planen. Man kann nur planvoll eine Rolle erlernen und den Vorsatz haben, diese Rolle so gut zu spielen, daß sie entweder als lebenslanges Versteck taugt oder die Person zum Rollenträger macht.
- Planen erzeugt Unsicherheit. Es wirft von Mal zu Mal die Frage nach dem Sinn des Handelns auf. Jeder Planende setzt sich dem Verdacht aus, daß er planvoll Sinnloses tut. Man kann planend sinnlos Lebenszeit vernichten.
- Planen ist – zum Zwecke der Selbstbewahrung, des Selbstschutzes – der Selbstgefälligkeit verschwistert. Von Selbstgefälligkeit aber ist es nur noch ein Schritt zur Figur des Usurpators. Der Planer als Usurpator ist der erste, den wir beim Versuch demokratischen Planens antreffen. Er sitzt nämlich in uns drin.
Wenn demokratisch planen öffentlich planen heißt, dann ist es nur scheinbar das Gegenteil von: hinter verschlossenen Türen planen. Auch offene Türen stellen noch lange keine Öffentlichkeit her.

Durch die offenen Türen sieht man Leute, die komplizierte Tabellen schreiben, Rechner mit Zahlen füttern, alle möglichen Entwicklungen in Kurven umsetzen, Bestandsaufnahmen kartieren, mit farbigen Filzstiften amöbenförmige Figuren auf die Stadtkarte auftragen.

Und die alles übereinander zeichnen: Verkehrsdichte, Lärmmessungen, Bodengüten, topographische Daten, Grundstücksbesitz, Nutzungen, Alter der Bebauung, kurz, alle möglichen Zustände, die die Stadtentwicklung betreffen. Nichts davon ist auf Anhieb lesbar.

Das meiste ist überhaupt für die meisten nicht lesbar. Die Planer können es getrost zu Markte tragen. Es wird darum um keinen Deut öffentlicher. Obschon die Auswirkungen der Zustände, die da behandelt werden, in der Regel längst von den Bürgern erfahren wurden.

Es nutzt wenig oder nichts, daß die Planer erklären, wie sie vorgehen. Schon ihr erstes Problem: das Planen aufgrund ungenauer und unzureichender Daten entzieht sich öffentlicher Einsicht. Die Öffentlichkeit ist kein Seminar über Wahrscheinlichkeitsrechnung und Statistik. Auch der nächste Schritt: die Umwandlung der Daten aller möglichen Zustände, auf denen Stadtentwicklung, zum Beispiel, gründet und von denen also auch alle Entwicklungsplanung ausgehen muß – auch die Umwandlung dieser Daten in Strukturpläne ist, auch wenn sie auf offenem Markt passiert, für die Öffentlichkeit ohne jeden Effekt. Kaum ein Bürger wird hinsehen, geschweige denn verstehen. Unter seinen Augen aber ist da die entscheidende Interpretation vorgefundener Wirklichkeit auf ihre mögliche Entwicklung hin bereits geschehen. Die Würfel sind schon gefallen. Ohne daß er es merkte, ohne daß er das Ergebnis ablesen konnte. Der Rest ist Ausführung, sind Fragen des weiteren Vorgehens und der Realisierungsverfahren.

An dem Tag, an dem das Modell der Planung jedermann verständlich geworden ist, also die Mitsprache aller ermöglicht, ist der Zug schon abgefahren. Man kann ihn nur noch anhalten, was in vielen Fällen heißt: bisherige Planungsanstrengungen zunichte machen.

Fazit: öffentlich planen ist eine schöne Fiktion, wenn mehr damit gemeint ist als die kritische Diskussion von Planungsergebnissen. Ein solches Ergebnis, das der öffentlichen Diskussion zugänglich wäre, ist erst jener Plan, der, wie er auch heiße, unmittelbar in räumliche und bauliche Wirklichkeit umgesetzt werden kann.

In diesem greifbaren, faßlichen Rahmen bewegten sich denn auch bislang die Bürgerinitiativen. Ihre Proteste, Einwände, Vorschläge entzündeten sich sämtlich an Ergebnissen von Planung und an einer bereits sichtbar werdenden Entwicklung; oder an den von diesen Entwicklungen ausgelösten, von jedermann einzusehenden Bedrohungen unserer physischen Umwelt. Die Liste ist lang und vielgestaltig: stadtzerstörende Straßendurchbrüche und Autobahntrassen, Vernichtung gewachsener Orte, Aushöhlung von Altstadtkernen, Abriß denkmalwerter Bausubstanz, Beseitigung charakteristischer Quartiere, Errichtung maßstabfremder Großbauten, Kahlschläge aller erdenklichen Art, Änderung von Nutzungen, Umwidmung von Wohnquartieren, Austreibung der ansässigen Bevölkerung, Nichtachtung der Bedürfnisse von Minderheiten, todbringende Gefahren für Kinder und alte Menschen, Fehlen von Spielplätzen und Spielraum, Wohnungen als Menschenverpackung, Ausbeutung von Mietern, Profite aus Notlagen ziehen, Planierung von Gartenland, Einschlag alter Alleen, Dezimierung innerstädtischer Parks, Waldfrevel, Vernachlässigung des öffentlichen Verkehrs wie überhaupt von Bauten und Einrichtungen, von deren Existenz die Bildung eines sozialen Unterbaus abhängig ist. Bei alledem und noch bei einigem mehr haben die Bürger kritisch mitzureden.

Das aber heißt, es müssen neue Formen der Kontrolle von Planung her, bevor die Planung handgreifliche Ergebnisse zeitigt, die, wie wir gesehen haben, erst die kritische Mitsprache, die Gegenwehr der Betroffenen erlauben. Doch wie öffentlich planen ein Unding ist, kann auch die Kritik des Planens nicht öffentlich sein im Sinne einer Mitsprache aller. Auch sie, die Planungskritik, muß delegiert werden, soll sie rechtzeitig in den Planungsprozeß eingreifen und Änderungen, Korrekturen bewirken. Es müssen sachkundige, doch alles andere als betriebsblinde Beobachter bestimmt werden; etwa als Beiräte. Deren Arbeit ist zu honorieren. Planungskritik an die politischen Parteien zu delegieren, hieße allerdings den Bock zum Gärtner machen. Der schmale Rest von Selbstverwaltung, den das Staatswesen eines eng besiedelten, hoch industrialisierten Landes den Gemeinden noch einräumen kann, ist kein Spielraum für Parteiprogramme. Diese Programme sind auf der Ebene, auf der kommunale und das heißt: lokale Entscheidungen getroffen werden, bloße Leerformeln und für keines der Probleme, die dort anstehen, relevant. Hier hilft, so scheint mir, außer den genannten Beiräten nur das Instrument des Referendums, das die Stadtbürger allesamt handhaben sollen, wenn es ihnen notwendig erscheint. Ohne Voranfrage. Es muß ein Instrument sein, das die gewählte Vertretung der Bürgerschaft ebenso wie die Verwaltung und die von ihr beauftragten Planer zwingt, augenblicklich Rede und Antwort zu stehen, jede Phase der Planung öffentlich zu verantworten, jedes

Planungsziel mit offenen Argumenten zu verteidigen und auch Abstimmungsniederlagen zu akzeptieren. Nicht nur alle vier oder fünf Jahre. Ob bei solchen Verfahren allerdings die Weisheit des Volkes, von der Bert Brecht sprach, sichtbar wird, wage ich zu bezweifeln. Soweit ich sehen kann, ist diese Weisheit in keiner Stadt der Welt am Werk.

Berlin Herbst 1961 | Berlin Herbst 1987

M. Die *Bauwelt*, müssen Sie wissen, ist immer eine *ostelbische* Zeitschrift gewesen, verriet mir Frederick Ullstein, einer der Urenkel des Ullstein-Gründers, als er mich 1957 nach Berlin holte. Nun sehen Sie mal zu. Das tat ich und sah nunmehr eine *Berliner* Zeitschrift, deren erst einmal schmale Auflage mit den Versorgungszügen der Westalliierten in die Bundesrepublik gebracht werden musste, während wir in den Zweiten Deutschen Staat weiterhin 44 Freiexemplare schickten. Doch auch dies nur so lange, bis wir auf Umwegen erfuhren, dass die Empfänger sich wegen dieser „West-Kontakte" gefährdet fühlten. Und an den Hochschulen würden die Hefte sowieso im Giftschrank landen. Und dann war die Bauwelt vom 13. August 1961 an plötzlich nur noch eine Dreiviertel-Berlinerin und in der DDR verboten. Dies nicht etwa expressis verbis, sondern die *Bauwelt* war einfach in der DDR-Postzeitungsliste nicht aufgeführt. Das bedeutete: Bezug unmöglich und auch nicht erlaubt. Das naive Mitnehmen über die Grenze kostete 30 bis 50 Mark West. Unter solchen Umständen war es eigentlich selbstverständlich, dass unsere Versuche, mit den Kollegen von der *Deutschen Architektur*, herausgegeben vom BDA-Ost, zu einem Austausch fachlicher Informationen oder gar Fotos zu kommen, scheitern mußten. Selbst der Vorschlag eines Treffens an neutralem Ort blieb ohne Antwort. Auf den Bau der Berliner Mauer reagierte die Bauwelt-Redaktion mit einem gut gemeinten stolzen „Berlin-in-Europa"-Heft. Ich aber irrte in der feuilletonistisch verpackten Annahme, dass selbst ein jahrzehntelanger trennender Schnitt durch Berlin dem Stadt-Ganzen und seinen Bewohnern nichts anhaben könne. Diesem Irrtum sind wir fast alle selbst beim Fall der Mauer und auch geraume Zeit danach noch aufgesessen.

Wie sich das Stadt-Klima der *Città Cinturata* gegen Ende der Mauerzeit ausnahm, verrät neben anderem der unglaubliche Vorgang, den ich in meinem Offenen Brief an Erich Honecker vom August 1987 schilderte. Der Brief spricht für sich. Nicht vorauszusehen war damals, welch bittere Erfahrung – ohne Wissen der Betroffenen – diese sowieso schon grausame Affaire begleiten würde. Jahrelang hatte mich Hermann Henselmann besucht, um sich von mir die „westliche" Einschätzung des Bauens in der DDR anzuhören. Jahrelang in meiner Wohnung, dann als Stadtarchitekt a. D. auch in der Bauwelt-Redaktion. Bei seinem vorletzten Besuch, kaum saß er mir gegenüber, fuhr mich Henselmann an: „Diesen *Offenen Brief* an Honecker hätten Sie nicht schreiben dürfen!" Er werde sich sachkundig machen.

13. August 1961. Fahrzeuge der Volksarmee sperren das Brandenburger Tor

Vierzehn Tage später, wieder in meinem Redaktionszimmer, sagte er mir seelenruhig ins Gesicht: „Übrigens, die beiden Herren, von denen Sie neulich sprachen, ich habe mich erkundigt, die waren schon vorher im BDA aufsässig. Sie haben die zweieinhalb Jahre mehr als verdient." Daraufhin habe ich dem Herrn Henselmann die Tür aufgemacht und ihn nie wieder gesehen. ₥

I. In der Sprache dieser Stadt

„… Er fängt langsam an, auf die Straße zu gehen, er geht in Berlin herum.
Berlin 52 Grad 31 nördliche Breite, 13 Grad 25 östliche Länge, 20 Fern-bahn-, 121 Vorortbahn-, 27 Ringbahn-, 14 Stadtbahn-, 7 Rangierbahn-höfe, Elektrische, Hochbahn, Autobus …
Er geht durch die Stadt. Da sind viele Dinge, die einen gesund machen können, wenn nur das Herz gesund ist.
Zuerst der Alex. Den gibts noch immer …"
(Alfred Döblin, Berlin Alexanderplatz, 1929)

Es gibt ihn immer noch, den Alexanderplatz, 1961. Aber Franz Karl Bieberkopf, Döblins guter, ramponierter, betrogener, kleiner Mensch in der großen Stadt – „Berlin ist groß. Wo tausend leben, wird noch einer leben" –, dieser Franz Bieberkopf könnte heute nicht mehr vom Alexanderplatz übers Rosenthaler Tor und über die Invalidenstraße weg in die Ackerstraße laufen. Doch, er kann noch; bis zum Haus Nummer 143; und noch ein wenig weiter zwischen den Friedhöfen hin, bis zur Bernauer Straße. Das Haus Ackerstraße 142 aber kann er nur noch von weitem sehen, vielleicht. Ja, Berlin ist groß! Seitdem: Zwischen Ackerstraße 142 und 143, zwischen Brunnenstraße 50 und 51, zwischen Chausseestraße 62 und 63 steht die Mauer, die ein Abgrund ist, oder ein Gebirge, oder ein Weltmeer. Da kann man nicht mehr auf die Straße gehen. Schriebe Döblin heute, im Herbst 1961: er geht in Berlin herum – es stimmte nicht mehr. Man geht nicht mehr in Berlin herum, so einfach: in Berlin. Und dennoch gibt es Berlin noch immer. Mauer, Draht-verhau und Todesstreifen löschen Namen und Wesen der Stadt nicht aus. Das zu sagen, es in der Sprache dieser Stadt zu sagen, mit ihrer Land-schaft und mit ihren Himmeln, mit ihren Plätzen und Straßen, mit ihren Fabriken und Wohnungen, ist Anlaß dieses Heftes, ist sein Sinn.
Nicht des Kaisers Paraden „Unter den Linden", nicht Hitlers Fackelzug durch das Brandenburger Tor am Abend des 30. Januar 1933, weder die

unübersehbaren Verheerungen des Zweiten Weltkrieges noch der in den frühen Morgenstunden des 13. August 1961 quer durch die Stadt gezogene Pferch aus Beton und Stacheldraht haben das Wesen dieser Stadt zerstören können. Wohl hat sich die äußere Gestalt geändert; Berlins bauliches Gesicht ist zerschlagen und immer noch, 16 Jahre nach dem Krieg, angefüllt mit wüsten Narben und abgestorbenen Zonen. Aber unverloren ist das Kräftefeld der Stadt, unverloren sind die Vielfalt und die Vielschichtigkeit ihrer Energien. Unversehrt ist die genau umrissene Vorstellung des großen, weltstädtischen Ortes zwischen West und Ost, Nord und Süd, des mitteleuropäischen Bindegliedes zwischen den Zentren New York, London, Paris und Warschau, Moskau. Berlin ist immer noch und wieder Ort eines neuen Wohnens in der industrialisierten Welt. Und die in diesem Heft zusammengetragenen Dokumente europäischen Bauens in Berlin sehen wir aufgehoben und bewahrt in der immer wieder sich erneuernden Lebenskraft eines ungeteilten Ganzen; ungeachtet aller Konsequenzen von Machtpolitik.

Was wir, skizzenhaft und ganz gewiß ohne Vollständigkeit, hier verbinden, spricht von einem unkomplizierten Befund: von der Freiheit unseres Umgangs mit Welt, von der Freiheit unseres Tuns in dieser Welt. Es spricht – wenn auch nicht immer direkt – von dreierlei Dimension der Aufgabe Bauen: vom Hausbau, vom Städtebau, vom Staatenbau. All dieses Bauen ist im Grunde nur einer Urteilskategorie unterworfen, nämlich der, die sich auf den Imperativ: Menschlichkeit beruft.

Das heile Bild der Stadt, das wir vorstellen und aus dem heraus wir bauen, es ist in seiner geistigen Realität gerade heute, angesichts waffenstarrender Macht und zementierter Barrikaden, unser „offenbares Geheimnis". Es läßt sich weder verraten noch zerstören.

So gehen wir durch die Stadt.

„Da sind viele Dinge, die einen gesund machen können, wenn nur das Herz gesund ist."

II. Offene Anfrage

Herrn
Erich Honecker
Vorsitzender des Staatsrats
der Deutschen Demokratischen Republik

Sehr geehrter Herr Vorsitzender,
am 15. Juli 1987 war Herrn Prof. Norbert Scheel, Bürger der Hauptstadt
der DDR, Gelegenheit gegeben, sich im Zweiten Deutschen Fernsehen
ZDF über den Umgang mit dem Gelände zu äußern, auf dem sich bis zur
Einnahme Berlins durch sowjetische Truppen die Zentrale der Gestapo
und die Reichsführung der SS befanden:
Die Gebäude sind mittlerweile eingeebnet, auch das mit der Bezeichnung
Prinz-Albrecht-Straße 8, von 1933 bis 1945 die tödlichste Adresse in
Europa, ja der Welt: das Gestapo-Hauptquartier.
Herr Prof. Scheel erwähnte, daß auch Sie, sehr geehrter Herr Vorsitzender,
als Mitstreiter des Widerstandes gegen die Nazi-Diktatur wohl durch die-
ses Gebäude der Verhöre, Mißhandlungen und Foltern gegangen seien.
Als Prof. Scheel den Fernsehzuschauern seine tief bewegenden Mittei-
lungen machte, stand er an Ort und Stelle, auf dem Grundstück Prinz-
Albrecht-Straße 8 (heute nach einer im KZ Ravensbrück ermordeten
Widerstandskämpferin Niederkirchnerstraße benannt) im Westberliner
Bezirk Kreuzberg. Es ist anzunehmen, daß dies die Billigung durch staat-
liche Behörden der DDR hatte.
Ist Ihnen bekannt, daß zwei junge Architekten, ebenfalls Bürger der
Hauptstadt der DDR, im Jahre 1984, nach Abschluß des Offenen Ideen-
wettbewerbs für die künftige Gestaltung des Gestapo- und SS-Geländes,
von Staatsorganen der DDR verhaftet und in einem Gerichtsverfahren
wegen Schädigung des Ansehens der DDR zu zweieinhalb Jahren Frei-
heitsentzug verurteilt worden sind?
Die Schädigung des Ansehens der DDR bestand darin, daß sich die beiden
Architekten ohne einschlägige Erlaubnis an dem genannten Ideenwettbe-
werb, ausgeschrieben vom Westberliner Senat und der IBA, beteiligt
hatten.
Erscheint schon die Höhe der Strafzumessung unverhältnismäßig hart,
so muß es völlig unverständlich bleiben, wie ein solches Urteil in einem
Staat ergehen konnte, der aus dem aktiven Widerstand gegen die Hitler-
Diktatur hervorgegangen ist und den Antifaschismus auf seine Fahne

geschrieben hat. Es kann doch überhaupt kein Zweifel sein, daß die gestalterische Behandlung des Geländes im Umkreis der Prinz-Albrecht-Straße 8 für weit mehr Bürger auch der DDR bohrende Fragen aufwirft als nur für die beiden jungen Architekten, die sich, voller Trauer und Zorn, über das Beteiligungsverbot hinweggesetzt haben. Gleicht die Entschlossenheit dieser beiden nicht jenem Mut, der einmal – wenn auch sicher weit brennender – die Antifaschisten auszeichnete, die, von der Gestapo ausgehoben, in die Prinz-Albrecht-Straße 8 geschleppt wurden? Wie konnte, sehr geehrter Herr Vorsitzender, eine solche Haltung in Ihrem Staat mit zweieinhalb Jahren Zuchthaus geahndet werden?

Der eine der beiden Architekten, Dr. Ing. Bernd Ettel, konnte nach Verbüßung seiner Strafe kürzlich in die Bundesrepublik umsiedeln. Seinem Partner, Dipl.-Ing. Christian Enzmann, wurde diese Möglichkeit bisher nicht gegeben.

Ich wüßte gern, wie Sie über diese Vorgänge denken.

Mit vorzüglicher Hochachtung
Ulrich Conrads

Wie sehen Bauprodukte aus,
die der Architekt sich wünscht?
1985

ℳ Auf den Baustoff kommt es an. Natürlich. Dann aber vor allem darauf, *was man daraus macht.* So lautet denn auch der Werbeslogan der deutschen Zement- und Beton-Industrie. Ungeachtet dessen wurden die Wetterseiten und Brand- mauern, die Scheunen und Schuppen in unseren Dörfern, Klein- und Altstädten jahrelang mit Asbestzementplatten im praktischen Format 30 × 60 aufs Häss- lichste vernagelt. Das abgestumpfte Auge der Öffentlichkeit hat es nur lange Zeit nicht wahrnehmen wollen. War doch das Verfahren für Hersteller und Anwender so ökonomisch wie zweckmäßig. Wir Kritiker aber mutierten zu Baustoffkundigen und liefen zusammen mit einer stattlichen Truppe von Architekten Sturm gegen die weitere Verhunzung der Dorf- und Stadtbilder. Wir fragten: Ist der Hersteller eines Bauprodukts auch für dessen Gestaltungszwänge, dessen ästhetische Eigenschaften verantwortlich? Vorausgesetzt, das Produkt taugt überhaupt für seinen Zweck. Einer der Hersteller, die Eternit AG, sah ihre Produkte in Verruf kommen, hörte sich die Vorwürfe aufmerksam an und lud einige besonders missgestimmte Kritiker ein, zusammen mit eigenen versierten Leuten eine Serie kleinformatiger Schindeln zu entwickeln: durchgefärbtes Material; in sechs universell brauchbaren, sich in jede Umgebung einfügenden Farben. Dieses erste Ergebnis der Beratung und Produkt- entwicklung fiel von einem Tag auf den anderen der plötzlich aufgedeckten Gefähr- lichkeit der Asbestfasern zum Opfer. Die Hersteller von Asbestzement-Produkten standen am Rande des Ruins. – Die vorhin gestellte Frage aber bleibt als Offene Frage unvermindert aktuell. ℳ

Sehr verehrte Damen und Herren,

nachdem wir in so angenehmer Weise der Stofflichkeit gehuldigt haben, indem wir sie – in welchem Aggregatzustand auch immer – auf der Zunge zergehen ließen, sehen wir uns aufs beste für das erste Thema des Nachmittags gerüstet. Ich hoffe, es hat Ihnen geschmeckt; ich hoffe, die Küche, Kellermeister und Brauer haben Ihren Geschmack getroffen.

Was ja nichts anderes heißt, als daß sie eine Reihe von organischen Stoffen unter Beigabe auch geringer Mengen anorganischer, mineralischer Stoffe so zubereitet haben, daß Sie bereit – was sage ich: daß Sie lüstern waren, sich diese Stoffe einzuverleiben. Weiter kann man, was Stoffe betrifft, gar nicht gehen. Die extremste aller verbindenden Tätigkeiten ist das Essen. Nicht allein Augen, Tastsinn, Geruchs- und Geschmackssinn haben sich der appetitlichen Stoff-Fülle bemächtigt, sondern unser gesamtes leiblich-seelisch-geistiges Wesen hat sich mit den einverleibten Stoffen verbunden und tut es noch. Wir haben uns da, ohne uns dessen recht bewußt zu sein, eine erhebliche Menge von Baustoffen zugeführt zur Ergänzung, Erhaltung, Erneuerung und Neubildung von Knochensubstanz, Binde- und, ja auch Fettgewebe; nicht zuletzt auch einige Bausteinchen für unsere Grauen Zellen, was sich jetzt natürlich noch nicht bemerkbar machen kann. Erst mal ermüdet uns der Bauprozeß, und das um so mehr, je besser es die Köche verstanden haben, unsere eigentlichen Ernährungsbedürfnisse durch die Appetitlichkeit und den Wohlgeschmack ihrer Zubereitungen hinters Licht zu führen. Ihre Kunst hat uns dazu verführt, die Bekömmlichkeit der mehr oder weniger denaturierten Stoffe einfach vorauszusetzen, und das je nach Konstitution vielleicht sogar wider besseres Wissen. (Hoffentlich reichte die Zeit dann noch zu einem Magenbitter!) So präpariert, wenden wir uns also nun der Frage zu, was Architekten gerne mögen. Was wir – oder die Architekten – gerne essen, liegt nämlich nahezu auf der gleichen Ebene wie das, was sie gern verbauen. Es ist da nur ein, allerdings entscheidender Unterschied: der Unterschied zwischen Ver-brauch und Ge-brauch. Sie können für Gebrauch auch setzen: Verwendung. Manche sagen auch Anwendung, aber ich meine, diesen Begriff sollte man doch eher nur anwenden in dem Sinne, daß etwas zur Wirkung gebracht, in die Tat umgesetzt wird, etwa eine Methode, ein Verfahren, eine Regel – wir sprechen ja z. B. von angewandter Mathematik, von angewandten Wissenschaften. Materielles, Stoffliches aber *ver*wenden wir zu dem Ziel, daraus etwas Handgreifliches zu machen, etwas Nutzbares oder auch nur Nützliches entstehen zu lassen. Stoff, Material herzutragen, um daraus etwa etwas zu bauen, einen Bau aufzuführen.

Der Gegenbegriff ist – *ent*wenden, um ganz klar zu machen, warum ich auf *ver*wenden bestehe. Das Wort sagt im Gegensatz zu *an*wenden – wofür es keinen Gegenbegriff gibt, sondern nur die Verneinung: Nicht anwenden, Nichtanwendung – verwenden meint schon, daß etwas anderes entsteht aus dem, was ich da hernehme als Baustoff, Bauteil,

Bauprodukt, daß das Verwendete aufgeht in einem neuen Ganzen, das aber auch seinerseits nicht Endprodukt ist, sondern benutzt, gebraucht werden kann und sich erst in der Nutzung, im Gebrauch erfüllt. Auf eine einfache Formel gebracht: Erst das bewohnte Haus, das funktionierende Haus ist ein Haus.

Vielleicht wird sich diese These nicht jeder zu Eigen machen wollen. Aber ich kann mir nicht helfen: Ein unbewohnbares Haus ist kein Haus, es ist – womöglich eine schöne, wunderbare – begehbare Skulptur, aber keine Architektur. Dieser Begriff ist von jeher mit dem übergeordneten des Zwecks – des Nutzens, der Nutzbarkeit, des Leistungsvermögens – verbunden. Vor exakt 2000 Jahren, um 25 v. Chr., hat Vitruv in seinem Grundlehrbuch abendländischer Baukunst „de architectura" die dienende Rolle der Architektur festgeschrieben. Es heißt da im 3. Kapitel des 1. Buchs „Die Architektur ... umfaßt drei Teile: das Bauen, die Herstellung von Uhren und die von Maschinen. Das Bauen aber zerfällt in zwei Abteilungen, von welchem sich die eine mit dem ... Bau der für den allgemeinen Gebrauch bestimmten Werke auf öffentlichen Plätzen, die andere mit der Ausführung der Privatgebäude befaßt." Schon Vitruv trennt also öffentliches und privates Bauen. In Bezug auf die zum allgemeinen Gebrauch bestimmten Werke fährt er fort: „Diese Bauten müssen aber so ausgeführt werden, daß dabei der Festigkeit, Zweckmäßigkeit und Schönheit Rechnung getragen wird. Auf Festigkeit wird man Rücksicht genommen haben, wenn die Unterbauten bis zu einer festen Grundschicht hinabgetrieben werden, und aus jeder Gattung von Baumaterial sorgfältige und von Habsucht freie Auswahl geschieht.

Der Zweckmäßigkeit aber wird Rechnung getragen sein: wenn die Anlage der Räume fehlerfrei und ohne Hemmnis für den Gebrauch, und ihre Verwendung nach ihrer Art im Einzelnen der Himmelsgegend angepaßt und entsprechend ist. Auf Schönheit aber wird Rücksicht genommen sein, wenn der Anblick des Werkes angemessen und gefällig ist und wenn die Maße der Glieder die richtigen (symmetrischen) Verhältnisse haben." Erstaunlich, erstaunlich diese Sätze – 2000 Jahre alt und in keinem Punkt verjährt. Diese Sätze im Ohr, können wir nun sehr schnell eine Hierarchie ableiten.

Die Spitze macht das vollkommen seinen Zwecken angepaßte, ideal nutzbare, gebrauchstüchtige Bauwerk, wem immer es diene; es ist errichtet aus Bauteilen, die in sich die notwendige Festigkeit, sowie die an ihrer Stelle im Bau zweckdienlichen Formen und Eigenschaften aufweisen und die schön sind in dem Sinne, daß sie ihr Teil zur Schönheit des gesamten Bauwerks beitragen;

diese Bauteile wiederum bestehen aus Materialien, die zu dem Ziel, eine spezifische Leistung zu erbringen, sorgfältig und schon mit dem Blick auf das Ganze ausgewählt sind – von Habsucht frei, wie Vitruv sagt. Er stellt damit einen qualitativen Anspruch. Pointiert gesagt: noch der Sand für Mörtel und Putz ist für das Ganze von qualitativem Belang: in seiner Eignung für die je spezifische Verwendung wie in Körnung und Farbe. Nun können Sie natürlich sagen, ich jongliere hier mit arg alten Hüten. Moderne Aufbereitungsverfahren, Normen, Gütesicherungen hätten längst aus Forderungen der Römerzeit nicht nur Selbstverständlichkeiten gemacht, sondern Qualitätsniveaus gesetzt, von denen die Alten nur träumen konnten. Man muß nicht mehr Natursteine nach dem Bruch zwei Jahre lang liegen lassen, um zu sehen, ob sie tauglich sind; oder die geformten Ziegel zwei Jahre trocknen lassen, ehe man sie brennt; oder Bäume bei abnehmendem Herbst- oder Winter-Mond erst einmal bis aufs Mark ansägen und erst einmal trocknen lassen, ehe man sie fällt, und das Holz weitere drei Jahre unter bestimmten Vorkehrungen lagern, ehe man es für tragende Teile, Türen oder Fenster bearbeitet. Alles das, diese Vorsicht, dieses Baustoff-Beobachten über lange Zeiträume hin, diese penible Auswahl können wir uns sparen, jedenfalls zu einem Teil und wenn wir nicht gerade Musikinstrumentenbauer sind. Mit den Grundbaustoffen herumzumachen, ist schon nicht mehr, längst mehr Architektensache. Aber der Fortschritt hat dennoch seine Kehrseite.

Lassen Sie es mich etwas polemisch sagen: Architekten – nicht alle, aber ich vermute: die meisten – gleichen heute jenen bedauernswerten Kindern, denen es unter Androhung nachhaltiger Strafen verboten war, in Sand und Staub und Matsch und Farben zu wühlen und sich von Kopf bis Fuß einzusauen und denen zeitlebens darum oft die – nächst dem Einverleiben, dem Essen intensivste – Erfahrung von Stofflichkeit versagt bleibt. Mit der Konsequenz eines unwiderstehlichen Waschzwangs, eines dauernden Traumas in Bezug auf hautnahen Kontakt, vitale Vorgänge, natürliches Verhalten. Vom Umgang mit Grundstoffen des Bauens weitgehend abgeschnitten, leiden sie unter einem Mangel an Instinkt – Instinkt, verstanden als sicheres, durch Erfahrung abgesichertes Gefühl oder auch von Erfahrung genährtes Ahnungsvermögen –, leiden sie unter einem Mangel an Instinkt für die wesenhaften Strukturen der Baustoffe und vor allem ihres Verhaltens in den jeweiligen baulichen Situationen; und – vor allem – unter den Einflüssen der Nutzung, des

Gebrauchs durch die Bewohner des Gebäudes oder die in ihm Arbeitenden; oder durch das Publikum, dem der Bau offen steht. Es hat sich so etwas wie eine partielle Blindheit für Materialien eingestellt, bestärkt noch – und das ist, glaube ich, eine wichtige Feststellung – durch die Vorstellung, daß dank der hoch entwickelten Herstellungs-, Verfahrens- und Anwendungstechniken alles und jedes machbar sei und Materialien darum nahezu beliebig formbar, verformbar, kombinierbar seien. In Grenzen stimmt das ja auch. Von vielen heute gängigen Bau-Produkten konnte man vor fünfzig Jahren nur träumen. Ich erinnere nur – stellvertretend – an die phänomenalen Fortschritte der Klebetechniken und des Leimbaus, also an das Angebot leichter Sandwich-Bauteile und die immer wieder Staunen hervorrufenden Produkte des Holzleimbaus. Oder auch an den von Innovationen geradezu überschwemmten Bereich der Verbindungen, Verankerungen, Befestigungen. So daß man sagen kann: eine Lösung gibt es immer, vorausgesetzt, das Portemonnaie des Bauherrn macht mit.

Ja, und dann der nun wirklich großartige Siegeszug der Kunststoffe, den hier zu kommentieren sich erübrigt.

Die Technik des Bauens, angefangen bei der Aufbereitung der Grundstoffe über die Herstellung der Bauteile bis zu den Montageverfahren, hat, kann man sagen, heute nahezu alle Grundforderungen des Neuen Bauens, so wie sie deklariert wurden in den zwanziger Jahren, erfüllt. Sie lauteten:

- Keine Lügen mehr!
  Was zu tragen scheint, muß wirklich tragen.
  Was füllt, muß wirklich nur Füllelement sein.
- Nicht mehr Material als notwendig!
  Minimierung des Materialaufwands.
  Die Grenzen der Stoffe ausschöpfen.
- Entmaterialisierung, Leichtigkeit, Leichtkonstruktionen.
- Austauschbarkeit, Variabilität.
- Vollkommenheit der Oberflächen, Glätte, Härte,
  Fehlerlosigkeit durch und durch.

Diese Forderungen provozierten eine in sich schlüssige kontinuierliche Entwicklung im Dienste eines prononcierten Bauwillens, den wir heute Neues Bauen nennen oder einfach „Moderne".

Diese Entwicklung, kann man sagen, brachte Grenzüberschreitungen alter, herkömmlicher, konventioneller Bautechnik sonder Zahl.

Sie brachte aber auch mit sich, daß viele der Eigenschaften und Leistungen

von Baustoffen und Bauteilen nun nicht mehr zu verifizieren sind, es sei denn durch die Macher und Erfinder selbst. Denken Sie an die Spezifizierung konstruktiver Elemente in druck- und zugbelastete innerhalb räumlicher Tragwerke;
oder an die Hohlprofile mit ihrer stupenden Stabilität;
oder an Faltkonstruktionen aus dünnen Blechen;
oder an das Verschwinden von Lasten durch raffinierte Einleitung in geradezu filigrane Stützen;
oder an die Verbannung tragender Konstruktionen aus dem Gebäude heraus. Alles Lösungen, Möglichkeiten, auf die wir um keinen Preis mehr verzichten möchten.

Und trotzdem ging und geht dabei ein Teil unseres Menschseins, dem doch dieses Bauen zugemessen ist und dienen soll – immer noch ganz im Sinne Vitruvs –, leer aus. Und zwar ein so wichtiger, offenbar existenziell wichtiger Teil unseres Selbst, daß die Entwicklung fast gewaltsam und über Nacht gekippt wurde. Und das geschah auf eigenartige Weise: nicht die Technik als solche wurde in Acht und Bann getan, sondern ihre Erscheinung. Sie hatte sich kraft ihres eigenen Leistungspotentials ein anderes Kleid – oder überhaupt ein Kleid zuzulegen.

Sie hatte sich gefälligst wieder verständlich zu machen, mitteilsam, sympathisch. Nicht eine Umwertung der Werte, beileibe nicht, aber eine Wiederbewußtmachung der durch die Ratio verdrängten Werte griff um sich. Unser eigenes Sympathie-/Antipathie-Verhalten kam – ja, man kann ruhig sagen, wieder zur Sprache und bewirkte eine Besinnung auf das Gestalterische, Künstlerische.

Das leiblich-seelische Wohl verlangte, endlich wieder differenziert reagieren zu können auf die gebaute Umwelt. Sie darf uns nicht als ganz Anderes, Fremdes, Unzugängliches gegenübertreten, sondern als ein uns zugehöriges Erfahrungsfeld von Auge, Tastsinn, Körpermechanik, Geruch, Gehör, damit wir uns in ihr wieder finden können. Geborgen, unverletzt, sicher.

Die jahrzehntelang übersprungenen Seiten des Bau-Qualitäten-Katalogs wurden neu aufgeschlagen. Da liest man nun:
Wärme, Weichheit, organische Struktur;
Spuren der Herstellung bewahrend,
Spuren des Alterns vertragend;
mit dem Wetter, mit den Jahreszeiten gehend;
sich abnutzend, ohne schäbig zu werden;
verletzbar zu sein und doch beständig;

unverwechselbar, wiedererkennbar, identifizierbar zu sein;
womöglich Charakter zu zeigen und Temperament;
und vor allem Statur.

Mit einem Wort, eine Liste von Eigenschaften und Befindlichkeiten, die
vermuten lassen könnten, nach High-tech sei nun die Zeit einer anthropo-
morphen Architektur angebrochen, nostalgisch und seelenschleimig, wo
wir doch vor Jahren noch Karl Kraus zitiert hatten: „Ich verlange von
einer Stadt, in der ich leben soll: Asphalt, Wasserspülung, Haustorschlüs-
sel, Luftheizung, Warmwasserleitung. Gemütlich bin ich selbst."
Aber wir hatten, in Vorahnung sozusagen der Rückkehr leergelassener
Bedürfnisse, schon hinzugefügt;
daß die Speicherfähigkeit von Wänden entschieden wichtiger ist als ihre
Minimierung auf die Dicke eines Superdämmstoffs;
daß die Ausleuchtung eines Bürogebäudes mit 2000 Lux an jedem Platz
die Augen kaputt macht;
daß ungegliederte, theoretisch endlos fortzusetzende Reihungen Monotonie und Langeweile erzeugen;
daß Bedeutungen in der Architektur nur soviel wert sind, wie sie den
wohnenden und arbeitenden Menschen bedeuten;
daß Architektur ein mächtiges, aber kein Machtinstrument ist;
und daß, wenn ein Bau nicht mehr ist als die bloße Summe seiner Teile,
man von Gestalt nicht sprechen kann.
Heute kann man, ja muß man das Karl-Kraus-Zitat schon wieder anders
weiterführen, etwa mit den Anmerkungen,
daß ein Übermaß von Asphalt nicht zwingend von einer durchgängigen
Regression auf altstädtisches Holperpflaster abgelöst werden muß;
daß der Mißbrauch oder schlechte Gebrauch von industriell hergestellten
Fassadenplatten kein Grund ist, nur noch von Hand gebrochenen und
von Hand geschlagenen Schiefer anzunageln;
daß ein mit Sorgfalt konzipiertes Stahltragwerk aus Normprofilen den
Vorzug verdient vor einem neu erfundenen altfränkischen Ständerhaus
mit gebogenen Kopf- und Fußbändern, 20 mm Brettdicke, in Putz gelegt.
Immer wieder wird das Kind mit dem Bade ausgeschüttet. Korrekturen
einer Entwicklung schlagen immer wieder jäh um in eine fragwürdige
Anpassung an das, was doch die Entwicklung zu überwinden trachtete.
Die Dienstleistung Architektur bleibt dabei auf der Strecke.
Und die Gänge über unsere Baumessen werden, fast schon branchen-
weise, zu einem Spießrutenlaufen durch fehlgeleiteten, wenngleich oft
durchaus ingeniösen Baukram.

Kann sein, daß jeder Überfluß wirklich Überflüssiges produziert.

Der Mangel war immer ein besserer Ratgeber. Die äußerste Beschränkung der Mittel hat Scharoun nicht davon abgehalten, den kühnsten, großartigsten, brauchbarsten Konzertsaal des 20. Jahrhunderts zu realisieren; mehr noch: einen Bau, der unserer Gesellschaft einen Weg weist, wie sie ihre öffentlichen Räume strukturieren könnte, auf daß sie ihr angemessen seien.

Scharoun hat, auch das muß gesagt werden, für die Berliner Philharmonie nicht eben sehr viel Bau-Produkte auf dem Markt kaufen können. Ich weiß nicht, ob das nur ein Kosten-Problem war.

Der Mangel war immer ein besserer Ratgeber. Ich wünschte, das hätte Gültigkeit auch für einen heutigen Mangel.

Nur ist der ganz anderer Art: Es mangelt uns an jener Verbindlichkeit, die zweitausend Jahre lang das Bauen bestimmt hat, doch es nun erst recht bestimmen sollte, da uns die Mittel dazu mit den neuen Techniken und Stoffen und Produkten an die Hand gegeben sind.

Ich meine jene Verbindlichkeit der Architektur, die sich in den drei vitruvianischen Begriffen Festigkeit, Zweckmäßigkeit, Schönheit ausdrückt, das eine vom anderen nicht zu lösen. Ich meine die Verbindlichkeit der Architektur gegenüber den wohnenden und arbeitenden Menschen, damit ein jeder sich im Bauen seiner Zeit wiedererkenne mit allen seinen Sinnen, Bedürfnissen, Wünschen, Überzeugungen, Spekulationen. Ich meine jene auf Verantwortung gründende Verbindlichkeit, vom Detail bis zur Statur des Baus selbst, die es erübrigt, unser Selbstbewußtsein von abgelebten Zeiten auszuleihen.

Die an mich, als einen Beobachter, gerichtete Frage kann so nur eine Antwort haben:

Wie Architektur heute insgesamt eine dienende Kunst ist, wie ihre Entwürfe den je anderen, verschiedenen, und doch in die Gemeinschaft eingebundenen Mitmenschen zugeeignet sind, so haben auch Bau-Produkte, Produkte für das Bauen, diesem ersten, wichtigsten Kriterium zu entsprechen: Sie müssen dem Ganzen dienen – und zwar in zweierlei Weise: dem Bau selbst und den Nutzern des Baus.

Das aber können sie nur tun, wenn auf jede Täuschung, zumal die aus Habgier, verzichtet ist,

etwa auf

die Vortäuschung von Weichheit und Wärme durch auf hartes Material aufgedruckte Holzimitationen;

die Vorspiegelung von Dauerhaftigkeit und Unverletzbarkeit, obwohl bereits geringe Beanspruchungen Spuren hinterlassen;

die Vortäuschung von massivem Mauerwerk und dessen Schichtungen und Verbänden, wo de facto nur Pappe oder dünne Platten vorzufinden sind.

Auch das Bau-Produkt von heute hat nicht zu scheinen, sondern zu sein, was es ist:

wenn von lebendiger Struktur, dann bitte die dem Baustoff eigene;

wenn von absoluter Vollkommenheit, dann bitte wirklich beständig, fehlerlos, zeitlos, ohne Spuren des Alterns anzusetzen;

wenn der Alterung unterworfen, dann bitte nicht in jener Weise, die wir als schäbig, unansehnlich, müllkippenreif empfinden.

Die Forderung, daß ein Produkt zu sein habe, was es ist, wirft das schier unerschöpfliche Problem der Oberflächen auf. Das Problem der Einfärbungen und Farben, das Problem des Anstreichens als eines Tot-Streichens, das Problem der Beständigkeit gegenüber aggressiven Stoffen, das Problem des anständigen Alterns. Alles was ist, steht nicht für sich allein, sondern in Zusammenhängen. Auch das ist im Hinblick auf die Qualitäten von Bau-Produkten zu bedenken. Ihre Eigenschaften müssen im baulichen Zusammenhang mit den Eigenschaften anderer Bauteile korrespondieren, und auch mit der unmittelbaren Nachbarschaft mit dem Umfeld.

Und schließlich ist zu bedenken, daß das Leben spielt, Veränderungen eintreten, Szenerien wechseln. Wie oft begegnen uns die Grimassen des Neuen, das, mittlerweile schon gar nicht mehr neu, nicht altern kann, obwohl man ihm ansieht, daß es das alte Neue von vorgestern ist. Es ist von der gleichen Peinlichkeit wie das neue Alte von heute.

Auch das Mitgehen mit der Zeit, das Altern, ist eine qualitative Leistung. So gut wie Beständigkeit, Zuverlässigkeit, Klarheit.

Wenn wir einander begegnen, wollen wir wissen, mit wem wir es zu tun haben. Die gleiche Frage, auf anderer Ebene, richtet der Architekt an das Bau-Produkt. Er will und muß wissen, mit was er es zu tun hat, ehe er wagen kann, es in seinen Entwurf hereinzunehmen. Die Produzenten tun gut daran, es ihm zu sagen in jener Offenheit, die allein Vertrauen und Gemeinschaft stiften kann.

In Frankfurt am Main. Wenn die Fußgänger dürfen…

Keine Bildung ohne Vorbildung
1997

ℳ Wenn angehende Architekturstudenten, zu ihrer Motivation befragt, erklären, die Namen Le Corbusier und Mies van der Rohe nicht zu kennen, auch nie gehört zu haben, so hatten sie zuvor entweder einen engstirnigen Kunstlehrer vorm Abitur oder waren in dörflicher Abgeschiedenheit von einschlägiger Literatur gänzlich fern. Solche Antworten lassen zwar staunen, doch Wissen kann sich jeder jederzeit verschaffen, und Wissenslücken hindern – vorerst – nicht, etwa eine viel versprechende Entwurfsbegabung zu zeigen. Eigentlich schlimm aber ist die lässige Bemerkung eines Studienanfängers, auf Architektur wäre es ihm bislang gar nicht so sehr angekommen. Hier steckt die Beliebigkeit ihr eitel gestriegeltes Haupt schon in die Gänge der Ausbildung. Um diesem fatalen Prozess vorzubeugen – nicht wissen, was man tut, und ziellos die Gelegenheiten wahrnehmen –, wäre mein Vorschlag eines „außerarchitektonischen" Vor-Semesters nicht von der Hand zu weisen. Ich trug diese Utopie Studenten der Braunschweiger Technischen Universität vor, als gerade, November 1997, ein Vorlesungsstreik angesagt war. Man forderte – wieder einmal – ein selbst bestimmtes, gleichwohl sozial verantwortetes Studium und eine weit gehende Öffnung der Hochschule. Einige Vorlesungen wurden indes nicht bestreikt und auch mein lange festgelegter Vortrag nicht. Sein Inhalt bewegte mich indessen schon sehr viel länger. Ich hatte dabei nicht so sehr das Studium, sondern die Berufspraxis der Architekten im Blick, deren künstlerische Haltung und soziale Einstellung, wie sie sich zeigten. Oder eben nicht. ℳ

Es ist fast schon nicht mehr nur eine Vermutung: Der Freie Architekt figuriert als eine aussterbende Spezies unter den Baubeflissenen. Aber ist diese Misere eine Frage der Ausbildung? Können Architekturschulen ihr begegnen? Wäre ein Widerstand gegen die Versklavung des Architekten „von vornherein" möglich? In der Art eines europaweiten Flächenbrandes? Mit einer in ihrer Struktur gewandelten Architekten-Ausbildung? Sie ist genau das, was mir jetzt, in diesem – sagen wir ruhig: europäischen – Augenblick des Umbruchs dringend und sinnvoll erscheint. Sicher ist es im Augenblick noch utopisch anzunehmen, auch nur eines unserer auf Leistung und funktionale Tüchtigkeit abzielenden

Ausbildungsinstitute würde es sich selbst verschreiben, angehenden Architekturstudenten erst einmal zwei Semester *Vor*bildung zu verschaffen. Denn das ist meine Idee und Überzeugung: daß heute eine nachhaltige Ausbildung zum Architekten eines mindestens einjährigen Vorlaufs bedarf. Diesen Vorlauf sollte man, um jeder Verwechslung vorzubeugen, nicht „Vorkurs" und auch nicht „Vorlehre" nennen. Mein Vorschlag gilt vielmehr einer BASISLEHRE. Auf ihr aufbauend, wird eine Architekturlehre heute sinnvoll und zukunftsträchtig sein, wie immer sie auch im einzelnen und in ihrer Gewichtung beschaffen sein mag. Sie könnte, so meine Hoffnung, dem Architektenstand die innere wie die politische Stärke zurückgewinnen, die im Moment vertan erscheint. Sie bringt einen Zuwachs an Kompetenz – vor allem Bauen und über das Bauen hinaus. Denn der Student hat zwei Semester oder drei Semester lang erfahren, was *Kindheit* heißt, wessen der kleine Mensch in seiner erst noch zu lernenden kleinen Welt bedarf. Der Student hat gelernt zu objektivieren, was er eben erst als *heranwachsender junger Mensch* erfahren oder vermißt hat. Es ist ihm hautnah mitgeteilt worden, wie das sogenannte Berufsleben den *Erwachsenen*, die Frau, den Mann, auf je besondere Weise, strapaziert. Der Student hat mal kurz versucht, in Stadtgegenden mit über zwanzig Prozent *Arbeitslosen* Policen für Kleinlebensversicherungen an den Mann zu bringen. Er hat ein paar Wochen unter *Schwerkranken* zugebracht, zwei Wochen lang *Sterbende* in Siechenheimen besucht, weil Krank*sein* und *Dahin*sterben in keinem anderen Maßstab als dem der Wirklichkeit, in keiner Übersetzung zu vermitteln sind. Kurz, den angehenden Architekturstudenten hat sein erstes Studienjahr in außerordentliche Spannungen versetzt: Lebensvollzüge, Lebensverhältnisse, Lebenszustände, Lebensziele waren zu erfahren, zu erkennen, zu begreifen, in Zusammenhänge zu bringen, in die gegenständliche Welt einzuordnen. Damit später, beim Bauentwurf, das *Zuordnen* seinen Sinn und seine Richtigkeit haben wird. Ein Jahr lang ist der Studienanfänger um nichts herumgekommen. Diese Basislehre läßt sich natürlich aufdröseln in die altbekannten Fächer. Anthropologie, Psychologie, Physiologie; Medizin, Pädagogik, Sprachwissenschaft; Biologie, Ökologie, Hygiene. Aber nun muß ich noch Philosophie dazuschreiben, um nicht mißverstanden zu werden.
Ich meine eben nicht „Fächer", sondern ich meine deren Inhalte, auf die Vollzüge des Wohnens, Arbeitens, Sich-Erholens, Freiseins fokussiert. So streng und bündig das nur geht, ohne damit Lebendiges festzuschreiben. Wenigstens „Kontinuität im Wandel" wäre damit zu demonstrieren und zu erfahren: Das sind wir, so leben wir; heute und, falls es sich schon

absehen läßt, gleich morgen. Daraus ergibt sich dann eine ganz andere Frage an die nun folgende Bau-Lehre als die, in welchem Stile wir wohl bauen sollen.

Die erste, die primäre Frage lautet
- aus der Sicht dessen, der sich getrieben oder berufen fühlt, Architekt zu werden: Für wen werde ich einmal bauen? Wobei ruhig offen bleiben kann, ob damit der Auftraggeber, der Bauherr, gemeint ist oder diejenigen, denen das Bauwerk zur Nutzung angedient werden wird.
- Aus der Sicht der Lehrer zieht die Frage, für wen die von ihnen zu fördernden Studienanfänger später einmal bauen werden, eine lange Schleppe weiterer Fragen nach sich. Und ziemlich viele davon laufen auf eine Selbstbefragung hinaus.

Schon bei diesem ersten Vortasten wird hinlänglich klar, daß, folgt man meinen Vorstellungen, die Architekturlehre schon gleich zu Anfang, noch vor allem Konzipieren und Projektieren, allem Konstruieren und Detaillieren, auf politisches Terrain gerät und mit Sicherheit die Staatsaufsicht auf den Plan rufen wird.

Man wird ihr sagen müssen, daß die Wissenschaft vom Menschen ohne politische Implikationen nicht zu denken, also auch nicht zu praktizieren ist. Man muß ihr sagen, daß die Adrenalin-Proben etwa aus dem Urin der Bewohner des 1974 eben bezogenen Berliner Märkischen Viertels eine verfehlte Stadtbaupolitik und eine ebenso fragwürdige Wohnbaupolitik bloßstellen. Es mangelte leider nur an den einfachsten physiologischen Grundkenntnissen, um diese Blößen der Stadtpolitik wirkungsvoll öffentlich vorzuführen. Es ist nicht anzunehmen, daß dieses Wissen mittlerweile zugenommen hat.

Ist es denn abwegig zu erwarten, daß zumindest der Architekt und der Städtebauer wissen, womit und wie und wo und zu welchem Zeitpunkt sie ihre Mitmenschen in Angst versetzen?

Ein Thema also: Angst. Fast ein Semesterthema.

Neben einem anderen weitläufigen Thema, das ich hier mal mir Erving Goffman *Verhalten in sozialen Situationen* benennen möchte. Ach ja, schon 1971, vor einem Vierteljahrhundert, publiziert und längst vergriffen und vergessen. Da lag die Vorbildung, für die ich hier plädiere, bereits – wörtlich – auf der Straße!

Wie steht es denn mit diesem sozialen Verhalten: dem Bummeln, Flanieren, einem Menschenauflauf, einer Zusammenrottung, einem Sommernachtspiel, dem *Vorbei*-Gehen, dem Eckenstehen? Was ist mit dem

„Rücken an der Wand" und was ist mit den ausgebreiteten Armen und den zufälligen oder absichtlichen Körperkontakten? Was ist mit der kollektiven Sangeswut *Warum ist es am Rhein so schön* und *Wer soll das bezahlen …?*

Allein dies Thema wäre eine Hauptvorlesung wert und zwei Seminare, eines für Fortgeschrittene.

Eine Zumutung für die Lehrenden ist die BASISLEHRE allemal. Denn es werden ihnen ja weder Lehr-Gegenstände noch Lehrpläne anhand gegeben. Es gibt bestenfalls Umschreibungen dessen, was zu vermitteln wäre, und es gibt eine Zielsetzung. Man darf diese nur nicht mit Klassenzielen verwechseln.

Denn:

Das Pensum der Studierenden und die Arbeit der Lehrenden sollen sich, so meine Erwartung, aus der je unmittelbaren Gegenwart, aus den je gegenwärtigen Zuständen, seien es gesegnete, seien es Nöte, entwickeln. So wird es von Semester zu Semester ganz unterschiedliche Themen, Aufgabenstellungen, Arbeitsinhalte geben. Diese Erwartung huldigt der, zugegeben: etwas waghalsigen These, daß sich die Welt aus wenigen Punkten erklären läßt und man sich nur zwei Stunden lang an die Kreuzung zweier wichtiger Stadtstraßen stellen muß, um die Kräfte, die Energien, das interne Klima, das Lebensgefühl, die soziale Verfassung des Ortes in Erfahrung zu bringen.

Das waren einige Illustrationen zur Sache. Ich hoffe, ich habe deutlich machen können, was die BASISLEHRE in ihren zentralen Strängen, ihren inhaltlichen Verflechtungen zu vermitteln hätte.

Damit aber ist es für die Studienanfänger noch nicht getan. Es gibt parallel dazu zwei weitere wichtige Unterweisungen: einmal die Belehrung über die Hauptzüge der *Kulturgeschichte*, was etwas anderes ist als eine Vermittlung von Kunst- und Architekturhistorie, welche dem eigentlichen Bau-Studium zugeordnet bleiben kann; auf der anderen Seite, damit die „Intelligenz der Hand" unterdessen nicht leer ausgeht, die Schulung der *Fähigkeiten des Darstellens*, vom Skizzieren bis zum CAD, und ein stetes Training der *Sensibilität für Materialien, Oberflächen und Farben.*

Denn das unterscheidet den Architekten ja von allen anderen Berufen, die sich mit der Wohlfahrt unserer Gemeinwesen, staatlichen wie kommunalen, befassen oder überhaupt mit dem sozialen Körper: daß er de facto für die Körperlichkeit des Sozialen, die Gehäuse der Gesellschaft, arbeitet und, indem er das tut, in diese Körperlichkeit formend und gestaltend eingreift.

Und das Spannende dabei ist, daß diese gestaltenden Eingriffe durch Erneuerung, Umbildung, Mehrung von Gebäuden oder durch Stadtplanung, Stadtentwicklung, regionale Raumordnung zugleich Übersetzungen eines – oft schwer auszumachenden – kollektiven Wünschens und Willens sind. Schwer auszumachen, weil Vitalität wie Siechtum, ungebrochenes Selbstverständnis wie kränkelndes Sich-Durchbringen sich in Verhaltensweisen äußern, die dem sogenannten Marktverhalten ähneln und glauben machen, hier gehe es um Märkte. Diese Märkte der Architektur und Stadtplanung sind indes bloße Schein-Märkte. Sie ergeben sich nicht aus einem Pensum, sondern werden gemacht, werden veranstaltet. Frage: Auf Geheiß von Werbung? Setzt Werbung Daseinsziele? Dies nur nebenbei. Es ist unsere so langsam schon eingefleischte, internalisierte „marktkonforme" Situation. Denn spöttisch gefragt: Wenn alles Kunst ist, wie viele Dilettanten, aber auch einige gestandene Künstlerpersönlichkeiten behaupten, warum soll dann nicht auch alles Markt sein? In solcher Situation ließe sich nun um so eher fragen, was denn mit „Situation" gemeint sein kann; und dann: Wie lange eine dreidimensionale Situation – wenn es eine solche überhaupt gibt! – sich selbst überleben kann, wenn sie geändert wird. Wie bald schwindet die Erinnerung an ein Bauwerk, eine Platzgestalt, einen Straßenzug, wenn es sie nicht mehr gibt. Krieg, Brand, Abriß, Erneuerung, Umbildung. Wie lange läßt sich eine stadträumliche Situation noch vergegenwärtigen, die vor einem Abriß bestand? Diese Frage läßt sich fast an jedem Ort stellen. Und meine Generation hat sie sich nicht selten als Gewissensfrage stellen müssen.

Warum diese Frage – neugierig wie wir sind – nicht zu einem kulturgeschichtlichen Thema machen: Zu welchen Zeiten haben bestehende Bauten neuen Platz machen müssen? Warum? Aus welchem Anlaß? Gegen Widerstände oder ohne Anstrengung? Wie lange ist das alte Bild erinnert worden? Und wie lange hat es gedauert, daß der Neubau oder der umgewandelte Stadtraum angenommen wurde? Was wird im Einzelnen erinnert? Was zuerst vergessen? Gibt es da Zeiten, die festhalten, die bauliche Veränderungen meiden; und wie unterscheiden sich diese von „revolutionären" Jahrzehnten? Durch religiöse Überzeugungen und rituelle Maßnahmen? Die katholische Kirche verlangt zum Beispiel die Gründung aller Altäre, an und auf denen die Konsekration vollzogen wird, auf gewachsenem Boden oder Fels.

Hat das Urteil eines Oberlandesgerichtes Bestand, das den Wiederaufbau eines vor zwei Jahren abgebrannten Forsthauses als Fremdenpension nicht zuläßt; der Wiederaufbau des Forsthauses zu anderen Zwecken falle unter das Verbot des Bauens im Außenbereich; auch habe nach zwei Jahren die Allgemeinheit keine Vorstellung mehr davon, daß es an diesem Ort ein Gebäude gegeben und welche Baumasse und welches Aussehen es gehabt habe. Ich will mit diesem Beispiel nur zeigen, wie wenig Verlässiges wir über Gedächtnis und Erinnerung wissen. Eigentlich erstaunlich. Schließlich gingen aus dem neuntägigen Beilager des Zeus mit Mnemosyne, der Göttin „Gedächtnis", die neun Musen hervor.

Also: Was erinnern wir? Das wäre so eines der kulturgeschichtlichen und zugleich anthropologischen Themen, die wenn es sich so ergibt, behandelt werden könnten.

Ich nenne ein anderes, ein konkreteres: Auf welchen Fußböden tanzten die Leute der verschiedenen Stände und Herkünfte mit welchem Schuhwerk zu dieser oder jener Zeit? Und welche Tänze waren das? Und mit welchen Instrumenten hat man dazu aufgespielt? Schnelle, stampfende, schreitende, springende, wiegende ...? Ist der Turn-Jogger-Ballspiel-Kraxel-Schuh, diese Allround- und Allwetter-Fußbekleidung eine Verarmung oder eine Befreiung? Daran ließe sich dann gleich eine Beobachtung von „Bewegungsräumen" anschließen, von Berührungs- und Nichtberührungsreichweiten und wieweit wohnende, arbeitende, sich vergnügende Menschen sich nahekommen dürfen, ohne daß einer im Geruch des anderen steht. Doch das läuft dann schon wieder eher in Richtung des Verhaltens, zeigt aber, wie eng psychisch gründende Eigenheiten mit körperlichem Ausdruck verknüpft sind.

Stichwort „Körpersprache".

Tastgefühl, Hautsensorium ließen sich aber auch anders schulen; etwa so, daß man die Blindenschrift übt und alle möglichen Versuche anstellt, unter welchen Umständen, in welchem Licht, aus welcher Entfernung eine Oberfläche sich als glatt, geschmeidig, schmierig, rissig, seidig, borkig, pickelig, verschorft, porös erweist. Nähren Erfahrungen der Hand die Erfahrungen des Auges? Wann ist das Auge sicher, daß es sich nicht täuscht, ohne die Hand befragt zu haben? Sie sehen, Splitter einer Vorbildung, wie sie mir zufallen.

Wie etwa dies: daß wir uns nicht genug klarmachen, daß es einen reinen Stoff nie natürlich, sondern immer nur als Präparat gibt. Stoffe kommen vor. Und sie kommen vor, wie sie sind, in der oder jener Beschaffenheit. Wir finden sie so vor und machen etwas aus oder mit ihnen. Indem wir sie reinigen, isolieren, destillieren usw., stellen wir sozusagen Abstraktionen der Stoffe her, bringen sie auf den Begriff, was eine erste Stufe der Virtualität ist als etwas eigentlich so nicht in der Wirklichkeit Vorkommendes. Marmor wäre also der Stoff, Kalk sein reiner Begriff.

Apropos Kalk: den gibt es nun wirklich reinlich, ohne Stoffeigenschaften in bestimmten Stadien seiner erstaunlichen Metamorphosen, die ihm kein anderes Mineral nachmacht.

Kalk: Viele Sorten von Gestein bildend, unbearbeitet wie bearbeitet zum Bauen dienlich. Aber dann: in Wasser gelöst, Baustoff von Schalen, Gehäusen, Knorpeln und Knochen kraft eines organisch organisierten Wesens. Doch gebrannt, zermahlen, gelöscht wiederum Baustoff, jetzt anderer Art und Funktion, seit Menschengedenken. Und die strahlendste weiße Tünche, nicht klebrig, nicht ätzend, nicht versiegelnd. Doch der jüngste Kalk heißt Kreide: Nicht abriebfest und auf den Jurakalk folgend, bezeichnet sie das Ende des Erdmittelalters.

Mit solchem Wissen kann ein Architekt erst einmal gar nichts anfangen. Aber genau darauf lege ich es ja an: Daß die unmittelbare, ich wiederhole: die *unmittelbare* Verwertbarkeit der in der Basislehre vermittelten Kenntnisse nicht gegeben sein muß. Es geht hier nicht in erster Linie um den Erwerb von Kenntnissen, sondern um Erkennen. Zum Beispiel – ja, vor allem! – vor hermetischen oder okkulten Zusammenhängen. Was nun überhaupt nichts mit Esoterik zu tun hat, sondern eher mit der Kunst der Hermeneutik, einer Methode des Verstehens menschlichen Daseins in der Welt. Insofern sollte niemand auf den Gedanken kommen, es liefe, wenn etwa der Wandlungsfähigkeit eines Minerals wie des Kalks nachgegangen wird, bereits auf eine vorgezogene Baustoffkunde, Baustofflehre hinaus. Schließlich soll der angehende Architekt in der Basislehre *sehen lernen*. Und das tut er am besten durch unablässige Versuche zu sagen, was er sieht. Das heißt: durch Beschreiben, durch Berichten. Es gibt, denke ich, kein anderes Mittel, um dem mit der Digitalisierung verbundenen Prozeß fortschreitender Analphabetisierung zu begegnen.

Dessen uneingestandenes Resultat die Rechtschreibreform ist: Die Schriftsprache als pflegeleichte Benutzer-Oberfläche.

Mit Le Corbusier gesprochen: „Sagen, was man sieht, und vor allem – was weitaus schwieriger ist – sehen, was man sieht." In diesem Satz verbirgt sich allerdings schon der gesamte Lehrgegenstand *Architektur*.

Bei diesen Andeutungen zum möglichen Inhalt der Basislehre will ich es belassen. Ihrer Phantasie wird es leicht sein, die Fäden weiterzuspinnen, das Netz der Lebenszusammenhänge dichter zu knüpfen.

Eine LEHRE wäre keine, wenn sie nicht, um zu erfahren, wohin man es mit ihr gebracht hat, ein Schlußexamen, sozusagen ein Übergangs-

Abenteuer-Spielplatz in Frankfurt am Main

Examen zur Architektur, nach sich ziehen würde. Diese Prüfung denke ich mir als einen Disput zwischen Studenten, die von den Lehrern zu einer kleinen Gruppe zusammengewürfelt sind.

Das Thema wird spontan zur Debatte gestellt. Der Disput kann einer öffentlichen Anhörung gleichen. Es gibt keine Noten. Die Basislehre endet mit der Zulassung zum eigentlichen Architekturstudium.

Nun aber ist höchste Zeit zu fragen: Wer lehrt? Und wo? Mit welchen Mitteln? Und woher, bitte schön, die Zeit nehmen?

Fangen wir bei der Zeit an. Ich könnte mir, Außenstehender, der ich bin, vorstellen, daß sowohl in der Unter- wie der Oberstufe ein Semester zu kürzen wäre. Mag es dafür dann weiterführende fakultative Kurse geben, die Spezialkenntnisse vermitteln.

Zum anderen könnte dem *learning by doing* mehr Gewicht beigemessen werden. Ich glaube, wir brauchen mehr „Unterbrecher", die zu einem von ihnen selbst für richtig gehaltenen Zeitpunkt für ein halbes oder ganzes Jahr in ein prominentes freies Büro gehen.

Wer von dort wiederkommt, wird genauer wissen, was er sich in den verbleibenden Oberstufen-Semestern an Kenntnissen und Fähigkeiten noch zu verschaffen hat.

Welcher Lehrer bedarf die BASISLEHRE? Bestimmt nicht weiterer Professoren auf Lebenszeit und Dauer. Die Basislehre braucht Stadtindianer mittlerer Statur und neugierigen Herzens. Sie hocken heute zwischen allen möglichen Stühlen und wären mit einigem Geschick hervorzuziehen. Sozialarbeiter, Lehrer, Ärzte, Anwälte, Stadtforscher, Journalisten, usw. – alle auch mit der Endung „innen". Solche Leute haben die Aufgabe, als Erfahrene und unablässig weiter Suchende den Studienanfänger in Situationen zu bringen, in denen er selbst Erfahrungen suchen und machen kann. Denn wir wissen ja, wie das mit Erfahrungen so ist: Nur wenige sind transportabel, transferierbar; die meisten muß man allein und selbst machen. Denn das ist ja Studienziel: Erfahrungen und nichts wie Erfahrungen machen, erst einmal; und so nachhaltige, daß sie später im Architekturstudium fruchtbar gemacht werden können. Die von mir so benannten Stadt- oder meinetwegen auch Land-Indianer als Vermittler, Spurenkundige, Nachforschende müssen sich und ihren studentischen Mitläufern, Mitmachern Pensum und Abläufe selbst vorgeben.

Das bedingt eine kernhafte Organisation oder Selbst-Koordination, für die man virulente Gruppen-Dynamik hinnehmen muß, ja sogar hinnehmen sollte. Die Lehrer haben dafür einen kleinen Raum in der Hochschule und darin eine clevere Sekretärin mit drei Telefonen, Internet-Zugang und eigenen Informationsspeichern.

Die Studenten werden während der Basislehre die mehr oder minder Heiligen Hallen ihrer Alma Mater kaum betreten. Die Mutter verteilt ihre Gaben außerhalb; sagen wir in zeitweise leerstehenden Wohnungen, ungenutzten Schulräumen, Beamtenkantinen, Lagerhallen, Wirtshaus-Hinterzimmern. Kurz, vor Ort; vor Orten. Vor Jahren wurde mal heftig die U-Bahn-Uni diskutiert: an Strängen des Öffentlichen Nahverkehrs gelegene, nicht genutzte oder nur zeitweise genutzte oder nicht ausgenutzte Baulichkeiten und Räume als Stätten der vagabundierenden Lehre. Diese Idee ließe sich im Zeitalter innerstädtischer Brachen und Leerstände wiederbeleben.

Es läßt sich viel noch ausdenken.

Ich sagte: die BASISLEHRE endet mit der Zulassung überdurchschnittlich lebenserfahrener junger Menschen zum Architektur- und Stadtbau-Studium. Äußerlich endet sie so. Doch eben nur äußerlich. Denn – so meine Hoffnung – sie wird weiterwirken als ein Vor-Wissen um das Wesen der jeweiligen Bauaufgaben. Sie wird dem entwerfenden Architekten einen nahezu konkurrenzlosen Vorteil verschaffen: Er weiß *verbindliche* – das heißt als verbindlich erfahrene und formulierte – Kriterien ins Feld zu führen, die mit ihrem Gewicht den ökonomischen, zumal den ökonomisch-spekulativen, zumindest gleichkommen. Der Architekt befindet sich nicht mehr in der (Neben-)Rolle des Herstellers von Geschmack und Geschmäcklerischem. Er hat mehr im Sinn als gefällige Fassaden, als das Einbringen sogenannter intelligenter Haustechnik und die Erfindung auftrumpfender Selbstdarstellungen. Er gestaltet ein in all seinen Teilen *sinnvoll dienendes* Werk.

Das in den Jahren postmoderner Beliebigkeit verspielte Vertrauen in den Architekten als Gestalter der Städte und Dörfer und ebenso einer „ansehnlichen" Sozietät kehrt zurück. Die Brüsseler Beamten können sich ihre absurden Schutzvorkehrungen für die Bauherren sparen. Und Staat und Wirtschaft werden es schnell und im ureigensten Interesse unterlassen, dem Berufsstand des Architekten weiter das Fell über die Ohren zu ziehen. Doch wie sonst auch: der Erfolg einer Neuerung, einer neuen Sicht, einer neuen Methodik, kann sich nur einstellen, wenn sie unternommen werden. Von nichts kommt nichts. Videant consules!

Ohne Nachfolge? Eine Demonstration der „Achtundsechziger" im Januar jenes Jahres.
Berlin, Kurfürstendamm

Anonymes Bauen auf Kreta
2001

ℳ̲ Die Freie Akademie der Künste Hamburg forderte 2001 die Mitglieder der Abteilung Baukunst auf, in einer Ausstellung darzulegen, wie sie zur Architektur gekommen seien. Ich Nicht-Architekt fragte mich, wie ich das wohl vor Augen bringen könnte. Denn mein Zugang war ja anfänglich ganz einfach nur äußerlich gewesen: Im Frühjahr 1952 gab mir mein väterlicher Freund Rudolf Steinbach, Architekt und *homme de lettres*, den Hinweis, dass für *Baukunst und Werkform* ein Redakteur gesucht werde. Wiewohl ohne Ahnung von neuer Architektur, bewarb ich mich; und, o Wunder, Alfons Leitl, der Herausgeber, nahm mich. Bis dahin hatte ich mich, was das Bauen und Bauten betraf, intensiv nur mit den Kirchen der Romanik in Frankreich befasst; und auch dann weniger mit deren durchweg *anonymer* Architektur, sondern fasziniert vom *speculum mundi* der Bauskulptur. So war es wie eine Rückkehr ohne Rückkehr, wenn ich in Hamburg – und später in Cottbus – zeigte, was ich vom Bauen der im Untergang befindlichen Bauernkultur Kretas, einer anderen *Architektur ohne Architekten*, abzulesen lernte. ℳ̲

Vier Beobachtungen

Kreta ist ein 270 km langer, sich west-östlich erstreckender gebirgiger Riegel, der die Ägäis vom Libyschen Meer scheidet. Im Unterschied zu den Felsformationen der Nördlichen Kalkalpen bilden die bis zu 2500 m hohen Gebirgsmassive Kretas gerundete Buckel über tiefen Mulden. Die als prototypische Beispiele hier näher betrachteten Bauten befinden sich sämtlich in den südlichen Küstenregionen unter den *Weißen Bergen* und dem Gebirgsstock des *Ida*. Ergiebige Schneeschmelzen; oben tiefe Eisrinnen noch bis in den Mai hinein. Im späten Herbst und in der Winterzeit mitunter sintflutartige, schnell abfließende oder in den durchweg entwaldeten Gebirgszügen versickernde Regenfälle. Fruchtbare, doch – mit Ausnahme der abflusslosen Hochebenen – aride Böden. Schon vom Mittsommer an weitgehend von der Sonne verbrannte Landstriche. Schauplätze, Lebensplätze einer besonderen bäuerlichen Kultur.

Patsianos in der Sfakia am Libyschen
Meer, Südkreta.
Haus in der gemuldeten Dorflage
unterhalb des Küstengebirges

Ansicht und Schnitt eines Hauses in
Cambia mit zwei Stützbögen innen
zur Verdoppelung der Raumtiefe. Aus
der kretischen Zypresse lassen sich nur
relativ kurze Tragbalken fertigen.
Zeichnung D. Vassiliadis

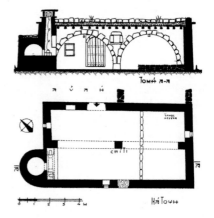

Erste Beobachtung: ROHER STOFF WIRD WERKSTOFF
Stichworte: Eigenschaft – Eignung – Bearbeitung – Erscheinung

Die zu unwegsamen Steinwüsten zerbröckelten, zu den Küsten hin durch
Schluchten zerfurchten Kalkgebirge bieten nahezu überall Baustoffe frei
Haus: Feldsteine jeglicher Form und Größe, Spaltplatten, Kalksandstein-
brocken von respektabler Dichte, Sedimentgestein, Kies und Sand in
jeder Körnung, dazu noch wasserundurchlässigen Lehm. Man musste
alles nur aufklauben und für kurze Wege Tragtieren aufladen. So ist das
Kretische Haus rein aus der Struktur der Insellandschaft erwachsen und
so unverwechselbar wie die über dreihundert endemischen Pflanzen auf
Kreta. Im 18. Jh. hat sich für die Herstellung der 60 bis 80 cm dicken
Wände des autochthonen Kretischen Hauses ein kunstvolles Verfahren
herausgebildet. Man schichtet sorgsam ausgesuchte, sich miteinander ver-
klammernde Bruchsteine und füllt die in der inneren Wand verbleibenden Hohlräume mit Lehm. Als „Außenhaut" dieses Mauerwerks entsteht
ein Mosaik aus großen und vielen kleineren Steinen, deren nach außen
gelegte glatte (oder geglättete) Seiten zusammen mit einem bündig einge-
brachten Kalkmörtel die Wand wetterfest machen. Die Hausecken und
sämtliche Wandöffnungen werden mit sorgfältig zugerichteten Hauste-
nen dauerhaft gefestigt und gerahmt.
Welch verlässliche Schönheit!

Zweite Beobachtung: GRÜNDUNG UND TRAGSTRUKTUR
Stichworte: Festigkeit – Zweckmäßigkeit – Haltbarkeit – Aufwand

Über den genauen zeitlichen Ursprung der Rundbauten mit Traggewölbe
wissen wir so wenig wie über die Gründe ihres auf nur wenige und weit
auseinander liegende Regionen beschränkten Vorkommens. Sicher ist,
dass dieser Bautypus mittelmeerisch genannt werden muss und wir die
ersten Konstruktionen dieser Art in Gräbern antreffen. Gewohnt und
gearbeitet wurde in von Kragkuppeln überwölbten *Gebäuden* nur im
südfranzösischen Departement Vaucluse sowie in Ligurien und Apulien.
Und, wenig bekannt, in den Bergregionen Kretas, wo sie sieben Monate
im Jahr den Hirten Schutz und Herberge bieten.
Hier, in 1500 bis 2000 m Höhe, sind diese Bauten naturgemäß weit här-
teren Bedingungen ausgesetzt als etwa die apulischen Trulli von Albero-
bello und Martina Franca. Die *Mitata*, so ihr griechischer Name, sind
gedrungene, massig erscheinende Rundbauten, die, auf gewachsenem

„Mitata" der Hirten auf der Hochebene im Ida-Massiv, Kreta.
Die Draufsicht zeigt die „lose" Deckschicht und die Steinplatten über der – hier nun
geschlossenen – Lichtöffnung im Scheitel der Kragkuppel

Fels gegründet, aus Steinplatten ohne jedes spezifische Bindemittel hochgeführt sind. Auf der Nída-Hochebene im Ida-Massiv, etwa 1400 m über dem Meer, bilden die *Mitata* kleine Siedlungen am Rand des einem See aus Gras gleichenden Weidebodens. Es gibt dort 26 dieser Bauten, errichtet in den Jahren 1881 bis 1958, dem Todesjahr von Stelios Parasyris, des besten (und vielleicht letzten) *Mitata*maurers. Die Mitata der Nída-Ebene haben die Form eines stumpfen, jedoch spannungsvoll gerundeten Kegels, dessen äußerer Durchmesser zwischen 6 und 10 m, dessen innerer zwischen 3,50 und 6,50 m schwankt. Die Kragkuppel setzt bei 1,20 bis 1,50 m an, die Scheitelhöhe der Kuppel misst 2,75 bis 4,50 m. Das *Mitato* hat nur eine einzige kleine Wandöffnung als Eingang. Belichtet wird es von einer 60 cm großen Öffnung im Kuppelscheitel. Der Bau wird im Winter mit Schichten loser Platten abgedeckt; deren Verschiebung durch Eis und Schnee lässt die Kuppelkonstruktion unberührt. Angesichts der meterhohen Schneelasten eine der zahlreichen Intelligenzleistungen, von denen die Konstruktion auch sonst erzählt, angefangen vom gleichzeitigen Hochführen der äußeren und inneren Schale, der genau berechneten Neigung der Steinlagen bis hin zur strengen Auswahl der Platten von je abnehmender Dicke für die Kragkuppel. Hier sichert allein ein dem geheimen Wissen eng benachbarter Schatz konkreter Erfahrungen die Tauglichkeit der Konstruktion, die alles andere als „primitiv" ist. Aufwand und dienende Leistung der Konstruktion entsprechen einander vollkommen.

Dritte Beobachtung: GEBRAUCHSTÜCHTIGKEIT
Stichworte: Nutzen – Effizienz – Lebens- und Arbeitserleichterung

Die kretische Wassermühle hätte ein Leonardo da Vinci erfinden können: Große Effektivität, wenig Aufwand. Etwas für wasserarme Regionen. Ihr System, das der Freistrahlturbine, ist indes weit älter, obschon es, kurios genug, erst 1880 – als Peltonturbine in Frankreich registriert – Patentschutz erlangt. Die Mühle nutzt die Umwandlung des hydrostatischen Drucks in kinetische Energie:
Aus dem hoch gelegenen künstlichen Teich wird das Wasser in einer Rinne über eine schmale Wasserbrücke zu einem 6 bis 12 m hohen Fallrohr aus gelochten Steinen geführt. Der Durchmesser des etwas schräg an die Wasserbrücke gelehnten Fallrohrs verringert sich je nach Schachthöhe von 60–80 cm auf 20 cm im unteren, nahezu in die Horizontale abgeknickten Teil. Das Fallrohr endet in einer Düse aus Holz,

Nída-Hochebene, 1400–1600 m/NN, unter dem Psiloritis.
Mit Kragkuppelbauten besetzter Hügel über dem Weidegrund der Schwemmboden-Ebene

Prototypischer Grundriss eines Mitato mit Außensitzplätzen und Pferch. Schnitt in der Achse des Eingangs

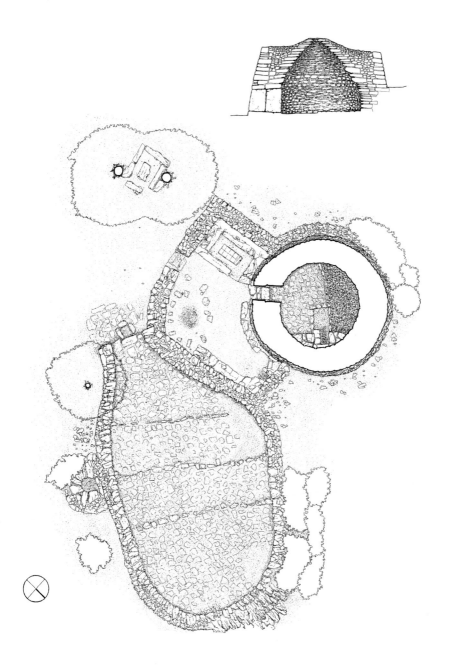

deren Durchmesser „3 Finger" = 6 cm ist und die den Druckstrahl auf ein ebenfalls hölzernes Schaufelrad leitet. Dieses Rad dreht sich um eine fest mit ihm verkeilte vertikale Achse aus Hartholz, die unten auf einem eisernen Lager in Form einer Kugel ruht. Oben ist sie frei durch den Boden des Mühlenhauses und den unteren der beiden Mühlsteine geführt und fest mit dem oberen, dem beweglichen Stein verklammert. Die Öffnung im fest arretierten unteren Stein bildet den oberen Drehpunkt. Auf bis zu 300 Umdrehungen pro Minute bringt der Wasserstrahl Schaufelrad und Stein. Die Wasserenergie und das Mahlwerk kann der Müller mit zwei Hebeln beherrschen: der eine hebt das Auflager der Achse, wodurch sich Abstand und Reibung der Mühlsteine ändern; mit dem zweiten Hebel beeinflusst er Richtung und Stärke des Wasserstrahls. Nicht weniger beeindruckend als die Verknüpfung von Hydrostatik und Kinetik ist die Baugestalt der Mühle: die Verbindung der massiv aus dem Hang vorschießenden Wasserbrücke mit dem angelehnten Turm des Fallrohrs und dem darunter waagerecht lagernden Mühlhaus. Man kann die kretische Wassermühle mit Fug und Recht eine „topographische Architektur" nennen. So wie sie ihre Leistung dem Gefälle verdankt. In früherer Zeit waren die Getreidemühlen meist in gemeinschaftlichem Besitz eines Dorfes oder Küstenstrichs. Darum steht in der Fluchtlinie Mühlsteine-Fenster-Wasseraustritt in der Regel ein Feigenbaum. Darin sitzt der Satan und passt auf, ob der Müller auch alles Mehl in die Säcke zurückfüllt, in denen ihm das Mahlgut gebracht wurde. Denn alles Mehl, was so oder so „daneben" fällt, gehört nach einer alten Legende dem Teufel.

Vierte Beobachtung: KONZEPT UND GESTALT
Stichworte: Zweck, Form und Sinn – Maßstäblichkeit – Bedeutung

Wären die Querarme nicht etwas verkürzt, hätten wir in der Ajios-Páwlos-Kirche den einfachsten Prototyp der byzantinischen Kreuzkuppelkirche vor uns: Überm Vierungsquadrat des streng kreuzförmigen Grundrisses erhebt sich der (hier) flache Tambour. Aus dem östlichen Hauptarm wölbt sich die Altarkonche. Aus den östlichen Seiten der Querarme sind Apsidiolen ausgespart. Das Portal samt Stirnseite ist in diesem Fall so reich wie sensibel gegliedert. Die Kirche ist aus Bruchsteinen, Uferkieseln und sorgfältig behauenen Quadern ausgeführt. Die unterschiedliche Färbung der Steine (Kalk) ist mit Bedacht zur Aufwertung gerade dieses Kirchbaus genutzt.

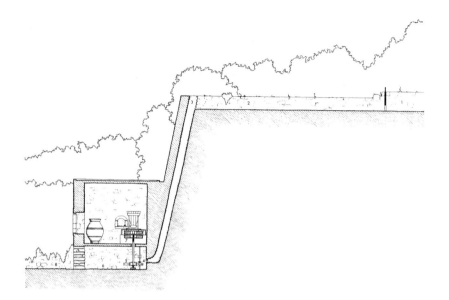

Wassermühle in der Steilküste zum Libyschen Meer unterhalb des Dörfchens Agalianos.
Ruinöser, baufälliger Zustand. Längsschnitt
1 Mühlteich
2 Wasserbrücke
3 Fallrohr
4 Düse
5 Schaufelrad
6 Turbinenkammer
7 Mahlwerk
8 Abflussgraben

Turbinenkammer mit
Schaufelrad

Er ist nämlich kaum fünfzig Meter vom Meeressaum entfernt an der Stelle errichtet, wo der Legende nach das Schiff, das Paulus nach Rom bringen sollte, ein erstes Mal Schutz vor den Herbststürmen fand. Dazu passt, dass das Kirchlein selbst ein Jahrtausend lang allen widrigen Naturgewalten trotzte. Denn wir erfahren aus dem Testament des Johannes O Xenos, dass er an der abgelegenen Küste der Sfakia dem Paulus eine Kirche gegründet habe. Wenn Ajios Páwlos damit identisch ist, gehört der Bau ins 11., vielleicht sogar noch ins 10. Jahrhundert, mithin in die Zeit der Wiederherstellung einer christlichen Lebensführung nach der Rückeroberung Kretas durch Byzanz. Jener Johannes O Xenos war einer der beiden Mönche, die überall auf der Insel Kirchen bauten und Klöster gründeten. Er brachte nach der Vertreibung der Araber aufs Neue einen abendländischen Architektur-Kanon mit.

Hintergrund dieses Bauwerks ist nicht allein der bewaldete Steilabfall des Vorgebirges der Lefka Ori, sein Vordergrund nicht nur das unablässig anbrandende Meer. Die Kirche des Hl. Paulus erst ist es, die dem einsamen Ort Besonderheit und Bedeutung gibt. Die Architektur hat uns die okkulten Kräfte dieses Ortes sichtbar gemacht. Nicht nur die Himmelsrichtungen, der Himmel selbst ist mit der hellen Kuppel über der Vierung bezeichnet. Apsis und Apsidiolen verweisen auf die verlässige Wiederkehr des Lichts. Der Kosmos ist anwesend. Und die Geschichte ist unmittelbare Gegenwart, weil sie sich der Beständigkeit des kunstvoll aufgerichteten Bauwerks anvertraut hat. Man kann den Grundriss von Ajios Páwlos bei all seiner Bescheidenheit als Triumphkreuz lesen und die Aufrisse als Pathosformel.

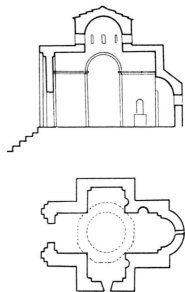

Ag. Pavlos bei Ag. Ioannis, Sfakia,
Südwest-Kreta.
Grundriss und Schnitt (nach Lassithiotákis)

Gournia an der Mirabellobucht, Kreta, Nordküste.
Einzige bisher (fast) vollständig ausgegrabene minoische Stadt.
Blütezeit vermutlich um 1600 v. Chr.

Zeit des Labyrinths
1980

ℳ︎ Diese Festrede zu Schinkels Geburtstag am 13. März war gerade eben vier Worte alt, als mich lang anhaltender Beifall überraschte. Ich hatte mit dem Ausruf des Theseus: *Das hört mir auf!* Begonnen. Die Zuhörer nahmen das als Aperçu zur aktuellen Berliner Architekturdebatte. Vor mir hatte nämlich der damalige Senatsbaudirektor Hans Christian Müller gesprochen, mit dessen Amtsführung die Berliner Architektenschaft mehr als unzufrieden war. Solche Zwietracht war indessen nicht neu. Das Amt des Senatsbaudirektors galt von Anfang an als inoffizielle Vertretung der Freien Architekten beim Bausenat, der jeweilige Amtsinhaber als selbstloser, unbestechlicher Vor-Kämpfer für deren faire Behandlung. Man erwartete – damals, 1980 – weder formale Direktiven von oben noch ungerechtfertigte Dispense um des schnöden Mammons willen, ebenso wenig aber Nachlässigkeit in der ästhetischen Bewertung Stadtbild-prägender Bauentwürfe. Dieses Gleichgewicht schien gestört; und war es dann auch, wie sich mit der *IBA Berlin* herausstellen sollte. Moral: Wer Direktiven ausgibt und hüten muss, tut sich mit der Selbstverständlichkeit des Dienens schwer. – Julius Posener hat meinen Vortrag an den Schluss seiner kritischen Auswahl von Reden zu den Schinkelfesten des Architekten- und Ingenieur-Vereins zu Berlin gestellt. Zu meiner großen Freude. Man gönne meinem Vortrag nun auch hier das letzte Wort. ℳ︎

„Das hört mir auf!" sprach Held Theseus zu den Athenern, „laßt mich nur machen." Die Athener, die alle neun Jahre lang und nun schon zum dritten Mal dem König Minos sieben Jungfrauen und sieben Jünglinge als Sühneopfer zu liefern hatten, auf daß jener diese unverzüglich dem Minotaurus zum Fraße, will sagen, zur Besänftigung vorwerfen konnte – die Athener ließen ihn machen. Theseus stellte sich selbst als eines der vierzehn Opfer; und dem Minos die Bedingung, daß dieser den Tribut jungen Fleisches – ein Mann, ein Wort – zurückzuschicken habe, wenn es ihm, dem Theseus, gelinge, den Minotaurus zu töten. König Minos willigte ein. Theseus, noch in Athen, wechselte nun erst einmal zwei der Jungfrauen gegen mädchenhafte, doch gewandte und tapfere Jungs aus und verordnete denen Aufenthalt im Schatten, Kosmetik, warme Bäder und Frauenkleidung. Dann besorgte er sich – fast hätte er's vergessen – den Rat des Orakels zu Delphi. Das legte ihm nahe, sich Aphrodite als Beistand und Reiseleiterin zu verpflichten. Aphrodite fand das durchaus spannend und sagte zu. Mit dem Erfolg, daß Theseus dank ihrer Obhut zwar wohlbehalten auf Kreta landete, streng genommen jedoch nur noch mit drei Jungfrauen statt sieben. Zwei der fünf echten hatten unterwegs, auf engem Deck, den Helden eingeladen, ihr Lager zu teilen. Sie wurden nicht enttäuscht. Ausgerechnet diese beiden begehrte nun gleich auch König Minos. Das gab Theseus Anlaß, seine Herkunft von Poseidon unter Beweis zu stellen; zwecks Bekräftigung seiner Behauptung, ihm sei die Pflicht auferlegt, Jungfrauen allemal vor Vergewaltigung zu schützen. Was wiederum König Minos zwang, sein ungestümes Begehren mit der Ankunft von Zeus zu entschuldigen. Unterdessen hatte sich aber schon des Minos Tochter Ariadne in den fremden Helden verliebt. Sie handelte ihm gegen einen Wollknäuel das Heiratsversprechen ab. Theseus brauche den Faden nur an den Türstock des Labyrinths zu binden und das Knäuel dann beim Vordringen langsam abzurollen. Es reiche bis dahin, wo, nichts Böses ahnend, ihr ungeliebter Halbbruder, der Minotaurus, hause und die Opfer erwarte. Nach vollbrachter Tat würde der Faden den Helden leicht wieder aus dem Labyrinth herausführen. Noch in derselben Nacht tat Theseus, wie ihm geheißen, brachte den Minotaurus um, fand sicher den Weg zurück, umarmte gleich, blutbefleckt, wie er war, Ariadne aufs leidenschaftlichste und entführte sie dann zum Hafen, wo ihn die Gefährten und auch die Gefährtinnen – die beiden Transvestiten hatten die Wachen des Frauenhauses kurzerhand überwältigt – bereits erwarteten. Dort bohrte der Held noch schnell einige anständige Löcher in die kretischen Schiffe und segelte davon; jedoch keineswegs gleich bis Athen, sondern erst einmal nur bis zur Insel Dia, die heute Naxos heißt. Dort ließ er am nächsten Tag die liebliche Tochter des Minos, sein Heiratsversprechen nicht achtend, am Strande schlummernd zurück. Er hatte, heißt es, schon wieder eine neue Gespielin. Die rachedürstende Ariadne wurde dann bekanntlich alsbald von Dionysos getröstet und von der Stelle weg geheiratet.

Dies ist – Herr Vorsitzender, Herr Minister, Herr Senator, dies ist – sehr verehrte Damen und Herren – in gebotener Kürze eine der Geschichten, in denen sehr früh, in vorgeschichtlicher Zeit schon, Architektur vorkommt. Sie wird sogar als ein besonderer Bau namhaft gemacht.

Da neuerdings mehr und mehr, und schnell Proselyten machend, der Begriff „Architektur der Erinnerung" in Umlauf kommt, kann es nicht ganz falsch sein, für diesmal eine „Architektur der Vor-Erinnerung" als Gegenstand des Nachdenkens vorzustellen. Sehen wir zu, wohin uns das führt. Auf jeden Fall, das wissen Sie nun schon, ins Labyrinth – außen vor ist da nicht viel, jedenfalls nichts Wesentliches zu sehen.

Bevor wir diesen, mag sein, verzwickten Gang antreten, möchte ich als ein Kapitel, das vielleicht auf das kommende gespannt machen kann, einen Blick nach dem Urheber des Bauwerks tun. Er heißt Daidalos. Dieser Daidalos ist jedoch nicht nur als Architekt, sondern auch auf andere Weise mit der Minotaurus-Geschichte verknüpft. Auch genießt er einen besonderen Status: er ist Emigrant. Er hat nämlich vor geraumer Zeit zu Athen den Sohn seiner Schwester, Talos mit Namen, vom Dach des Athene-Tempels auf der Akropolis gestürzt. Warum? Einmal war dieser Junge ein noch geschickterer Erfinder als er selbst – seinem Neffen wird die Erfindung von Säge, Töpferscheibe und Zirkel nachgesagt –, zum anderen verdächtigte er ihn der Blutschande. König Minos nun gewährt dem Flüchtigen Asyl, wofür sich dieser mit dem Entwurf und Bau des Hauses der Labrys, der heiligen Doppelaxt, revanchiert. Daher der Name Labyrinth.

Doch nicht genug damit. Er fertigt auch jene Faksimilé-Konstruktion einer Kuh an, welche es der Pasiphaë, der Gattin des Minos, möglich machte, auf grüner Weide, ohne Zeugen, die Kraft des weißen Stiers zu genießen, den dem Poseidon zu opfern ihrem Mann zu schade gewesen war. Frucht dieses Seitensprungs war der stierköpfige Unhold Minotaurus. Feststeht, ohne des Daidalos Dienstbarkeit und erfinderische Fähigkeiten hätte es den Minotaurus und also auch das ganze Folgedrama nicht gegeben. Kein Wunder, daß König Minos, als die Sache ruch- und sichtbar wird, Daidalos im Labyrinth verschwinden läßt, wie zuvor schon den Minotaurus und mit ihm die ganze Schande. Das Labyrinth wird seinem Erbauer zum Gefängnis.

Natürlich kennt Daidalos die Wege, Auswege, Ausgänge. Er ist, als Entwerfer, der einzige, der sie alle kennt. Nun kommt dem Architekten neben seiner Erfindungsgabe und Geschicklichkeit noch eine weitere Eigenschaft zu: Daidalos ist außerordentlich kinderlieb. Überall, so ist überliefert, fertigt er für die Kinder seiner Gastgeber Puppen mit beweglichen Gliedmaßen. Deshalb hat wohl auch Ariadne ihn, den Hochgeschätzten, doch wenig geliebten, ins Herz geschlossen. Jedenfalls gibt er seinerseits dem Mädchen, bevor er aus Kreta flieht, das berühmte Wollknäuel. Es läßt sich daraus schließen, daß der Bauplan des Labyrinths schlechthin nicht mitteilbar war. Wir haben keinen Grund, das zu bezweifeln. Selbst noch die Pläne der Reste, die als Ruinen überdauert haben, sind außerordentlich schwer zu lesen und zu verstehen. Es würde gut zwanzig Minuten in Anspruch nehmen, die Anlage hinreichend genau zu beschreiben; und selbst dann hätten Sie, als Zuhörer, noch keine klare Vorstellung gewonnen. Daidalos also schenkt der Ariadne das Wollknäuel, ehe er sich mit Hilfe selbstgebauter Flügel aus Fäden, Wachs und Federn davonmacht; samt Söhnchen Ikaros, welches auf diesem Flug in die Freiheit ein selbstverschuldetes trauriges Ende nimmt. Sie kennen es.

Es tut mir leid – aber genau dies ist das Bild, das die ersten Überlieferungen vom Erzkünstler, vom Architekten, zeichnen: Taschenspieler, Feinmechaniker, Konstrukteur, Baumeister ineins, immer auf der Wanderschaft oder Flucht, immer in jemandes Diensten, weil hochbegehrt; jedwedes Ansinnen erfüllend, das an ihn gestellt wird, doch selten die Folgen seines Tuns bedenkend. Besessen von Aufgaben und Problemen, sucht und findet er dank Intelligenz und praktischer Begabung Lösungen, die ihm zum Ruhm, in einem Fall aber auch zur Schande gereichen. Immer wieder fallen eigene Taten auf ihn selbst zurück, existenzgefährdend, so daß er aufs Neue seine praktische Intelligenz anstrengen muß, um der Gefahr für Leib und Leben zu entrinnen. Sein besonderes Handicap: er kann sich nicht tarnen, verbergen. Immer eilt ihm sein Ruf voraus. Überall, wo er Gast ist, muß er ran, muß er seine Kunst unter Beweis stellen. Und jeder Gastgeber zeigt stolz herum, was er gefertigt hat, Haus, Gerät und Puppe. König Minos jagt denn auch dem Flüchtigen, dem gelobten Labyrinth-Erbauer und verhaßten Werkstatt-Täter, nach, indem er demjenigen eine Unsumme Geldes verspricht, der es vermag, einen feinen Faden durch die gewundenen Höhlengänge einer Tritonmuschel zu ziehen. Er weiß: das kann nur einer, Daidalos. Und wer da vorgibt, es zu können, hält den Daidalos verborgen. Minos findet ihn so auch, zu seinem eigenen Unglück. Aber das ist nun schon eine andere Geschichte. Nur soviel noch davon, daß Daidalos die Aufgabe mit Hilfe von Honig und einer Ameise löste, der er den Faden angeheftet hatte. Er selbst brauchte nur ein ameisengroßes Loch in die Spitze der Muschel zu bohren.

Kurzum, als Tausendsassa, als Problemlöser taucht die Figur des Architekten auf in den vorgeschichtlichen Erinnerungen an die frühen Reiche und Lebensbezirke. Und kaum ist er aufgetaucht, ist er schon, sozusagen als Urperson, der unpolitische Praktiker, der auf eine Aufgabe überkonzentrierte Techniker, der dienstfertige Macher, der die Wirkungen seiner gehorsamen Tätigkeiten und Taten weder begreifen kann noch will. Noch im nach vorn gezählten 20. Jahrhundert hat sich der Architektenstand mit der Lebensgesinnung und Arbeitseinstellung des Erzkünstler-Urvaters Daidalos herumzuschlagen. Auf andere und immer neue Weise erfinderisch, eine ehrliche Haut und durchtrieben zugleich, hilfsbereit wie auch auf eigenen Vorteil bedacht, Idealist in der Sache und Spekulant auf Erfolg, fieberhaft engagiert und auch reichlich kaltherzig, lebt er unter uns fort; noch immer meist nur geduldet, oft immer noch heimatlos.

Es ist eben von der Wirklichkeit der Mythen zu unserer Wirklichkeit nur ein Schritt, trotz allem, was dazwischenliegt. Oder ist eine Wirklichkeit etwa darum unwirklicher, weil wir sie nicht sehen, nicht mehr sehen? Weil wir ihr keinen sicheren Ort mehr anweisen können? Sind Seele, Herz, Erfahrung deshalb unwirklich?

Die sagenhaften Geschichten, die wir uns eben in Erinnerung riefen, haben die uns überlieferte Form erst in den Jahrzehnten zwischen 1470 und 1400 v. Chr. gewonnen. Obwohl sie insofern dem frühgriechischen Sagenkreis entstammen, betreffen die Inhalte das Minoer-Reich. Die Wirklichkeit, die in den Sagen aufscheint, ist die der Jahrhunderte zwischen 2000 und 1600, der Blütezeit der Palastkultur auf Kreta. Hineingemengt sind aber schon spätere Ereignisse und Entwicklungen: der Niedergang der Palastkultur, der Verlust der Seeherrschaft Kretas über die Ägäis und das ganze östliche Mittelmeer, das Erstarken der Völker auf dem Festland, die Dorische Wanderung. Theseus durchbricht die Tributpflicht; der hieros gamos, die kultische Hochzeit von Priesterkönigin und Stier, gerät schon zum peinlichen Seitensprung, ein verkappter Racheakt des Poseidon; die Frucht der Schande, der Minotaurus, wird schamhaft versteckt.

Unangetastet allein bleibt und steht da – auch in der Sage – der Palast, das Haus der Doppelaxt, der Labrys, das Labyrinth. Nichts erscheint da abgeschnitten von seiner Wirkung, seinem Geheimnis, seiner Wesenheit. Das Labyrinth *ist*, wie sein Entdecker und Ausgräber richtig vermutet hat, der Palast von Knossos. Als Sir Arthur Evans im März des Jahres 1900 mit der Freilegung begann, hatte er dafür nur Anhalte, keine Beweise. Er fand sie auch später nicht. Die brachte erst von 1952 an die Entzifferung des Linear B genannten Schriftsystems, das sich aber schon als ein frühes, vorhomerisches Griechisch entpuppte. Während wir die Silbenschrift der Minoer, die auf die frühe Zeit der Alten Paläste auf Kreta, also auf das Jahr 2000 v. Chr. und früher zurückgeht, noch heute nicht lesen können.

Die Wissenschaft nennt sie Linear A. Das Labyrinth wahrt ein letztes Geheimnis.

Nicht nur die Griechen haben die Besonderheit dieses Bauwerks recht einzuschätzen gewußt – es zeigt sich, daß die Vorstellung von diesem Gebäude, eine wenn auch vage Erinnerung an seine Gestalt zu keiner Zeit in den viertausend Jahren seit seiner Gründung abgerissen ist. Nicht jedoch, wohlgemerkt, hat überdauert die hohe Kultqualität des Baus, als Ort des Kultsymbols der Doppelaxt, Zeichen des zu- und abnehmenden Monds, des Werdens und Vergehens, der Fruchtbarkeitsperioden, des Gleichgewichts von Außen-Innen, des Gleichgewichts der Geschlechter in einer, von uns aus gesehen, geradezu unglaublichen feminin-maskulinen Kultur. Mit der Bedeutung des namengebenden Symbols verlor sich auch die eigentliche Bedeutung vom Labyrinth. Was die Erinnerung wach hielt, war allein die Gestalt des Bauwerks selbst als einer Anlage, aus der man schwer wieder herauskommt. Es war der Bau selbst, der sich einprägte, zumal nach seiner Zerstörung um 1400, als die bis dahin für den normalen Sterblichen unbegehbare verwirrende Fülle von Räumen, Gängen, Rampen, Treppen, Höfen, unterschiedlichen Geschossen wenigstens teilweise offenlag. Das war nicht lesbar, nicht übersehbar. Das war geradlinig und trotzdem unklar in seiner Erstreckung. Reihungen, unvermittelte Abbrüche, überraschende Wendungen, Richtungsänderungen nach innen wie nach außen, ohne deutliches Ziel. Ein seltsames Sichsperren, ohne doch Festung oder Burg zu sein; ein Offenes, auf seinen Widerspruch gebracht. Terrassen und Krypten, breite Treppen, feierlicher Schritt; und enge Durchschlupfe, hastige Wegführungen; weite und helle Schauhöfe und räumliche Tiefen, die sich irgendwohin ins Dunkel verlieren. Aufenthalte über Aufenthalte. An jeder Ecke. Nach links oder rechts? Weiter vor oder lieber zurück? Ja oder nein? Wie weit sind wir, wie weit ist es noch? Bis wohin – oder ist dies schon die Mitte? Wo ist die Mitte, was wartet dort? Wartet dort überhaupt etwas?

Der Minotaurus ist tot, erschlagen von Theseus, dem Selbstdarsteller. Das alte Labyrinth ist gänzlich leer. Oder es ist gänzlich erfüllt mit sich selbst: mit seinen Wänden oder, negativ, mit seinen Wegen. Denn was ist es, das Labyrinth: Sind es seine Wände? Oder seine Wege?

Kein Zweifel, das hat Eindruck gemacht, als die Megaron-Bewohner, die Kistenbauer, vom Festland herüberkamen. Das prägte sich ein als der Bau der Irr-Gänge, der Irr-Räume als *das* Labyrinth. Und war unglaublich und doch zu glauben, denn man sah es ja. Und so wurde es in die Geschichte transportiert – zurück in die Dämmerung der Götter- und

Titanen-Mythen; und weit nach vorn in die Bauhütten des Mittelalters als verwickelte geometrische Figur, Sinnbild kunstvollen Bauens, aber auch als Wegführung bußfertiger Betübungen. In Chartres nimmt ein Labyrinth als Fußbodenfigur die ganze Breite des Mittelschiffs ein: der „Jerusalemsweg". Das einzige deutsche Beispiel in St. Severin zu Köln wurde um 1850 zerstört. Im 17. und 18. Jahrhundert schließlich ist es zum Park- und Garten-Vergnügen geworden, Versteck der schönen Schäferin, Ort geduldeter Kavaliersdelikte. Daneben aber finden wir es überall und sonstwo auf Kleinkram sonder Zahl, auf Siegeln und Münzen, Vasen und Broschen, Stichen und Bildern. Magische Stempel, Ornamente der Kurzweil. Zeit-Fresser in jedem Fall, noch auf der Rätselseite der Fernseh-Illustrierten.

Doch damit ist sozusagen nur des Beiläufigen Erwähnung getan. Es passiert mit dem Labyrinth noch etwas ganz anderes, weit merkwürdigeres: Das Unübersehbare, Nicht-lesbare, nicht nach einem erkennbaren Prinzip Geordnete, also chaotisch Erscheinende provoziert zu allen Zeiten das Bedürfnis, es ‚in Ordnung' zu bringen, ihm ein Prinzip einzuverleiben oder überzustülpen, auf daß sich das scheinbar Ungeordnete nach diesem ausrichte. Das Labyrinth wird aufgebrochen, es wird ‚erschlossen'; sein Labyrinthisches wird beschnitten, gemaßregelt. Und von da – wir konstatierten eben schon an den mehr marginalen Beispielen seine Umformung in ein Ornament –, von da ist nur ein Schritt zum Labyrinth im Regelmaß: Quadrat, regelmäßiges Vieleck, Kreis bestimmen als von außen gesetzte Umrißfiguren die innere Organisation. Die Geometrie triumphiert. Das Labyrinth mutiert, so kann man sagen, in sein Gegenbild, wird in sein Gegenteil verkehrt, nämlich in den Ideal-Stadt-Plan einer zentralistischen, absolutistischen, diktatorischen Gesellschaftsverfassung. Nun gibt es eine genau abgezirkelte Mitte, einen unverkennbaren Mittelpunkt. Selbst dort, wo sich noch eine Gewaltenteilung niederschlägt zwischen weltlicher und geistlicher Herrschaft, teilt der Idealstadtgrundriß mit, wer das Sagen hat. Da läßt sich nun durch die Zeit hin viel aufzählen: der Abbasiden-Plan für Bagdad von 762, ein Kreisrund; der Achteck-Stern Filaretes von 1457, der Zwölf-Ecken-Stern von Scamozzi, 1605; der Mannheim-Plan von 1720 und Leblonds zehn Jahre älterer Plan für Petersburg; Ledoux' Idealstadt Chaux, 1773–75; die Planungen Fouriers und Owens'; Paul Maymonds Mond-Stadt von 1965. Eine schier endlose Reihe.

In sie gehören in einem gewissen Sinn auch alle die Nachfolgepläne der griechischen Stadtbau-Antwort auf das Labyrinth:

die Rasterstädte des Hippodamos – der sie ja nicht erfunden hat – feiern fröhliche Urständ von Milet über die Kolonialstädte der Römer, die spätmittelalterlichen Bastiden Frankreichs, die nordamerikanischen Stadtgründungen – ich nenne nur Indianapolis – bis hin zu Le Corbusiers Paris-Plan von 1922 und Ludwig Hilberseimers Aufbauplan für Chicago aus dem Anfang der vierziger Jahre. Ich brauche das hier nicht weiter vertiefen und mit Beispielen anreichern. Es soll hier ja nicht so sehr Geschichte dargestellt, sondern vielmehr der Blick auf die Matrizes von Stadtwerdung, auf die eigentlichen Mutterböden der europäischen städtischen Wohn- und Siedlungsfiguren gelenkt werden.

Und zu diesem Ziel läßt sich nun angesichts der Idealstadt-Grundrisse eine zwar nicht sehr überraschende, aber doch wohl merkwürdige Feststellung machen: Der Prozeß, den ich mit der Folge dreier Worte umschreiben kann: Labyrinth – Kryptogramm – Idealstadtgrundriß, diese Verkehrung des offenbaren Geheimnisses einer Ordnung, der man nur durch Erfahrung, Selbsterfahrung innewird, in eine nur rational zugängliche, eigentlich nur sub specie aeternitatis, also ganz von oben faßbare Ordnung – dieser Prozeß führt, nun am Gegenpol, wiederum zu Unleserlichkeit: die Reihung immer gleicher Elemente, die immer gleichen Strecken, Raster, Winkel verbieten auf andere Weise Orientierung – ausgenommen die auf die Mitte hin, in der die Bedeutung des Idealgebildes kulminiert. Der Ariadnefaden heißt nun M 12, 3 – eine Mannheimer Adresse, nur dem tauglich, der das Schema kennt.

Und damit haben wir auch gleich die richtige Bezeichnung: aus dem vierdimensionalen Labyrinth ist das von vornherein abgemessene und also nun von jedem abzuzählende Schema geworden.

Dieses Gebilde ist ebenso einfach wie lückenlos beschreibbar. Es bleibt kein Rest – außer der schwer einzuschätzenden Dignität des Herrschers. Das einzig bleibt irrational, ist, wie man so sagt, Glaubenssache. Und darum eben: Ideal-Stadt-Grundriß.

Wenn heute rudimentär solche Ideal-Stadt-Pläne, besser also: Idealstadtfetzen wieder in Planungen auftauchen, sehen wir uns genau dieser Frage gegenüber, die den Renaissance- und Barockstadt-Bürgern einzig zu stellen, aber nur sehr leise hinter vorgehaltener Hand zu stellen verblieben war: wes Geistes Kind ist der Urheber? Und das meine ich hier gar nicht polemisch.

Eines ist gewiß: es war durch die Jahrtausende hin immer ein Außenstehender, ein Fremder oder ein durch Geburt, Stellung, Macht vom Volk Abgehobener, Erhabener, Distanzierter, der solche rigorose, auf ihn selbst und seine Stellung ausgerichtete Bau-Ordnung gebot, nach eigenem oder in seinem Auftrag hergestellten Plan, und sie auch durchsetzte und realisierte. Und immer waren es Gewalttaten, städtebauliche Gewalttaten; und wo nicht, waren es mit der Ausdehnung von Macht verbundene, gewalttätig durchgesetzte Gründungen. Die Grundrisse fast aller Kolonialstädte belegen das, von Milet bis Caracas, von Cosa, der ersten römischen Kolonie, und Aventicum/Avanche, einer der letzten, bis hin zu den Arbeiterstadt-Gründungen der Indiana Steel Company noch zu Beginn des 20. Jahrhunderts.

Niemals, so viel ich weiß, aber hat eine Lebens-, Existenz- und Wohngemeinschaft unabhängiger, gleichgestellter, verfügungskräftiger Menschen sich selbst einen geometrischen Idealstadtgrundriß verschrieben, mit Ausnahme streng religiös geprägter Gemeinschaften, die im Zeichen ihres Glaubens zu wohnen wünschten, wie etwa die Herrnhuter im Kreuz.

Der Fremde – fremd in allen Spielarten des Fremdseins – wird mit dem Labyrinth nicht fertig, es bringt ihn auf, es provoziert ihn dazu, seine Ordnungsvorstellungen dagegen zu setzen. Das Labyrinthische verwirrt ihn, nimmt ihm die Orientierung, stellt ihn auf sich selbst. Dem Fremden ist das Labyrinth häßlich. Es offenbart ja seine Ordnung nicht; aber zumindest eine äußere Ordnung braucht der Fremde, um sich daran halten zu können.

Es sei denn, er ließe sich auf die inneren Ordnungen des Labyrinths ein. Das aber heißt: es betreten, hineingehen, in ihm bleiben, *wohnen*. Der Fremde muß andere Beziehungen zum labyrinthischen Ort knüpfen, muß sich auf ihn in anderer Weise einlassen, als es ihm die mitgebrachten ästhetischen Kategorien vorschreiben.

Was hier gemeint ist, läßt sich kaum besser verdeutlichen als mit einer Anmerkung von Walter Benjamin, der wie kein anderer Stadt-Erfahrung mitzuteilen vermocht hat:

„Ein höchst verworrenes Quartier, ein Straßennetz, das jahrelang von mir gemieden wurde, ward mir mit einem Schlage übersichtlich, als eines Tages ein geliebter Mensch dort einzog. Es war, als sei in seinem Fenster ein Scheinwerfer aufgestellt und zerlege die Gegend mit Lichtbüscheln."

Das Labyrinth als Wohnort also? Erstaunt Sie das? Der Bau des Daidalos zu Knossos *war Wohn*ort, enge Heimat. Und nur für den Fremden beängstigend, den gewalttätigen Eindringling, den Zerstörer spiritueller Beziehungen und ihres Symbols. Darum mußte ja der Mörder ein Held sein. Zudem einer aus jenen noch semi-nomadischen und anti-urbanen

Völkerheeren, denen später auch die labyrinthischen Städte des Zwei-
stromlandes zum Opfer fielen.

Es läßt sich für Europa wenigstens, von damals bis heutigen Tags, die
Behauptung wagen: Wo immer Alteingesessene, Bodenständige, Ein-
geborene zur Stadtbildung kommen, bauen sie labyrinthische Städte.
Das Labyrinth ist die Stadtgestalt der Autochthonen: netzartig dichte
Bebauung, die Häuser mit gemeinsamen oder aneinander gebauten
Wänden, dazwischen gepflasterte Gassen, dort, wo es die Topographie
erfordert, Treppenwege; dazwischen teils offene Höfe, teils abgeschirmte
Gärten; keine statischen Ausdrucksformen, nichts, was Überzeitlich-
keit verspricht; nicht Größe und Wucht herrschen, sondern Bewegung
und Kleinteiligkeit. Die Summe aus diesen Elementen mußte nun in der
Tat chaotische Züge annehmen, würden sie nicht durch ein umgreifend
organisierendes Raumgefühl zur Gestalt gebracht. Die Verbindung der
Elemente zu dieser Gestalt ist nicht injunktiv, durch Vorschrift auferlegt,
sondern koordinierender Art. Triebhaftes, Wucherndes gehorcht dem
Zusammenschluß, der jedoch nie so weit geht, sich als solcher darzustellen; etwa in großen, kubischen Baukörpern, die sich nach außen ab-
schließen und damit den Eindruck des Überzeitlich-Monumentalen
erzeugen, was den Rest, die Wohn- und Marktstadt nämlich, ganz leicht
zur Barackei machen würde. Aus diesem Phänomen haben denn auch die
Herrscher und Mächtigen aller Zeiten die für sie richtige Konsequenz
gezogen: sie sprengten mit ihren Bauten nicht nur den Konjunktiven
Maßstab, sondern machten ihre Bauten dicht und ihre Fenster so, daß
sie wie ewig geschlossen wirken. In zahlreichen Fällen hat das Rezept
glücklicherweise dennoch nicht verfangen; die autochthonen Bindungen
erwiesen sich als die stärkeren. So manche Altstadt hat Schloß, Bischofs-
sitz, Zinsscheuer, Zeughaus und großbürgerliches Rathaus verkraftet.
Wenn es – auch heute, oder besonders heute – eine Qualität planenden
Handelns ist, in jeder noch so kleinen Planung das Ganze – ich schwäche
ab: ein Ganzes zu meinen, andererseits mit jeder übergeordneten, übergreifenden Planung zum Heil noch der kleinsten Stadtecke beizutragen,
wenn die Neuordnung im Kleinen auf die größeren Zusammenhänge
hin bedacht, die städtebauliche Gesamtkonzeption Auswirkungen auch
auf die kleinsten Zellen des Gefüges abzuschätzen sucht, damit nicht die
Letzten die Hunde beißen – dann ist in vielen unserer labyrinthischen
europäischen Altstädte längst die Probe aufs Exempel gemacht. Darum
wohl auch unsere plötzliche Hochschätzung der alten Stadtkerne, die so
wunderliche Sprossen treibt. Darum unser plötzliches Herumkurieren

Foroglio im Val Bavona/Tessin. Der Lageplan zeigt nicht nur die bescheidenen Abmessungen der Häuser des Bergdorfs, sondern auch das wie in der Schwebe gehaltene Gleichgewicht der räumlichen Struktur in Abkehr von rigider Bau-*Ordnung*

an Stadtzellen, als gelte es, zwei fremdbestimmte Gründerzeiten unge-
schehen zu machen samt immer noch lukrativen Spekulationsergebnis-
sen. Darum ist es plötzlich nicht mehr komisch, wie weiland Ruskin
achtzehnhunderttobak mit dem Spinnrad durch die Straßen zu laufen,
Maschine und Industrie zu verdammen oder glattgeputzten Häusern
Handstrichziegel-Pflaster aufzulegen. Geht es draußen nicht, so geht es
drinnen.

Drinnen geht es in der Tat besser: die Altstadtverwerter sind schon zur
Stelle. Draußen fressen sich mittlerweile die freistehenden Einfamilien-
häuser ins Land wie schon seit Paul Lückes und Adenauers Zeiten nicht
mehr. Nur, daß es jetzt durchweg Fertighäuser sind und sich kein Widerstand rührt.

Die Stadt ist aus dem Gleichgewicht. Wir werden sie mit Sicherheit
nicht dadurch ins lebendige Gleichgewicht zurückbringen, daß wir
– weil draußen und ganz drinnen nichts mehr geht – imperiale Anlagen
aller Art, pfeilgerade Avenuen, Rundplätze, Bogengänge und Galerien,
Amphitheater und dergleichen ins gebaute Fleisch schlagen, dort, wo
man das labyrinthische Geflecht der historischen Stadt für gestalteri-
sches Niemandsland hält, wo wir aber doch wohnen – viele von uns
jedenfalls – und arbeiten. Es gibt da auch dunkle Ecken selbstverständlich. Aber ist das ein Grund, mit großen Gesten und Zitaten aufzu-
warten? Es gehört zum Wesen der großen Stadt, daß es Dunkelzonen,
Dunkelziffern, Untergrund gibt. Das Labyrinth ist kein strahlend-helles
Phänomen.

Ich strapaziere den Begriff Labyrinth – Sie werden es bemerkt haben –
in zweifacher Weise, einmal als Namensbezeichnung des historischen
Bauwerks, zum anderen als Metapher für eine Struktur – die Wohnung,
Quartier, Stadt heißen kann. Das gilt gleich. Denn das, was ich mit der
Metapher Labyrinth anspreche, ist eigentlich an keine bestimmte Grö-
ßenordnung gebunden. Es werden damit strukturelle Eigenschaften
namhaft gemacht, die für das Wohnliche überhaupt Geltung haben.
Welche?

Zum Beispiel die Eigenschaft einer Struktur, die in ihrer Unlesbarkeit
besteht für alle, die sie nicht kennen, die also Fremde sind; die nur denen
durchsichtig ist und vollkommen sichere Orientierung gestattet, die sie
sich angeeignet haben dadurch, daß sie in ihr wohnen, in ihr zu Hause
sind, oder täglich in ihr zu tun haben. Sie können sich da nicht verlaufen,
weil sie diese labyrinthische, d. h. inwendige Struktur auswendig gelernt
haben. Für sie ist – man kann das wörtlich nehmen – Inwendiges auswen-

dig. Eine viel weitgehendere Identifikation und eine zwangsläufig weit intensivere als diejenige, die durch formale Baukörper- und Fassaden-Eigenheiten, gleich welcher Art, ermöglicht wird.

Ich glaube, es ist ein, wenn nicht *das* entscheidende Kriterium für Wohnlichkeit schlechthin, wenn eine bauliche Struktur so beschaffen ist, daß sie, obwohl für jedermann offen, in jedem Fremden ein deutliches Gefühl des Fremdseins wachruft und sich ihm so eine Schwelle aufbaut; daß diese gleiche Struktur aber für diejenigen, die mit ihr als Wohnende oder Arbeitende verbunden sind, die Schutz- und Entlastungsfunktion hat, die allem ganz und gar Bekannten, räumlich-zeitlich ganz und gar Erfahrenen zukommt. Diese die labyrinthische Struktur auszeichnende Polarität ist nicht identisch mit dem Gegensatzpaar öffentlich-privat. Und sie führt zu anderen praktischen Baugestaltungs-Konsequenzen. Sie eröffnet Möglichkeiten und Perspektiven, die zum Beispiel im Werk Hans Scharouns angelegt sind, kaum beachtet bisher, noch weniger verstanden. Es ist eben die Metapher Labyrinth dem bloß Bürokratisch-Organisatorischen, in das unser Bauen hineinmanövriert worden ist, nicht zugänglich. Das bloß Organisatorische hat für qualitative Gleichgewichte ganz einfach kein Erkenntnisorgan. Um dieses Gleichgewicht aber geht es heute bei allem Planen.

Gewiß stellen wir es nicht her, wenn wir, immer noch und wieder, nach Schuldigen suchen. Suchen wir besser diejenigen, die keinen Wert darauf legen, unbeschadet davonzukommen, die sich nicht in Ausreden flüchten, um diese Ausreden dann in die Zukunft zu verlängern. Suchen wir statt Inhaber von Sachzwängen lieber diejenigen, die wissen, daß sie der Gesellschaft Entwürfe *schuldig* sind. Denn das war – und von dieser Behauptung lasse ich mich nicht abbringen – die Haltung, der innere Imperativ, die dem Neuen Bauen noch im ersten Drittel des 20. Jahrhunderts zugrunde lagen: daß man die Entwürfe, die Planungen den Menschen schuldig war und es darum nicht lassen konnte, sie zu machen – und zwar nicht einfach nur, um schützende Kubikmeter hochzuziehen, sondern durchaus als Sinndeutung des Lebens. Entwürfe wurden gemacht, damit, wie Adolf Arndt bei guter Gelegenheit nicht allzu weit von dieser Stelle gesagt hat:

„der gemeisterte Raum als Ebenbild des Mitmenschlichen Gestalt annimmt".

Ich kann es mir an dieser Stelle nicht versagen, dem hier anwesenden Herrn Bundesminister vorzuhalten, daß seine vor noch nicht langer Zeit in Lübeck vorgetragene Behauptung, die Weimarer Republik habe auf dem Bausektor „kaum etwas Nachahmenswertes für unsere junge Demokratie" vorzuweisen gehabt, doch baldiger Korrektur bedarf. Aber wen wundert's, daß ein deutscher Bauminister Ende der siebziger Jahre nicht wagen kann, 6 Jahrzehnte zurückzublicken und dies gewissenhaft zu tun. Ein Martin Wagner war schon damals eben bei seinen Parteifreunden weit unbeliebter als heute Harry Ristock.

An die Stelle von Sinn sind ja inzwischen die nackten Zwecke getreten. Das Mitmenschliche hat sich zur bezweckten Gesellschaft organisiert. Zum Zwecke eines atemlosen Hedonismus. Das Leben genießen, death is permanent. Das Große Fressen, Verzehr ohne Unterlaß. Eine einzige Kreuzfahrt einer einigen räuberischen Gesellschaft, die wir, achselzukkend, Konsumgesellschaft nennen. Sie konsumiert selbst das, was ihr entgegensteht: die denkerische Reflexion, die kritische Literatur, die Kunst. Kein Einzelner, auch keine Gruppe vermag etwas gegen den Stil der Gesellschaft. Das gilt auch für den Architekten. Die Aufgabe, der er sich im ersten Drittel des 20. Jahrhunderts zugewendet hatte, mit noch wenig Wissen und mit unzulänglichen Mitteln, wird gegenstandlos. Das „Gestaltwerk des neuen Hauses" für die Vielen – es muß antiquiert erscheinen, dort, wo die durchgängige Vereinzelung der Gesellschaft, vom Privatisieren bis zur konsequenten Arbeitsteilung, nicht mehr der Gestalt zu bedürfen glaubt, sondern in bloßer Organisation ihr Genügen findet. Denn nicht Gestalt, sondern allein Organisation kann jene fortdauernde Steigerung des Komforts garantieren, den die Gesellschaft braucht, um ihre Depression vor sich selbst zu verheimlichen, die gähnenden Abgründe der Angst zu verstellen. Komfort als „Asyl für Obdachlose". So Adorno:

„Das Haus ist vergangen. Die Zerstörung der europäischen Städte ebenso wie die Arbeits- und Konzentrationslager setzen bloß als Exekutoren fort, was die immanente Entwicklung der Technik über die Häuser längst entschieden hat. Diese taugen nur noch dazu, wie alte Konservenbüchsen weggeworfen zu werden. Die Möglichkeit des Wohnens wird vernichtet von der sozialistischen Gesellschaft, die, als versäumte, der bürgerlichen zum schleichenden Unheil gerät."

Es ist eingetreten, was neben dem Denker auch der Seelenarzt, Mitscherlich, und sicher luzider als irgendeiner der Gestaltschaffenden, vorausgesehen hat schon 1954:

„Lust will Ewigkeit, und deshalb ist der Genuß in Gefahr, zum Zwang zu werden, zur Sucht. Je komplizierter die Gesellschaft, desto mehr nehmen die Versagungen zu – und Prämien werden nötig. Endlich wird

Komfort zum Zwang, der den Menschen in die Schere nimmt. Freiheit – die dimensionale und die dimensionslose der Gedanken – wird beschnitten, umgeleitet, angestachelt, gegeilt und enttäuscht, in jenem Maße züchterische Gepflogenheit, die starke Schößlinge garantiert. Während man genießt, wird Lust versprochen, Lust scheint neuer Genuß, Genuß scheint Bedürfnisbefriedigung, Bedürfnisse sind ökonomisch kalkulierbar. Das Kalkül wirft einen Gewinn ab, Gewinn verspricht Genuß: und das ist das Ende der komfortablen Existenz."
An diesem Ende stehen wir. Es spricht sich langsam herum. Die komfortable Existenz ist so nicht weiter lebbar. Der Komfort ist unwirtlich geworden. Seine Leere wird sichtbar. Und wir erfahren, daß die Brache, die Blöße, der Kahlfraß des Organisatorischen nicht wegzuorganisieren sind.
Auch in unseren Städten nicht. Auch mit einer Internationalen Bauausstellung nicht, deren Vorbereitung ja bislang wenig mehr als jene Blößen offenbart hat, die ein bloß organisatorisches Beginnen nach sich zieht mit all seinen Vor- und Rück-, Ver- und Absicherungen; und mit den schon sichtbar ins Haus stehenden Rückgriffen auf Baufiguren der jüngeren Geschichte, die mit allem Möglichen, nur nicht mit dem Wohnen zu tun haben. Es waren die Erfinder dieser Figuren, welch künstlerischer Rang sie auch auszeichnen mag, ja in keiner Weise motiviert, das Wohnen der Vielen auch nur zu bedenken. Die Frage – man hielt sie erst kürzlich für akut –, was ein Friedrich Weinbrenner etwa wohl gebaut hätte, könnte er, was er nicht konnte, heute bauen, ist eine unsinnige und auch eine unfaire Frage. Daß die Antwort in Form von Wettbewerbsprojekten gleich mitgeliefert wurde, ist schon ein böser Witz. Und heißt Schindluder treiben mit Weinbrenner; und auch mit seinem 15 Jahre jüngeren Zeitgenossen, dessen Geburtstag wir heute feiern.
„Jede Krisis hat eben ihre Psychosen", hat schon Friedell festgestellt. „Fieber ist ein abnormer Zustand, und dennoch ist es das einzige Rettungsmittel des Erkrankten."
Man darf wohl von Psychose sprechen. Was verbirgt sich hinter ihr? Angst vor dem lebendigen, sich weithin dehnenden Labyrinth Stadt? Panik, daß die eigene Biographie nicht deutlich sichtbar genug in seiner Geschichte unterzubringen ist? Beleidigt sein, weil Eingang und Ausgang nicht extra verziert sind? Optischer Reinlichkeitssinn? Waschzwang gar? Oder Bange vor sechs Versen Bertolt Brechts:
Ich habe gewußt, daß Städte gebaut wurden.
Ich bin nicht hingefahren.

Das gehört in die Statistik, dachte ich,
Nicht in die Geschichte.
Was sind schon Städte, gebaut
Ohne die Weisheit des Volks?"

Das ist, finde ich, ein guter Schluß für meine skizzenhaften Reflexionen über das Labyrinth, die labyrinthische Stadt, die autochthone, angeborene Wohnung der Vielen, des Volks, geplant und verplant, zerstört und wieder aufgebaut (wie das kretische, das dreimal neu hochwuchs), voller Kanten, durchzogen von schmerzhaften Brüchen, hier verfremdet und verkrampft, dort gelöst im Improvisatorischen, sprich in der Identität von Heiterkeit und Mittel.

Ich gebe das Schlußwort dennoch Nietzsche; aus seinem mißverständlichen und mißverstandenen „Willen zur Macht": „Wenn wir es wagen könnten und wollten, daß die Gestalt der Stadt ganz konsequent unserem Denken folgt, wenn unser Denken als Stadt Gestalt gewönne, kämen wir notwendigerweise zum Labyrinth."

Die Stadt-Zeit des späten 20. Jahrhunderts *ist* die Zeit des Labyrinths.

Nürnberg. Luftaufnahme der im Bombenkrieg zerstörten Altstadt.
Zustand am 11.04.1945

Daten, Tätigkeit, Veröffentlichungen

27. 10. 1923	in Bielefeld geboren Schulzeit in Wuppertal und Solingen
Frühjahr 1942	Abitur
bis Mai 1945	im Krieg
1946 – 1951	Studium an der Philipps-Universität Marburg, gelegentlich Gasthörer in Heidelberg (Vergleichende Literaturwissenschaft, Soziologie, Philosophie, Kunstgeschichte, Archäologie)
1951	Promotion Dissertation über *Dämonen und Drolerien an* *französischen Kirchenbauten des 12. Jhs.* (Stilwandel bedingt Ausdruckswandel und umgekehrt)
1950 – 1952	Redaktionsassistent von Leopold Zahn im Woldemar Klein Verlag, Baden-Baden, Monatszeitschrift DAS KUNSTWERK
1952 – 1957	Redakteur von BAUKUNST UND WERKFORM; Verlag der Frankfurter Hefte/Nürnberger Nach- richten
1957 – 1988	Chefredakteur der BAUWELT, Ullstein Verlag, Bertelsmann Fachzeitschriften, Bauverlag BV, alle Berlin
1960	„Phantastische Architektur" (mit Hans-G. Sperlich) Hatje Verlag, Stuttgart

1962	„Neue Deutsche Architektur 1955–1960" Hatje Verlag, Stuttgart
1960–1972	Sendereihe im RIAS: „Neues Bauen – in unserer Zeit"
1963/64 bis heute	Herausgeber des auf eigene Initiative hin begonnenen Quellenwerks BAUWELT FUNDAMENTE, zugleich Herausgeber des Bandes 1: „Programme und Manifeste zur Architektur des 20. Jahrhunderts". Mitherausgeber der Reihe ist heute Peter Neitzke
1964	zusammen mit Gerd Albers, Kurt Eggeling, Klaus-Jakob Thiele und Klaus Winter als Partner Herausgeber, zugleich Chefredakteur der Vierteljahreshefte STADTBAUWELT (im Rahmen der BAUWELT)
1964	„Berlin Philharmonie" – erste ausführliche Würdigung des Baus von Scharoun. Lettner-Verlag Berlin
1972	„Architektur – Spielraum für Leben. Schnellkurs für Stadtbewohner". C. Bertelsmann Verlag, München. Rowohlt-Taschenbuch unter dem Titel „Umwelt Stadt"
1981–1998	Begründer, Herausgeber und bis 1992 Chefredakteur der Vierteljahreszeitschrift DAIDALOS. Mitgründer: Norbert Miller, Werner Oechslin, Bernhard Schneider, Anna Teut (Erscheinen nach Verlagswechsel 1999 eingestellt)

Sämtliche Publikationen, Vorträge, Korrespondenzen und Aufzeichnungen befinden sich im Ulrich-Conrads-Archiv des Informations-, Kommunikations- und Medienzentrums (IKMZ) der Brandenburgischen Technischen Universität Cottbus.

Nachweise

Ein Schlusswort als Prolog Vortrag an der Brandenburgischen Technischen Universität Cottbus, 31. Oktober 2002

Ronchamp oder die „Travestie der Unschuld" Baukunst und Werkform, 1/1955, S. 9–17

Über Ordnung und Unordnung Akademie der Schönen Künste München, 9. Mai 1983

Eine überfällige Proklamation aus der Dankrede zum Kritikerpreis des BDA, 10. November 1967

Die Löwen sind weg! RIAS-Sendereihe „Neues Bauen – in unserer Zeit" 1. Sendung, 29. November 1960

Die wohnliche Stadt – eine konkrete Utopie Hessische Blätter für Volks- und Kulturforschung, Folge 2/3, 1976

Impressionen deutscher Städte Deutsche Akademie München, 19. März 1979

Mensch und Milieu BDA-Tagung Berlin-Kreuzberg, 17. Mai 1974

Krise im Sakralbau? Evangelischer Kirchenbautag 1969, Darmstadt

Neuer Begriff Neues Bauen. Stimmen aus der „Frühlicht"-Zeit der Moderne. DAIDALOS 52, 15.06.1994, Seite 86 ff.

Wandlung von Menschlichen her. Hans Scharoun zum Hundertsten Bauwelt 36/1993

Öffentlich planen – eine schöne Fiktion in: Flagge, Ingeborg / Stock, Wolfgang Jean (Hg.): Architektur und Demokratie, Hatje Verlag 1996

Berlin, Herbst 1961 | Berlin, Herbst 1987, I. In der Sprache dieser Stadt. II. Offene Frage. Bauwelt 41-42/1961; Bauwelt 28-29/1987

Wie sehen Bauprodukte aus, die der Architekt sich wünscht? Pressefachgespräch der Eternit AG, 11. Januar 1985

Keine Bildung ohne Vorbildung TU Braunschweig, Ansprache anläßlich der Vorstellung von „Querschnitt", Publikation des Fachbereichs Architektur, 09. Dezember 1997

Anonymes Bauen auf Kreta Akademie der Freien Künste Hamburg 2001; Vortrag Brandenburgische Technische Universität Cottbus 2002

Zeit des Labyrinths Schinkelfest Berlin, 13. März 1980

Fotos

Bauwelt 18, 22, 25, 26. Bild-Waldthausen 52. Ludwig Binder 195. Bromberger 43. Ulrich Conrads 196-209. Ralph Erskine 61. Robert Häusser 46/47. Verlag Gerd Hatje 140. Irina Hoppe 8. Peter Hübotter 70. Industriefoto Schilling 127. Klappert und Wortmann 103, 104, 105, 117. Erich Lambertin 118. Klaus Lehnartz 56, 111. Nürnberg, Hochbauamt 227. Lieselotte und Armin Orgel-Köhne 59, 146, 157. Artur Pfau 133. Schuch 55. Ralf Schuster 6. Erika Sulzer-Kleinemeier 78, 94, 184, 192. Renate Thiedig 48

Der Autor dankt den Fotografen für ihre das Wort ergänzenden Beobachtungen.

Bauwelt Fundamente

Quellenwerk zur Architektur und zum Städtebau
der neueren Zeit und zum Baugeschehen der Gegenwart,
herausgegeben von Ulrich Conrads und Peter Neitzke
im Birkhäuser Verlag

(Lieferbare Bände sind mit * gekennzeichnet)

Ulrich Conrads

**Programme
und Manifeste
zur Architektur des
20. Jahrhunderts**

Immer wieder haben diejenigen, die für die Verwirklichung neuer Baugedanken in unserem Jahrhundert kämpften, ihre Mitwelt mit Grudsätzen, Programmen und Manifesten konfrontiert. In diesem Band sind die wichtigsten dieser Verlautbarungen zusammengefaßt: die des Werkbundes, der Futuristen, des Stijl bis zum Verschimmelungs-Manifest '58.

2. Auflage, 177 Seiten, 25 sw-Abbildungen, Broschur
(BF 1) ISBN-13: 978-3-7643-6353-6
Architekturtheorie/Ideengeschichte

Ulrich Conrads

Die Städte himmeloffen

**Reden und Reflexionen über
den Wiederaufbau des
Untergegangenen und die Wiederkehr
des Neuen Bauens 1948/49**

1947 fand sich der in Heidelberg ansässige Verlag Lambert Schneider, bedrängt von einer kleinen Gruppe Architekten, die man der Inneren Emigration zurechnen darf, bereit, unter kaum mehr nachvollziehbaren Umständen eine Zeitschrift für Architektur zu drucken. Die beiden ersten Ausgaben sind ein frühes Zeugnis der kritischen Einschätzung des Neu-Aufbaus unserer zerbombten Städte.

213 Seiten, 12 sw-Abbildungen, Broschur
(BF 125) ISBN-13: 978-3-7643-6903-3
Ein unverstellter Rückblick